KB052434

서번트
리더의 품격

SERVANT LEADER

서번트 리더의 품격

알렉산더 버라디 지음
이덕열 옮김

'세상이 필요로 하는 것을 하라!'

시아

헌사

이 책을 매우 특별한 다섯 분께 바칩니다.
그분들이 없었다면 필자는 이 책을 완성하지 못했을 것입니다.

필자는 어머니께 무한한 사랑과 은혜를 입었습니다. 어머니 버지니아 캐서린 로보브스 버라디는 다른 사람에 대한 봉사 속에서 무한한 풍요로움을 발견할 수 있다는 사실을 행동으로 보여주셨습니다. 아내 다이앤에게도 헌신적인 사랑을 받았습니다. 9월의 어느 맑은 날, 그녀는 기쁠 때나 슬플 때나 필자의 곁에 있겠다고 맹세했고, 그 뒤로 기쁠 때보다 슬픈 때가 훨씬 더 많은 세월을 함께 해 주었습니다.

지금 필자가 즐겁게 인생을 살아가고 있는 것은 미시시피 주 야주시티 출신의 한 주방용품 세일즈맨 덕분입니다. 그는 스무 살의 나이로 거의 자포자기에 빠져 있던 필자를 구해 주었습니다. 필자는 어떤 이름 모를 넝마주이 노인에게도 은혜를 입었습니다. 그는 필자의 메시지를 세계에 전하도록 영감을 불어넣어 주었습니다. 또한 어떤 목수에게도 은혜를 입었습니다. 그는 필자의 부서진 영혼을 치유하기 위하여 밤낮으로 일하고 있습니다.
필자는 여러분 모두를 사랑합니다.

들어가는 말

우리가 가지고 있는 고정관념은, 마치 감옥의 녹슨 쇠창살처럼 우리가 꿈꾸고 갈망해 온 생활을 경험하지 못하게 막는다. 대부분의 사람들은 이런 관념들에 얽매여 내면 깊이 숨쉬고 있는 불안감, 스스로 지워놓은 한계에서 벗어나지 못하고 있다.

우리는 세계가 서로 어울릴 수 없는 두 부류의 사람들, 즉 이끄는 사람과 섬기는 사람으로 이루어졌다는 관념을 너무나 쉽게 받아들인다. 이 잘못된 생각은 무척 광범위하게 퍼져 있어서, 우리도 모르게 우리의 사고와 행동을 지배하고 있다. 그러나 역사는 진리를 말해 주고 있다. 역사상 가장 위대한 리더들은 섬기는 것이 자신의 역할이라고 생각하는 사람들이었으며, 그들은 그런 섬김의 필연적인 결과로 리더의 지위를 떠맡았다. 굶주린 개가 고기 한 점을 탐하듯 권력과 지위를 좇는 사람들의 이름은 역사에 남지 않는다. 오히려 간디(Gandhi), 테레사(Theresa) 수녀, 예수, 부처, 알베르트 슈바이처(Albert Schweitzer) 등과 같이 묵묵히 자신의 역할을 행한 사람들이 역사에 이름을 남긴다. 그들은 보이지 않는 곳에서 즐거운 마음으로 봉사하다가, 직접 나서서 사람들을 지도하지 않으면 안 될 때 비로소 모습을 드러낸다.

이 책은, 비록 리더로 불리기를 원하진 않았으나 서번트 리더(servant leader)라는 비범한 역할을 수용했고 그 결과 역사상 가장 위대한 리더의 반열에 오른 사람들에 관한 이야기이다.

서번트 리더들은 비범한 사람들 속에서 나오기보다는 보통 사람들 속에서 나온다. 예를 들어, 현재 뉴잉글랜드 주에서 변호사로 활동하고 있는 로버트 네센(Robert Nessen)은 비행 청소년들이 합법적인 일을 할 수 있게 도와줌으로써, 범죄에서 벗어나 독립할 수 있도록 이끌고 있다. 남부 미시시피 주 출신의 세탁부였던 오시올라 매카티(Oseola McCarty)는 흑인들에게 교육의 기회를 제공하여 점진적으로 가난에서 벗어날 수 있게 하기 위해 검소하게 생활했다. 그리고 마침내 평생 동안 한푼 두푼 모은 15만 달러를 서던미시시피 대학에 기부하여, 자신의 오랜 꿈과 똑똑하고 성실한 수많은 젊은이들의 꿈이 실현되는 것을 보았다.

이렇듯 서번트 리더들은 대부분 거리에서 흔히 볼 수 있는 모습으로 사람들 사이에 숨어 있다. 그들은 리더와는 전혀 관련이 없어 보이는 사람들 중에서 나오기도 한다. '얼간이 삼총사'(Three Stooges)의 우스꽝스러운 리더 모 하워드(Moe Howard)가 바로 그런 경우이다. 필자는 그가 죽은 지 20년이나 지난 뒤에 우연한 기회에 그의 진면목을 볼 수 있었다. 몇 년 전, 필자는 코미디언 친구와 함께 어떤 회사의 사원교육 시리즈를 개발하고 있었다. 초보 관리자들에게 조직 관리와 동기부여 방법을 가르치기 위한 것이었는데,

필자의 친구 조이(Joey)는 기존의 리더십과 조직 관리 모델을 멋지게 뒤엎는 방법을 생각해 냈다. 그것은 바로 '얼간이 삼총사'에 바탕을 둔 시리즈 개발이었다.

필자는 그 주제에 대하여 광범위하게 조사하다가 예상치 못한 사실을 발견했다. 모 하워드의 생애에서 서번트 리더의 전형적인 모습을 보기 시작한 것이다. 필자는 흥미를 느끼고, 모의 생애에 관련된 정보를 얻기 위해 도서관과 인터넷을 뒤졌다. 수많은 신문 기사, 그의 생애를 소개한 글들과 자서전, 모와 그의 동료들에 관한 여러 가지 재미있는 정보들이 담긴 수많은 '얼간이 사랑' 웹사이트를 조사했다.

모 하워드의 생애에 깊이 들어갈수록 필자는 서번트 리더십의 진정한 모습을 더 뚜렷하게 볼 수 있었다. 모를 조사하는 과정에서 서번트 리더십의 실천, 비전과 대의명분에의 헌신 등에 대해 알게 되었으며, 성실에 대해 배웠다. 필자는 진정으로 감동했다. 서번트 리더란, 현재 직업이나 지위가 어떠한지에 상관없이 모든 계층에서 나올 수 있고 실제로 그렇다는 것을 알았다.

그들은 비범하지도 특별하지도 않은, 그냥 흔히 볼 수 있는 평범한 사람들이다. 다만 그들은 사람들에게 필요한 것을 알아내고, 그것을 충족시켜 주는 방법을 이해하고 있는 사람일 뿐이다. 보통 사람과 서번트 리더를 구분 짓는 중요한 차이점이 하나 있다. 서번트 리더들은, 기회란 주어지지 않으며 반드시 스스로 움켜쥐어야 한다는 것을 알고 있다는 점이다.

당신은 이미 서번트 리더가 되기 위한 요건을 갖추고 있다. 그것은 자신의 독특한 재능과 경험을 이용하여, 다른 사람들이 무엇을 필요로 하는지 그들 자신도 알지 못하는 그것을 알아내어 충족되도록 돕는 것이다. 그리고 용기를 내어 자신을 속박하고 있는 철벽같은 고정관념을 무너뜨리고 사람들에게 필요한 것을 발견해 낸다면 세상을 긍정적으로 변화시킬 수 있다. 그리고 그 대가로 경이롭고 즐거운 삶, 평화롭고 풍요로운 삶을 살 수 있으며, 자신의 삶이 다른 사람에게 중요하다는 사실을 깨닫게 될 것이다.

필요한 것은 이미 당신 손에 들어 있다. 지금 해야 할 일은 결연히 행동으로 옮기는 것이다.

차례

2부 발견을 위한 준비

3부 보편적 욕구 발견하기

4부 기적이 만들어지고 있다

통찰력을 갖춘 서번트 리더

어느 특정 고객이 정말로 필요로 하는 것이 무엇인지 분명하게 알 수는 없다는 것을 관리자들은 곧 알아차렸다. 그들은 통찰력 있는 눈으로 고객이 필요로 하는 것을 보기 시작한 뒤에야 비로소 무엇인가 빠졌음을 알 수 있었다. 상점의 모든 사람들이 이 책에서 대략 설명한 원칙들을 교육받고 얼마 지나지 않아 다음과 같은 일이 일어났다. 그때 필자는 그 상점에 있었다. (……)

그녀와 눈이 마주쳤을 때, 필자는 분노와 불만이 섞인 그녀의 당황스런 표정을 볼 수 있었다. 그녀는 울화를 누르며 문을 찾았다. 그때 한 점원이 그녀의 길을 막고 아이에게 뜻밖의 질문을 했다. "꼬마야, 퍼즐 게임 좋아하니?"

엄마와 꼬마가 관심을 나타냈다. 꼬마는 '예'라고 얼른 대답했다. 점원의 순발력 있는 행동에, 필자를 포함하여 매장에 있는 모든 사람들은 호기심 가득한 얼굴로 그 상황을 지켜보았다.

점원은 계산대 뒤쪽에서 새로 나온 퍼즐 맞추기 장난감을 꺼냈다. 그리고 상자에서 비닐을 벗겨내고 꼬마와 함께 바닥에 앉아서 퍼즐을 맞추기 시작했다. 필자는 아이 엄마의 반응을 보기 위해 돌아섰다. 그러나 양손에 옷을 가득 들고 탈의실로 들어가는 그녀의 뒷모습만 보았을 뿐이었다.

그날 문 밖으로 아슬아슬하게 한 발을 내디뎠던 한 여인에게서 올린 매출이 400달러가 넘었다. 그리고 그 말썽꾼, 아니, 꼬마 도련님은 공짜로 퍼즐 맞추기 장난감을 받았다.

1부

틀림없이
더 좋은 길이
있다!

인생에서 무엇을 원하는가?

숨을 쉬고 있는 한, 우리 인간에게는 삶을 지배하는 결정적이고 분명한 사실이 하나 있다. 매 순간마다 무엇인가를 원한다는 점이다. 좀더 구체적으로 이야기하면 더 많은 돈, 새 차, 더 크거나 좋은 집 등 늘 무엇인가를 원한다. 하지만 일단 몇 가지 물질적 욕망이 충족되고 나면, 우리는 덜 세속적인 것을 갈망하기 시작한다. 안정, 마음의 평화, 건강, 여가 시간 등 좀더 의미 있는 삶을 찾는 것이다.

태곳적에 부인이 남편에게 "이 지저분한 곳에서 나가 더 큰 동굴을 찾아봅시다."라고 이야기한 이래로, 인류는 자기가 원하는 것을 얻을 수 있는 좀더 나은 방법을 항상 찾아왔다. 그리고 대부분의 사람들은 자기가 선택한 생활방식 속에서 그 방법을 찾는다.

하지만 사람들의 이러한 모습 속에서 필자는 한 가지 의문을 갖게 되었다. 우리가 그토록 오랫동안 열심히 찾는데도 불구하고, 자신이 원하는 것을 이루는 사람이 그렇게 적은 까닭은 무엇인가? 대답은 간단하다. 잘못된 장소에서 찾고 있거나, 아니면 좀더 정확하게 말해서, 엉뚱한 곳에 초점을 맞추기 때문이다.

살면서 좀더 나은 것을 얻고자 할 때, 대부분의 사람들은 다음의 네 가지 가운데 한 가지를 통해 자신들이 추구하는 바를 얻고자 한다.

- 바람과 희망
- 목표에 대한 과도한 집착
- 팔방미인 신드롬
- 새빨간 거짓말

바람과 희망

사람들이 더 나은 것을 얻기 위해 쓰는 가장 일반적인 '방법'은 직장에 좀더 많은 시간을 투여하여 일하는 것이다. 그리고 좋은 일이 굴러 들어오리라는 바람과 희망을 갖고 빈둥빈둥 지낸다. 바람과 희망은 좋은 노랫말의 재료가 될 수 있을지는 몰라도 삶의 질을 높여주지는 못한다.

삶에서 무엇을 성취하려면 그것을 이루려는 행위에 우리의 육체적, 지적·정서적, 정신적, 경제적 자원을 쏟아 부어야 한다. 그러나 이처럼 단순한 삶의 진리를 대부분의 사람들은 무시하고 있다. 필자는 '얻으려면 주어야 한다.'는 옛 교훈을 실천하는 사람들이 얼마나 되는지를 수년 동안 조사한 연구 보고서를 읽은 적이 있다. 이 연구에 의하면, 그 교훈에 따르는 사람들의 비율이 10퍼센트 정도에 불과할 만큼 낮다고 한다. 이 연구가 신뢰할 만한 것이라면, 대부분의 사람들이 매일 일터에 나가는 이유는 그저 전날에 일터에 나갔기 때문이라는 추측을 해볼 수 있다. 또한 이 연구는, 대부분의 사람들이 일은 점점 덜 하면서도 봉급은 점점 더 많이 받을 수 있는 방법을 찾는 데 골몰하고 있다고 발표하고 있다. 이것으로 볼 때, 사람들이 직장 생활을 하는 궁극적인 목적은 아무 일도 안 하면서도 그 대가로 엄청난 돈을 모으는 것이라고 할 수 있다. 하지만 세상에서 이 방법을 적용하여 실효를 거두는 동물은 딱 한 부류밖에 없다. 정치가들이다.

구체적인 수치를 댈 수는 없지만, 우리 사회에는 오로지 무사히 은퇴하기 위해 일하는 사람들, 직업 만족이란 꿈에 불과하다고 생각하는 사람들, 주말까지 날짜 가기만 기다리는 사람들, 또한 부와 행복, 마음의 평화를 얻는 유일한 방법은 복권에 당첨되거나 텔레비전 퀴즈쇼에 참가하는 것뿐이라고 생각하는 사람들이 많다.

목표에 대한 과도한 집착

'바람과 희망'의 반대편에는 110퍼센트 노력하는 방법, 좀더 정확하게 말하면 '어떤 대가를 치르더라도 쟁취한다'는 식의 신드롬이 있다. 텔레비전의 교양 프로그램을 시청한 적이 있다면 이 말에 고개를 끄덕일 것이다. 그런 프로그램에서 흔히 나오는 말이 바로 '지혜를 구하는 자는 목적에 집중하고, 그것을 얻기 위해 110퍼센트 노력하라.'이다. 이 방법이 가진 가장 위험한 함정은 '그럴듯하다'는 것이다. 필자는 여기에서 위험하다고 했다. 이 방법을 쓰는 사람들은 자기도 모르게 아무도 없는 곳에서 혼자 승리의 월계관을 쓰고 있다는 것을 알게 되기 때문이다. 그들은 자신도 깨닫지 못할 정도로 심하게 뒤틀리고 균형을 잃어버린 삶을 살고 있다. 이런 승리자들은 대부분 '전혀 가치 없는' 몇 가지를 위해 삶의 가장 중요한 요소들을 포기한다.

어떤 수를 써서라도 원하는 것을 쟁취한다는 이러한 신념은, 단기간의 성취를 위해서는 대단히 효과적일지 몰라도 삶의 원칙으로서는 매우 위험하고 비생산적이다. 삶에 대한 이런 그릇된 관념을 맹목적으로 받아들이면 발작적 허둥대기와 불안 장애라는 전염병을 얻게 된다. 그런 전염병은 현대 사회를 좀먹고 있는 주범이다.

너무 오랫동안 자신을 한계점까지 밀어붙이게 되면 무언가 간과하는 게 있기 마련이다. 이것은 상식이다. 그러나 목적을 향해 무작정 달려가는 사람들은 이 간단한 상식이 잘 이해되지 않는 모양이다.

주위 사람들보다 좀더 많이 축적하기 위해, 또는 어떤 모임이나 조직에서 최고 지위에 오르기 위해 자신을 한계점까지 밀고 나가는 사람들은, 고급 차에 올라타서 한껏 속도를 낸 다음 목적지에 도착할 때까지 다른 사람이나 사물을 배려하여 속도를 늦춘다는 생각은 절대로 하지 않는다. 그들은 이런 식의 행동이 자신의 가장 소중한 재산 가운데 하나를 파괴하게 된다는 것을 잘 알고 있다. 그러나 이상하게도, 그런 행동이 확실한 자기 파멸로 이어진다는 것은 잘 모르고 있다.

진정한 의미의 성공은 다른 사람에 비해 자신이 얼마나 더 갖고 있느냐에 따라 결정되지 않을 뿐만 아니라, 어떤 한 가지 가치

만으로 설명되지도 않는다. 우리는 한 가지 품목만을 생산하도록 설계된 기계가 아니라 육체적, 지적·정서적, 정신적, 경제적 욕구를 갖고 있는 복잡한 생물체이다. 이러한 인간의 욕구 가운데 어느 한 가지 측면, 또는 전부를 무시한 인생 계획은 결코 좋은 계획이 될 수 없다.

팔방미인 신드롬

비효율적인 방법 가운데 또 하나는 필자가 '팔방미인 신드롬'이라고 이름 붙인 것이다. 팔방미인 신드롬은 '110퍼센트 노력 투여'의 정반대의 경우이다. 여기서 조금, 저기서 조금 시험 삼아 해보면서 이 일 저 일에 손을 대보는 것이다.

이 방법의 문제점은 간단하다. 사회과학자들에 따르면, 사람이 일단 일을 시작했을 때 그 일을 계속하는 까닭은 두 가지 가운데 하나라고 한다. 하나는 즐거움을 얻기 위함—그 일을 즐긴다—이고, 다른 하나는 고통을 피하기 위함—그만두면 좋지 않은 경험을 하게 된다—이다. 간단히 말해서, 그럭저럭 일을 해나가다가 어려워지거나 기분이 나빠지면 노력을 포기하고 좀더 관심을 끄는 다른 일을 한다는 것이다. 결과적으로 특정 분야의 전문가가 되기 위해 필요한 절대적인 시간을 투자할 수 없게 된다. 적정한 시간 투자는 어떤 분야에서든 성공을 위한 필수불가결한 요소이다. 하지만 우리는 안절부절못하는 초보 투자자처럼 초기 투자에 대한 어떤 의미 있는 결과를 얻기도 전에 손을 빼버리고 만다. 그런 식으로 일을 처리하면 기껏해야 본전밖에 안 된다.

새빨간 거짓말

또 다른 비효율적 방법으로, '자기중심적 세대'(Me Generation)의 산물인 이 방법을 필자는 '새빨간 거짓말'이라고 부른다. 이것은 조지프 캠벨(Joseph Campbell)의 '하고 싶은 것을 하라!'를 조금 변형시킨 것에 지나지 않는다. 말 그대로 자신이 하고 싶은 것을 정하고 그것을 하라는 것이다. 이런 종류의 속설은 수많은 이론을 통해서, 그리고 수백 권에 달하는 '훌륭한' 처세서를 통해서 널리 퍼져 나가고 있다.

자신이 정말 하고 싶은, 그래서 스스로에게 기쁨을 주는 직업을 선택하는 것이 약간의 신뢰성과 적지 않은 이점을 제공할 수도 있다. 그러나 하루 종일 진흙탕 속에서 뒹굴어도 행복할 수 있을지는 몰라도, 좀더 넓고 길게 보면 그 방법이 진정한 보상, 지속적인 기쁨 등을 줄 수는 없다.

'하고 싶은 것을 하라!'의 부산물은 인간관계의 단절과 사업 실패라는 모습으로 우리 주변에 얼마든지 널려 있다. 다른 사람의 만족이나 즐거움을 고려하지 않고, 또는 다른 사람에게 필요한 상품이나 용역을 생산하고 있는지 여부에 대한 고민 없이, 그저 자기가 좋아하는 것만을 하는 것은 파멸을 위한 지름길에 지나지 않는다.

초보 광맥 탐침꾼들이 가짜 금의 반짝임에 현혹되듯, 우리는 일시적인 욕구를 만족시키고 환상을 자극하는 것들이 내는 희미한 빛에 너무 쉽게 속는다. 그 마법에 빠지면, 그리고 무의식적으로 감투상 정도로 만족하게 된다면, 그 이면에 있는 특별한 기회를 놓치게 되는 것이다.

가장 흔한 광물 자원이 그렇듯이, 삶의 진정한 풍요로움은 쉽게 겉으로 드러나지 않는다. 가치 있는 보석을 찾아내기 위해서는 약간의 '훈련된 채광 기술'이 필요하다. 단순히 사랑이나 행복, 재산이나 즐거움, 권력이나 지위 따위를 좇고, 그것이 마치 도망치는 개의 꼬리나 되는 양 움켜쥐는 것만으로는 절대로 진정한 의미의 성공을 이룰 수 없다. 빅터 프랭클(Viktor Frankl)은 자신의 책 『죽음의 수용소에서』(*Man's Searching for Meaning*)가 예상 밖으로 성공한 까닭을 이야기하는 자리에서, "성공을 목표로 하지 마라. 성공에 집착하면 할수록 점점 더 그것을 잃게 된다."[1]고 말했다.

프랭클 박사는 나치 치하 죽음의 수용소에서 겪은 생활을 서술하면서 세계에 큰 충격파를 일으킬 의도는 없었다. 사실, 그는 자기 이름이 속표지에 나오는 것조차 주저했다. 학술적인 서적을 20여 권이나 집필했던 프랭클은 이 책이 성공하리라고는 거의 기대하지 않았으나, 아이러니하게도 그가 세계적인 명성을 얻은 것은 바로 이 책을 통해서였다.

삶의 위대한 관찰자인 프랭클은 우리 모두에게 도움이 될, 가치 있는 교훈을 하나 제시한다. **우리가 무엇을 가장 열렬히 추구한다면, 그것은 틀림없이 가장 잡기 어려운 것이 된다.** 돈을 좇는 사람은 평생 가난하다. 마치 사탕의 마지막 조각을 움켜쥐고 있는 버릇없는 아이처럼, 권력과 지위를 움켜쥐고 있는 사람이 그것을 오랫동안 유지하는 경우는 거의 없다. 갈망하던 목표가 성취되는 순간, 욕심 많은 경쟁자들이 그것을 차지하기 위해 음모를 꾸미기 시작하는 것이다. 돈은 가치 있는 일을 할 때 생기는 부산물이다. 권력과 지위가 오래 유지되는 유일한 경우는, 피지배자들이 자유의지로 그것을 부여하는 경우뿐이다.

희망하고, 목표를 정하고, 노력해도 진정 원하는 것을 얻을 수 없다면 도대체 어떻게 해야 할까?

분명히 더 좋은 방법이 있다

필자는 열아홉 살 때, 대학 진학을 위해 택시를 운전한 적이 있다. 필자가 일하던 택시 회사의 배차원은 매우 까다로운 여자였는데, 성격에 걸맞게 잘 쏘아대고 부지런을 떨었다. 동료 택시 운전사들은 저마다 이 요란한 여자에게 별명을 붙여주기에 바빴다. 그녀의 실제 이름은 에드나(Edna)였다.

필자가 보기에, 에드나는 인생에서 오직 두 가지에만 열정을 갖고 있었다. 하나는 신선한 젤리 도넛이었고, 또 하나는 사람들에게 큰 소리로 상스럽게 말을 쏟아내는 것이었다. 과장이 아니라, 에드나가 쓰는 말은 50개 단어로 한정되어 있었다. 그 중에서 42개 단어는 남녀가 함께 있는 회사에서는 쓸 수 없는 말이었다. 하지만 그녀는 나머지 여덟 개 단어를 간결하고도 효율적으로 이용했다. 에드나는 수많은 재미있고 창조적인 방법으로 이들 여덟 개 단어를 배치했다. 그러나 그녀가 가장 좋아하는 말은 "이봐, 너도 알잖아……, 틀림없이 더 좋은 방법이 있어."인 것 같았다.

오래 된 인도 속담에 의하면, 위대한 지혜의 원천은 흔히 평범하게 포장되어 우리에게 다가온다고 한다. 100퍼센트 확신할 수는 없지만, 옛 인도인들은 이 속담을 만들 때 에드나와 같은 생각을 했던 것 같다.

어떻게, 왜, 무엇을 해야 하는가?

인생에서 자신이 진정으로 원하는 것을 더 많이 얻을 수 있는 더 좋은 방법이 있는지 차분히 생각해 본 적이 있는가? 정말로 즐겁고 성공적인 삶을 사는 사람들은 더 좋은 방법, 훨씬 더 좋은 방법이 있다는 것을 알고 있다.

필자는 앞에서, 대부분의 사람들이 초점을 잘못 맞추고 있기 때문에 자기가 원하는 것을 찾지 못한다고 말했다. 이에 대해서는 설명이 필요할 것이다. 그 설명은 다음 질문에서부터 시작된다. "잘못된 초점이란 무엇이며, 그것이 그렇게 문제가 되는 까닭은 무엇인가?"

이 질문에 효율적으로 대답하기 위해서는 대답을 세 부분으로 나눌 필요가 있다. 그것은 '어떻게, 왜, 무엇'이다. 이 세 가지는 서로 독립적이면서도 뗄 수 없는 관계이다.

이 책을 다 읽은 뒤에 이 세 가지에 대해 곰곰이 되새겨 보면, 현재의 사고방식과 개인적이거나 직업적인 목적에 이르기 위해 당신이 계발해야 할 사고방식 사이에서 분명한 답이 보일 것이다. 그때부터는 앞서갔던 많은 사람들과 마찬가지로, 그 답을 따라가기만 하면 된다. 이제 당신은 앞으로 발견하게 될 것들에 대해서 놀라움과 기쁨을 금치 못할 것이다.

새로운 제빵 기술이 필요하다

이제 본론으로 들어가자. 어디서 시작하면 좋을까? '무엇을, 왜, 어떻게'를 철저하게 점검하여, 사업이나 인생에서 원하는 바를 얻는 데 도움이 될 만한 최고의 전략을 찾는 것으로 출발점을 삼아도 좋을 것이다. 그러나 무엇보다 먼저 필요한 일은 '무엇'의 실체를 확인하는 것이다. 필자는 그 '무엇'이 우리가 원하는 것, 즉 목표라고 생각한다.

인생에서 성취되지 못한 욕구는 공복감을 만들어 무엇인가 갈망하게 한다. 공복감은 내부 핵심으로부터 발산된다. 또한 자연은 진공 상태를 거부하기 때문에, 우리는 자연스럽게 빈 곳을 채우는 데 관심을 갖게 된다. 그런데 영혼의 공복감을 채우기 위해 물질적인 대상, 사랑이 결여된 섹스, 정신을 마비시키는 물질들, 권력과 돈 따위에 반복적이고, 필사적이고, 비효율적으로 빠져든다면, 우리는 점점 더 어두운 욕망의 구덩이 속에 빠지게 될 뿐이다.

어떤 일에 실패하면, 우리는 본능적으로 그 원인이 자기 자신에게 있다고 생각한다. 좀더 열심히 일했다면 성공했을 것이라고 생각하는 것이다. 그러나 그 생각이 반드시 맞는 것은 아니다.

수행하는 임무나 일 자체가 잘못되었다면, 특정한 임무를 얼마나 효율적으로 얼마나 성실히 수행했는가는 사실 문제가 안 된다. 계속 나쁜 빵이 구워진다면, 필요한 것은 새로운 제빵 기술이다. 똑같은 나쁜 기술로 빵 덩어리를 계속 구워봤자, 나쁜 빵만 계속 많이 생산할 뿐이다.

우리의 삶이나 사업도 마찬가지다. 상황이 나쁜 쪽으로 기울 때에는 새 '제빵 기술'을 생각해서 좋은 빵을 굽기 위해 노력해야 한다. 새 제빵 기술을 찾아내는 방법 중의 한 가지는 상황에 대한 시각을 변경하는 것이다.

초점을 바꾸면 결과가 바뀐다

우리는 무엇을 추구할 때 시선을 목표에 맞추라고 배워왔다. 이 가르침은 우리 삶에 커다란 영향을 미쳤고, 우리는 삶의 목적을 추구하는 과정 내내 자신에게 박차를 가하기 위하여 "눈을 목표에 고정시켜라."와 같은 멋진 슬로건을 아주 많이 개발해 왔다. 그 결과, 성취를 위해 힘겹게 나가는 동안 마음속에 단단히 심어놓은 그림이 바로 목표 자체가 되고 말았다.

이 방법이 저격수들에게는 훌륭한 기술이 될지 모르지만, 살아가면서 우리가 설정하는 대부분의 목표에는 실질적인 도움이 되지 않는다. 이 방법의 문제점은 간단하다. 원하는 것에 너무 몰두하다 보니 그것을 이루기 위해 무엇을 해야 하는지, 무엇이 되어야 하는지, 무엇을 갖추어야 하는지 전혀 생각하지 못하는 것이다.

다시 빵 이야기로 돌아가 보자. 우리는 모두 버터를 바르거나 맛있는 잼을 흠뻑 적신, 김이 모락모락 나는 빵을 좋아한다. 그러나 시간을 내어 재료를 섞고 반죽하고 부풀리는 등의 일을 기꺼이 하

고 싶어 하는 사람은 거의 없다. 성공의 꿀맛을 즐기기 위해 반드시
해야 하는, 빵 덩어리를 노릇노릇하게 굽는 일은 하지 않는 것이다.
아무리 오랫동안 맛있는 빵 사진을 쳐다보고 있어도, 빵 굽는 향기
에 대한 기억을 아무리 되살려도, 빵이 저절로 만들어지지는 않는
다. 어떤 특정한 종류의 '반죽'을 만드는 데 적용되는 원칙은 다른
종류의 반죽에도 그대로 적용된다.

　　예를 들어, 반죽을 좀더 많이 만들고 싶다고 하자. 또는 하는
일의 대가로 돈을 더 많이 받고 싶다고 하자. 한마디로 봉급이 오르
기를 원한다. 봉급은 흔히 주는 사람이 받는 사람에 대해 매기는 가
치에 근거를 둔다. 따라서 봉급을 올려 받고 싶은 생각이 조금이라
도 있다면, 고용주에게 자신의 가치가 전보다 상승되었다는 인식
을 심어주어야 한다. 간단히 말해서, 고용주가 조직의 성장과 발전
에 중요하다고 생각하는 일을 더 많이 하고, 개인적으로 중요하다
고 생각하는 일은 덜 해야 한다. 가치는 언제나 인식의 문제이다.

　　몇몇 사람은 위에서 말한 한 가닥의 진실을 '삼키기 힘들' 수도
있다. 그러나 필자는 수년 동안 고용 방정식의 양 측면, 즉 고용인
과 피고용인 양쪽에 모두 서보았던 경험을 바탕으로 이야기를 하
고 있다. 필자의 말이 진실이라고 생각한다면, 그래서 몸담고 있는
조직을 좀더 강화하고 이익을 증대시키기 위해 필요한 일을 꾸준
히 찾는다면, 당신은 조직에 꼭 필요한 사람이 될 것이다. 그렇게
되면 당신의 가치를 확실하게 조직 관리자에게 인식시킬 수 있다.
조직의 지속적 성공과 관계 깊은 일을 더 많이 하라. 받는 봉급 이
상으로 일을 하라. 그러면 결국 좀더 많은 돈을 받을 것이다. 현재

고용주에게 더 받지 못하더라도 조금 더 현명한 누군가에게 꼭 받게 될 것이다.

그러나 봉급을 올리려는 대부분의 사람들은 이 단순한 진리를 잘 깨닫지 못하고 있다. 그들은 봉급을 올리는 길이 사장실로 과감하게 들어가서 봉급 인상을 요구하고……, "안 그러면!"이라고 귀에 못이 박히게 으름장 놓는 것이라고 착각하고 있다. 사실 이런 행위는 십중팔구 실업자 대열에 초고속으로 진입하는 결과를 낳을 뿐이다.

원하는 것보다 필요한 것에 초점을 맞춰라

봉급을 올릴 수 있는 좋은 방법은, 조직의 이익을 실질적으로 증가시킬 수 있는 기획안을 고용주에게 제출하는 것이다. 원칙적으로 회사가 봉급을 올려줄 수 있는 유일한 명분은 이익 증대이다. 그러므로 이익의 좀더 많은 몫을 간절하게 원한다면, 이익을 늘릴 방법을 찾아야 한다. 그러나 대부분의 사람들은 자기가 원하는 것에 너무 집착한 나머지 해야 할 일에 대해 생각하지 못하며, 그 결과 원하는 것을 갖지 못하게 된다. 필요한 것보다 원하는 것에 초점을 맞출 때, 우리는 무의식적으로 잘못을 저지르게 된다.

그렇다고 해서 목표에 눈을 고정시킬 필요가 없다는 뜻은 아니다. 목표는 절대적으로 필요하다. 목표는 겨냥할 무엇을 제공하고, 점검 기준과 목적지를 만들어 낸다. 그러나 목표가 있다고 해서, 성과를 얻기 위해 해야 할 일을 알려주는 치밀하고 역동적인 계획, 그리고 그 계획을 실현하기 위해 지녀야 할 끈기가 저절로 주어지지는 않는다.

전문 세일즈맨이 고객을 대할 때, '손님을 들어오게 한다, 팔 수 있는 모든 것을 판다, 손님을 나가게 한다.'는 식의 이른바 '회전문 접근 방식'을 취한다고 가정하자. 이 경우에 그는 이미 '고객의 변화하는 욕구를 파악하여 충족시킨다.'는 진짜 목표를 외면하고 있다. 고객의 욕구에 부응하는 세일즈맨은 결코 고객을 마르지 않는 수입원으로 취급하지 않는다. 고객 특유의 발전적 욕구에 부응함으로써, 앞으로 전개될 사업이 장기적인 고객 관계를 바탕으로 발전할 수 있도록 기초를 다진다. 노련한 사업가라면 누구나 단언하겠지만, 이것은 부의 축적이나 여하한 형태의 사업 관계에서 최고 수익을 낼 수 있는 목표를 설정하는 데 필수 요소이다.

장기적인 관계는 신뢰·존경·상호이익의 토대 위에서만 탄생한다. 이러한 관계는, 헌신적인 사업가가 일시적인 만족과 빠르고 쉽게 팔려는 자연스럽고 이기적인 욕구를 누르고 고객의 진정한 욕구를 알아내어 만족시키기 위해 노력하는 순간에 시작된다.

'기술을 개발하여 자신에 대한 인식 가치를 높이려면 어떻게 해야 하는가?'에 대해서는 생각하지 않고, '자신이 얼마나 낮게 평가되고 있는지' 또는 '얼마나 봉급을 적게 받고 있는지'에 잘못 초점을 맞추고 있을 때, 우리는 무의식적으로 목표에 반(反)하는 환경을 조성하며, 그 결과 목표 달성의 기반을 약화시킨다. 자기연민에 빠지면 점심 식사 도중에 울리는 전화 벨 소리를 저주한다거나, 궂은 날씨에 고객은 빗속에 두면서 자신은 출구에 가장 가까운 장소에 주차하는 행동을 하게 된다. 고객의 욕구에 대해 진정으로 알려고 하기보다 빨리 파는 쪽을 선택할 때, 우리는 '원하는 것을 얻기 위해 할 필요가 있는 것'보다는 '원하는 것' 자체에 초점을 맞추게 된다.

행동에 들어가기 전에 목표, 즉 점검 기준을 세우는 것은 중요하다. 그러나 그 목표를 달성하기 위해 무엇을 해야 하는가, 어떤 사람이 되어야 하는가, 무엇을 갖춰야 하는가에 초점을 맞추는 것도 목표 설정에 못지않게 중요하다.

실천하지 않으면 아무것도 변하지 않는다

다음으로, 우리가 원하는 것을 얻기 위해 선택하는 방법 방정식에서 '어떻게'를 살펴보자. 당연한 이야기지만, 방법이라는 말은 실천을 의미한다. 실천은 좋은 것이다. 실천이 없으면 아무 일도 일어나지 않는다.

정신이 올바로 박힌 농부라면 빈둥빈둥 놀면서, 어제 내린 비처럼 하늘에서 옥수수 씨가 떨어져서 저절로 땅에 묻혔다가 해충과 가뭄을 이겨내고 싹을 틔우고 자라서 시장으로 걸어갈 것이라고 생각하지 않는다. 그러나 다른 면에서는 합리적이고 지적이면서도, 돈 문제에 있어서만은 좀더 많이 벌 수 있는 계획만 꿈꿀 뿐 전혀 실천에 옮기지 않는 사람들이 많다. 그러면서도 그들은 도대체 왜 삶이 조금도 나아지지 않는지 의아해한다. 실행에 옮기지 않는 한, 아무리 좋은 계획이라도 무용지물일 뿐이다. 믿거나 말거나, 수확을 최대한 많이 거두기 위한 첫 번째 단계는 '얻는 것보다는 주는 것'에 초점을 맞추는 것이다. 받기보다 주기에 초점을 맞추기 시작할 때, 어떤 멋진 일이 일어날지 기대해 보라.

적자생존은 단기적 진리일 뿐

원하는 것을 얻기 위해 사람들이 흔히 쓰는 방법들을 자세히 살펴보면, 거기에는 공통점이 하나 있다. 그것은 바로 이기심이다. 사실 필자는 다른 관점, 즉 유전자적 관점을 접하기 전까지 이기심—그리고 그것의 반대인 이타심—은 인간의 고유한 특성이라고 생각했다.

화제의 책『이기적 유전자』(*The Selfish Gene*)에서 저자 리처드 도킨스(Richard Dawkins)는 이기주의와 이타주의의 생태를 고찰했다. 그는 이기주의의 생태학적 성향을 뒷받침하는 거대 담론을 유전자 수준으로 끌어내렸다. 인간은 지구의 다른 모든 생물들과 마찬가지로, 다른 어떤 것보다 자기 이익을 우선시하는 유전 정보를 공유하고 있다는 것이다. '우리는 태어날 때부터 무자비할 정도로 이기적이며, 아무리 슬퍼해도 그것을 부정할 수는 없다.' 이것이 도킨스 박사의 결론이다.

이 새로운 관점에서, 사람들이 원하는 바를 얻기 위해 쓰는 방법과 그에 따른 성공률의 상관관계를 살펴보면 뜻밖의 사실이 드러난다. 무자비한 이기주의적 방법을 선택하는 사람들 가운데 자신이 아주 오랫동안 추구해 온 것을 이룩하고 유지한 사람이 거의 없다는 것이다. 그들은 또한 최소한 겉으로 보기에, 좀더 이타적인 접근 방법을 택한 사람에 비해서 비참한 삶을 살아가는 존재로 전락하고 만다.

이 두 가지 사실을 나란히 보면, 이기심과 궁극적인 욕망 성취의 실패 사이에는—이상하지만—우연하게 일치하는 점이 있다는 합리적인 결론을 내릴 수밖에 없다. 좀더 정확하게 말하면, 필자가 그 연구를 한층 깊이 파고들어 우연의 일치란 없음을 발견할 때까지 그렇게 생각했다. 원래 의도는 아니었지만, 도킨스 박사는 실질적으로는 이기심과 불행 또는 궁극적인 멸종과의 관계를 증명한 셈이었다. 그는 새, 물고기, 그리고 여러 가지 다른 생물학적 모델들의 이기심과 이타심을 관찰하기 위하여 몇 가지 행동 연구를 예로 들었다.

이 연구들을 살펴보면, 자기 보존에 대해 일반적으로 알려진 사실 가운데 한 가지 흥미로운 맹점이 드러난다. 이기적인 방법으로 행동하는 집단들, 즉 원하는 것이 있을 때 뒷일은 조금도 생각하지 않고 무조건 그것을 획득하려는 성향이 있는 집단은 비록 초기에는 다른 집단보다 번성하더라도, 최종적으로는 이례적인 질병과 굶주림에 굴복하여 훨씬 일찍 죽고 말았다. 최고 수준의 이기심을 보였던 집단과 종족은 실제로 멸종되었는데, 그 멸종은 가속도로 진행되었다. 그에 비하여 이타적 행태—과학자들은 이 행태를 '호혜적'이라고 한다—를 취하는 집단은 균형을 이루면서, 평균보다 훨씬 더 오래 생존하는 경향이 있었다. 이런 연구를 행한 과학자들은 이기심은 생존을 위한 보험이 아니며, 오히려 사형선고—좀더 정확하게는, 자살행위—라는 것을 알게 되었다.

이 중에서도 특히 필자에게는 짧은 기간 동안에 나타나는 번영에 대한 환상이 흥미로웠다. 단기적으로 볼 때, 이기적인 집단은 이타적인 집단보다 번성한다. 널리 인정되는 '적자생존'의 개념이 증명되는 것이다. 많은 사람들은 남의 선수를 치는 것, 즉 경쟁자를 깎아내리고 자기 몫을 먼저 챙기는 것이 성공의 지름길이라고 생각하는 함정에 빠진다. 우리는 다른 사람들이 보여주는 탐욕과 이기심을 보고, 그것을 자기 생활에 똑같이 적용한다. 결국 우리의 눈은 당장 보이는 것에 고정되고, 그로 인한 장기적 폐해를 보지 못한다. 앞으로 이 책에서 필자와 함께 여행하면서, 이제까지 별 생각 없이 받아들였던 기존 관념에 의문을 제기하는 방법을 배우고, 그런 과정을 통해 장기적인 성공 비법, 즉 단순한 '생존'이 아니라 아주 오랫동안 지속되는 성공 비법의 이면에 있는 진실을 발견하기 바란다.

진정으로 번영하기 위하여—이것은 순간의, 또는 한 번으로 끝나고 마는 승리 이상의 의미가 있다—우리는 그저 소유하는 것 이상을 해야 한다. 무엇인가 되돌려 주어야 한다. 하지만 아무것도 주지 않고 갖기만 하려는 본능적인 성향에 저항하는 것은 정말 어려운 일이다.

주는 것의 힘에 대한 전설

필자는 최근에 북아메리카 원주민인 이로쿼이족 연맹(Iroquois Confederacy)의 리더로부터 이 점을 아주 잘 설명해 주는, 짧지만 놀라운 이야기를 한 토막 들었다.

아주 오래 전에, 고지대가 극심한 가뭄으로 고통을 겪고 있었다. 땅은 바싹 말라서 갈라졌고, 나무들은 더 이상 열매를 맺지 못했다. 검붉게 변한 동물들의 시체가 땡볕이 내리쬐는 들판 곳곳에 널려 있었다. 한때 물고기들이 풍부하게 잡히던 시냇물은 말라붙었다. 마을 사람들도 고통을 받기는 마찬가지였다. 대부분의 노인들이 탈진으로 죽어갔고, 어린이들은 하루가 다르게 약해져 갔다. 마을 사람들의 악행에 대한 하느님의 벌 같았다.

절망에 빠진 무당들이 언덕 꼭대기에 모여서 하느님께 용서를 구하고 계시를 달라고 빌었다. 무당들의 사적인 기도가 통했는지 하느님이 대답하셨다. 그 요지는 다음과 같았다. '세속적인 물질에 대한 마을 사람들의 욕심이 지나쳤다. 그들은 기름진 땅에서 더 이상 아무것도 나오지 않을 때까지 가져갈 수 있는 것을 모두 가져갔다. 하지만 그렇게 가져갔으면서도 모든 것을 주관하는 하느님과 땅에게 되돌려 주려는 생각은 조금도 하지 않았다. 그에 대한 대가로, 하느님은 생명을 주는 비를 거둬들였다. 마을이 살아날 수 있는 유일한 희망은 희생이다. 마을 사람들은 그들의 가장 소중한 재산을 태워 신에게 바쳐야 한다.'

무당들은 하느님의 말씀을 마을 사람들에게 전했다. 사람들은 집으로 돌아가 가장 소중한 재산을 가지고 돌아오라는 지시를 받았다. 계시가 뜻하는 바는 분명했다. 그러나 사람들의 영혼은 순수하지 않았다. 마을 사람들이 정말로 가장 귀중한 것을 제물로 가져올지 무당들이 어떻게 알겠는가? 가치가 있기는 하지만 가장 귀중하지는 않은 것을 가져올 수도 있는 것이다.

다음 날 저녁, 마을 사람들은 제물을 가져왔고, 무당들은 그것을 언덕 꼭대기로 가져갔다. 언덕 꼭대기에서는 밤새도록 제례의 불이 타올랐고 아래쪽의 마을을 희망의 주황색 불빛으로 감싸 안았다.

다시 다음 날 아침, 제례의 불꽃이 타올랐던 언덕 꼭대기 위에 검은 비구름이 나타났다. 구름은 마을로 움직이기 시작했다. 멀리서 들리는 천둥소리를 듣고 마을 사람들이 밖으로 나왔다. 모두들 만물이 다시 소생하리라고 생각하면서 하늘을 쳐다보았다.

잠시 후, 마을 사람들은 경악을 금치 못하는 눈으로 하늘을 쳐다보았다. 비구름은 마치 말라버린 대지를 한 번 건드려 보기라도 하듯 단 한 방울의 빗방울만 뿌리고 금세 사라져 버린 것이다. 구름이 사라지자 여름의 뜨거운 태양이 나타나서 전보다 더 강하고 뜨거운 햇볕을 쏟아 부었다. 비명 소리가 온 마을에 울려 퍼졌다. 하느님이 어찌 이다지도 잔혹하게 사람들을 버릴 수 있단 말인가! 사람들과 어린 자녀들은 어떻게 될 것인가?

그런데 다섯 살도 안 된 한 소녀가 이 모습을 지켜보고 있었다. 그녀의 어린 가슴은 순수했다. 소녀는 전에 무당이 어른들에게 제물에 대해 말하는 것을 들었으며, 다른 어린이들이 고통을 당하는 모습도 충분히 지켜보았다. 소녀는 잠깐 동안 생각해 보았다. '나는 하느님에게 무엇을 바칠 수 있을까?' 소녀가 그 문제에 골몰하고 있을 때 어떤 영상이 머릿속에 스쳤고, 곧 자신이 해야 할 일을 알게 되었다.

그날 저녁, 소녀는 언덕 꼭대기를 오르기 시작했다. 거기에서는 아직도 제례의 불꽃이 연기를 내뿜고 있었다. 소녀는 작은 가죽 자루를 들고 갔는데, 자루 주둥이는 끈으로 단단하게 묶여 있었다.

소녀는 언덕 꼭대기에 다다르자, 꺼져 가는 장작더미 앞에 무릎을 꿇고 자루를 열고는 안에서 작은 인형을 꺼냈다. 전사 인형이었는데, 푸른색의 사슴가죽 옷을 입고 머리에는 푸른 개똥지빠귀의 깃털로 만든 아름다운 장식이 달려 있었다. 소녀의 인형이었다. 그 인형은 소녀의 유일한 재산이었으며, 소녀는 그 인형을 끔찍이 좋아했다.

소녀는 인형에게 마지막으로 한 번 더 키스를 하고 나서 아직 노란 불기운이 남아 있는 장작더미 위에 그것을 올려놓았다. 소녀는 눈물이 흐르는 얼굴로 하늘을 올려다보면서 하느님께 간절하게 기도했다. 제발 이 제물을 받고 마을 사람들에게 다시 한 번 생명을 달라고 빌었다. 그러다가 오랫동안 걸어 올라왔기 때문에 피곤이 겹쳐서, 소녀는 차가운 땅에 머리를 대고 잠이 들었다.

다음 날, 따뜻한 아침 햇살이 소녀를 깨웠다. 잠에서 완전히 깬 소녀의 눈앞에는 이제까지 본 적이 없는 장엄한 광경이 펼쳐졌다. 파란 야생화들이 눈길 닿는 곳 끝까지 펼쳐져 있었다. 야생화들은 언덕 꼭대기 전체를 뒤덮고 계곡으로 흘러넘치고 있었다. 꿈인가 생시인가 싶어 손을 뻗치자 꽃들은 소녀의 살갗을 어루만져 주었고, 마을로 돌아가기 위해 깔깔 웃으며 달려갈 때는 발가락을 간질여 주었다.

마을 사람들은 소녀의 이야기를 들으면서 부끄러워했다. 사심 없는 소녀의 행동 속에 담긴 순수한 마음이 마을 사람들의 자기중심적인 마음의 어두운 그림자를 그대로 드러낸 것이다. 마을 노인들은 한 사람씩 집으로 돌아가서 한때 애지중지했던 물건들을 한 아름씩 안고 나타났다. 그들은 무당들과 함께 언덕 꼭대기로 가서 하느님께 자기들의 선물 일부를 돌려주고는 좀더 많이 얻을 수 있기를 기원했다. 불길이 보물들을 태워 땅으로 돌려보내자, 다시 비가 내리기 시작했다.

이 전설의 교훈을 좀더 현실감 있게 설명하기 위하여, 유진 (Eugene)이라는 사람을 소개하고자 한다. 그는 자신이 평범한 사람이라고 이야기하곤 하지만, 살아가면서 최대한 많이 베풀어야 한다는 신념을 가진 사람이었다. 그는 그것을 이렇게 말했다. "꼭 쥔 손으로는 아무것도 받을 수 없다. 하나라도 받을 수 있으려면 그 전에 반드시 베풀어야 한다."

그렇다고 '이기심' 또는 '자기중심주의'가 용서할 수 없을 만큼 나쁘다는 것은 아니다. 그것은 종족의 생존을 보장하는 아주 자연스러운 본능이다. 그러나 그것은 어디까지나 기본적인 생존 보장에 지나지 않는다. 그 이상도 아니고, 다른 어떤 것도 아니다.

우리가 기본적 욕구를 충족시키는 데만 집중한다면, 틀림없이 기본적으로 필요한 것을 얻을 수는 있다. 그러나 본능적 욕구에만 신경 쓴다면, 일생 동안 기본적이고 최소한의 대가만을 받을 뿐이다. 그것은 기본적 생존에 불과하다. 하지만 그 이상을 원한다면 본성을 억눌러야 한다. 그리고 다른 사람이 필요로 하는 것을 충족시킬 수 있도록 우리의 관심을 넓혀야 한다. 그렇게 함으로써, 다른 사람에게도 우리의 욕구에 맞출 수 있는 기회를 제공하는 것이다.

받기 위해서 주어야 한다. 자신이 필요로 하는 것뿐만 아니라 다른 사람이 필요로 하는 것도 충족시켜 주어야 한다. 그렇다고 지구가 산산조각 나는 것은 아니지 않은가? 이것은 새로운 가르침도 아니다. 우리들 가운데 많은 사람들이 그에 대해 배웠다. 사실, 다른 사람에게 봉사하라는 메시지는 거의 모든 주요 종교의 기본 이념이다. 예언자들과 철학자들은 역사를 통해 그것을 끈질기게 권유했다. 심지어 금세기 최고의 영업교육 전문가의 한 사람인 지그 지글러(Zig Ziglar)도 그 점을 언급했다. "다른 사람들이 원하는 것을 얻을 수 있도록 충분히 도와준다면, 당신은 인생에서 원하는 모든 것을 가질 수 있다."

얻기 위해서는 주어야 한다. 이 원칙은 말로 하기는 쉽지만 실제 행동으로 옮기기는 훨씬 어렵다. 일이 잘못되어 가고 있을 때, 자신이 제대로 인정을 못 받거나 저평가되어 있다고 생각될 때, 삶이 어려울 때에는 특히 그렇다. 그런 때에 우리는 다른 사람들이 필요로 하는 것을 충족시키기보다는 자신의 이기적인 욕구에 더 몰두하기 쉽다. 내가 굶어죽을 상황에서 남의 저녁 밥상에 고기가 식어서 나오든 말든 신경을 쓸 수 있겠는가.

우리가 자신의 유전적 성질을 바꿀 수는 없다. 그러나 반복적이고 집중적으로 노력하면 유전적 설계를 교란시킬 수는 있다. 일단 우리의 노력이 성공하면, 일종의 유전적 절충으로 **자기 자신을 돕기 위해서 다른 사람을 도울 수 있는** 경지에 이르게 된다.

대접받고자 하는 대로 대접하라?

여기서 중요한 것은, 다른 사람의 욕구에 기꺼이 봉사하는 경지에 이르는 것은 당신이 해야 할 일의 절반에 불과하다는 것이다. **나머지 반은 다른 사람이 우리에게 무엇을 기대하는지 정확하게 아는 것**에서 시작된다. 그리고 그 성과로써 우리는 자신이 필요로 하는 것을 얻을 수 있다. 그러나 이것은 대부분의 사람들이 비극적인 실수를 저지르는 출발점이기도 하다.

우리는 유전적으로 이기적인 눈을 통해 삶을 보기 때문에, 자신의 욕구를 다른 사람의 욕구로 잘못 보게 된다. 이것은 조금도 놀랄 일이 아니다. 어쨌든, 우리는 저 유명한 가르침을 따르고 있지 않은가. 여기서 말하는 가르침이 무엇인지 잘 알고 있을 것이다. 이 가르침은 "남에게 ……를 원한다면 너희도 남에게 ……하라."라는 황금률이다. 그렇다. 정확한 문장은 모를지 몰라도, 어쨌든 나의 요지는 이해했을 것이다. 문제는, 위의 충고를 그대로 따른다면 우리는 틀림없이 바보짓을 한다는 것이다!

위의 황금률의 전통적인 해석에 따르면 잘못된 전제, 즉 우리는 모두 비슷하다는 전제를 하게 된다. 사실은 그 정반대가 맞다.

즉, 우리는 비슷한 만큼 매우 다르다. 물론 같은 인간으로서, 우리는 사랑받고 싶고 함께 어울리고자 하는 욕구, 음식과 쉴 곳에 대한 욕구, 신체의 안전과 정신적 안정에 대한 욕구 등 똑같은 욕구를 많이 갖고 있다. 심지어 똑같이 예측 가능한 방법으로 행동하며, 싫어하고 좋아하는 것이 똑같은 경우도 많다. 그러나 우리 각자는 다른 형태의 꿈과 소망과 욕구를 갖고 있기 때문에, 한 사람 한 사람이 모두 다르다. 우리들 각자는 나름대로 물려받은 소질과 기술, 그리고 문화적 경험을 갖고 있다. 비록 우리가 서로 어울려서 생활하기는 하지만, 각 개인은 자신만의 길을 남과는 다른 속도로, 다른 사람의 욕망과는 다른 자신의 역동적인 욕망을 갖고 걸어간다. 자신의 욕구를 만족시키는 것과 같은 방법으로 다른 사람의 욕구도 만족시킬 수 있다는 가정은, 아내의 생일 선물로 수영복을 입은 여자의 사진이 들어간 달력을 선물하는 남자와 비슷한 꼴이다. 그렇게 해도 아내에게서 어떤 반응을 얻기는 하겠지만, 과연 그 반응이 그가 애초에 희망했던 것과 같은 것일지는 알 수 없다.

우리가 원하는 것을 확실하게 얻는 유일한 방법은, 다른 사람의 진정한 욕구를 알아내어 그들에게 가장 좋은 방법으로 충족시켜 주는 능력에 있다. 다른 사람이 필요로 하는 것과 자신이 필요로 하는 것을 혼동한다면, 마지막에 닿을 유일한 종착역은 실패이다.

이 점을 이해한다면, 이제 새로운 황금률이 필요하다는 것에 동의할 것이다. 그렇다. 그것은 바로 "대머리에게 절대로 빗을 권하지 말라!"이다.

대머리에게 빗을 권한다면, 누구도 성공할 수 없다. 그는 실패한다. '돕기 위하여' 아무리 많은 정력과 시간을 쏟아도, 상대의 욕구는 여전히 채워지지 않기 때문이다. 그것이 표면적으로는 그렇게 나쁘지 않은 것 같지만, 잘못된 행동은 상대와의 관계에 회복할 수 없는 해악을 끼친다. 상처에다 소금을 뿌리는 것처럼, 문제에 대한 해결책을 기대했던 상대의 희망에 찬물을 끼얹는 결과가 되고 만다. 심한 경우 상처를 더욱 악화시키기도 한다. 우리는 무의식적으로 남에게 해를 끼치는 이런 행위에 크게 신경 쓰지 않는다. 그것이 어느 한때의 일이 아니라 늘 일어나는 일인데도 전혀 심각하게 생각하지 않는 것이다.

우리가 본능에 따라 행동하고 자기중심적인 방법으로 다른 사람들의 욕구를 충족시키려 할 때, 예상할 수 있는 최상의 결과는 '효과 없음'이다.

'표준 사이즈' 제품만 구비해 놓은 가게의 주인은 뚱뚱하고 체격이 큰 고객이나, 아담하고 작은 체격의 고객들을 놓친다. 좀더 큰 집과 새 차를 갖고 싶어 하는 자신의 욕구와, 자녀들이 점점 자라면서 아버지가 곁에 있기를 바라는 가족의 욕구를 혼동하는 사람은 억만금을 주고도 살 수 없는 가정의 화목과 추억을 통째로 잃어버릴 위험이 있다. 자녀의 직업을 '자녀에게 가장 좋은 것이 무엇인가?'에 바탕을 두고 결정하는 부모는 천부적인 재능을 지닌 새로운 스타의 탄생을 막아버릴 수 있다. 의뢰받은 소송에서 승소하기 위해 무슨 수를 써서라도 밀어붙이는 변호사는 고객의 욕구보다 자신의 욕구를 앞세우는 것이며, 이것은 결과적으로 양쪽에 아무런 이익이 되지 않는다. 자신은 환자를 잘 치료할 수 있는 적절한 경험이 부족하다는 것을 인정하지 못하는 의사는, 결국 그 어떤 질병이 끼칠 수 있는 것보다 많은 해독을 환자에게 끼친다.

자기중심적인 관점에서 통찰력 있는 관점으로

누구나 볼 수 있는 것 이상을 보는 사람을 우리는 **통찰력 있는 사람**이라고 한다. 통찰력 있는 사람이 되기 위해 필요한 것은 한 가지뿐이다. 무엇이 필요한지 타인의 입장에서 볼 수 있는 시각의 확장이다. 통찰력 있는 눈으로 볼 때, 앞에서 서술한 결과의 정반대 현상이 나타난다. 유니폼과 선물 품목을 특화시킨 연쇄점 '간호사의 집'에서 최근에 필자가 겪은 경험을 예로 들어보겠다. 그 상점의 관리자와 종업원들이 이 새로운 사고방식에 접한 뒤에, 놀라운 일이 일어나기 시작했다. 판매가 급격하게 늘어난 것이다!

이 신흥 소매 연쇄점은, 특정 부류의 사람들이 필요로 하거나 원하는 것은 무엇이든 제공한다는 획기적인 아이디어에서 출발했다. 일은 예상보다 아주 잘 되어갔다. 간호사들은 100킬로미터도 마다 않고 외진 곳에 있는 이 작은 상점을 일부러 찾아왔다. 상점 관리자들은 최신 유행의 유니폼을 취급했으며, 아주 작은 사이즈부터 매우 큰 사이즈에 이르기까지 거의 모든 사이즈의 유니폼을 늘 적정 재고 이상으로 유지했다.

이 연쇄점은 간호 업무와 관계된 일상적인 용품, 즉 참고 서적, 청진기, 혈압 측정 기구, 그 밖에 각종 의료 기구뿐만 아니라, 선물

용품을 비롯하여 각종 가치 있는 수집품들을 업계에서 가장 많이 취급하고 있다고 자랑했다. 그들은 모든 상황을 고려했다. 최소한 그렇다고 믿었다.

실제로도 이 훌륭한 연쇄점의 관리자는 한 단계 높은 고객 서비스를 제공하고 있었다. 그들은 고객들이 말하는 '원하는 것들' 즉, 최신 유행의 유니폼, 편리한 쇼핑 시간, 독특하고 구하기 힘든 선물거리 등 많은 부분에 역점을 두고 있었다. 그러나 어느 특정 고객이 정말로 필요로 하는 것이 무엇인지 분명하게 알 수는 없다는 것을 관리자들은 곧 알아차렸다. 그들은 통찰력 있는 눈으로 고객이 필요로 하는 것을 보기 시작한 뒤에야 비로소 무엇인가 빠졌음을 알 수 있었다. 상점의 모든 사람들이 이 책에서 대략 설명한 원칙들을 교육받고 얼마 지나지 않아 다음과 같은 일이 일어났다. 그때 필자는 그 상점에 있었다.

한 여자가 세 살배기 아들을 데리고 상점으로 들어왔다. 그녀는 의례적인 인사를 받고 먼저 인기 상품 코너로 안내되었다. 상점 점원은 최신 유행 코너를 빠른 시간에 두루 보여주고 나서, 그녀가 마음 편히 둘러볼 수 있도록 다른 곳으로 갔다. 그러자 그녀는 다른 판매대로 가서 괜찮은 물건이 없는지 찾기 시작했다.

엄마가 신경 쓰지 않자 금방 지루해진 꼬마는 옷 진열대가 정글짐이라도 되는 양 매달려서 흔들거리며 재미있게 놀았다. 그것도 시시해지자, 깨지기 쉬운 물건들이 전시되어 있는 곳으로 곧장 향했다.

막 사건이 벌어지기 직전에 엄마가 그 모습을 보았다. 엄마는 한 아름 안았던 비싼 디자인의 유니폼을 내려놓고 단 세 걸음 만에 매장을 가로질러―아슬아슬한 순간에―팔꿈치로 꼬마를 낚아챘다.

그녀와 눈이 마주쳤을 때, 필자는 분노와 불만이 섞인 그녀의 당황스런 표정을 볼 수 있었다. 그녀는 울화를 누르며 문을 찾았다. 그때 한 점원이 그녀의 길을 막고 아이에게 뜻밖의 질문을 했다. "꼬마야, 퍼즐 게임 좋아하니?"

엄마와 꼬마가 관심을 나타냈다. 꼬마는 '예'라고 얼른 대답했다. 점원의 순발력 있는 행동에, 필자를 포함하여 매장에 있는 모든 사람들은 호기심 가득한 얼굴로 그 상황을 지켜보았다.

점원은 계산대 뒤쪽에서 새로 나온 퍼즐 맞추기 장난감을 꺼냈다. 그리고 상자에서 비닐을 벗겨내고 꼬마와 함께 바닥에 앉아서 퍼즐을 맞추기 시작했다. 필자는 아이 엄마의 반응을 보기 위해 돌아섰다. 그러나 양손에 옷을 가득 들고 탈의실로 들어가는 그녀의 뒷모습만 보았을 뿐이었다.

그날 문 밖으로 아슬아슬하게 한 발을 내디뎠던 한 여인에게서 올린 매출이 400달러가 넘었다. 그리고 그 말썽꾼, 아니, 꼬마 도련님은 공짜로 퍼즐 맞추기 장난감을 받았다.

필자는 그 점원에게 어떻게 그런 생각을 했는지 물었다. 점원이 대답했다. "나는 그 가엾은 여자가 정말 새 유니폼을 원했고 실제로 장만할 필요가 있다는 것을 알 수 있었습니다. 그녀가 입은 유니폼은 많이 닳아 있었거든요. 그러나 한편으로 그녀에게 유니폼보다 더 필요한 것이 있다는 사실도 알 수 있었습니다. 그녀는 자기가 쇼핑하는 동안 아이를 맡아줄 사람이 필요했습니다. 나는 해야 한다고 생각한 것을 했을 뿐입니다." 그리고 이렇게 덧붙였다. "생각해 보면, 나는 그때 이런저런 생각을 하지 않았습니다. 그저 반사적으로 행동했던 것 같습니다."

필자는 그 점원에게 그런 때 쓰려고 퍼즐을 미리 사두었냐고 물었다. 그러자 그 점원은 깔깔 웃으며 머리를 흔들었다. "그건 조카에게 주려고 오늘 아침 출근길에 샀던 것입니다. 퍼즐 값은 5달러밖에 안 했습니다. 그러나 나는 지금 판매 수수료로 45달러나 벌었습니다." 점원은 말을 마치고 가볍게 웃으면서 윙크를 했다.

필자는 아이를 데리고 왔던 그 여자가, 고객 봉사를 우선으로 생각하는 점원을 만나 자기가 정말 원하는 것을 얻기 전까지 얼마나 많은 유니폼 상점에서 그냥 걸어 나왔을지 궁금했다.

이 상점에서 순간적으로 이루어진 위의 상황은 고객과 점원 모두에게 좋은 결과를 가져다주었다. 또한 그렇게 해서 생긴 '돈'은 틀림없이 관리자, 주주, 그리고 그 밖의 종업원들에게도 이익을 줄 것이다. 어떤 사람이 그 전까지 실행되지 않던 방식으로 세상이 필요로 하는 것을 만족시켜 주기 시작할 때, 기적이 일어난다!

어떻게 볼 것인가?

지금까지 일상 사건을 보는 방식이 자기중심적인 시각에서 통찰력 있는 시각으로 바뀌어야 할 필요성에 대해 설명했다. 이런 변화는 자기가 필요로 하는 것과 다른 사람이 필요로 하는 것을 구분하는 데 도움을 준다. 또한 이 새로운 초점은 습관적인 일상생활을 효과적으로 해석할 수 있는 새로운 혜안을 갖추게 한다. 이런 새로운 이해력으로 무장한다면, 총체적인 관찰과 특별한 질문을 통해 모은 자료를 바탕으로 다른 사람들이 정말 필요로 하는 것을 좀더 잘 추정해 낼 수 있다. 이 모든 것은 앞으로 대머리에게 빗을 권하는 실수를 되풀이하지 않게 하는 데 도움을 준다. 좀더 간단하게 말하면 다음과 같다. 올바른 마음가짐(proper mind-set)을 갖춘다면, 다른 사람이 하는 것을 보고, 질문하고, 대답을 듣는 것만으로도 그 사람의 충족되지 않은 욕구를 알아낼 수 있다.

통찰력 있는 마음가짐을 갖춘다는 것은 또 다른 의미가 있다. 그것은 다른 사람이 필요로 하는 것을 알아내고 충족시킬 때, 그들의 생각을 미리 내다볼 수 있어야 한다는 뜻이다. 다시 말해, 다른 사람의 욕구를 알아낼 뿐만 아니라 당사자가 해결책을 받아들이도록 이끌 수 있어야 한다는 뜻이다. 예를 들어, 우리 주변에는 일상의 고민을 해결해 줄 충고를 끊임없이 구하면서도 그 누구의 충고도 절대로 받아들이지 않는 친구가 한 명쯤 있다. 그럴 경우에 당신이 자기중심적 관점을 가지고 있다면 그 친구에게 충고하는 것은 시간 낭비일 뿐이라고 생각하며, 그에게 다시는 충고하지 않게 된다. 그러나 똑같은 상황을 통찰력 있는 눈으로 보면, 그가 우리의 '가치 있는' 충고에 따르지 않는 이유를 알 수 있다. 우리는 늘 자기가 그 상황에 처해 있다면 하겠다고 생각하는 것을 충고하기 때문이다. 이렇게 자기중심적 시각으로 본다면, 어떻게 해야 당사자의 독특하고 특수한 욕구 때문에 생긴 문제를 가장 잘 해결할 수 있을 지에 대해서는 전혀 생각하지 않고 대머리에게 빗을 권하는 잘못만을 되풀이할 뿐이다.

상대방은 우리가 그의 입장이라면 어떻게 하겠다는 식의 자의적으로 해석된 충고를 필요로 하지 않는다. 그가 원하는 것은, 자신이 원하는 방향으로 문제를 해결할 수 있도록 우리가 그를 이끌어 주는 것이다. 이런 형태의 행동은 일반적으로 뻐기듯 하는 충고보다도 우정을 훨씬 공고하게 한다. 결과적으로 우리와 친구가 예상할 수 있는 열매는 그렇게 하지 않았을 경우보다 훨씬 더 풍요로워진다. 친구는 자신의 문제를 해결하게 될 뿐만 아니라, 인간적으로도 훨씬 더 성숙해진다. 또한 우리는 그가 문제를 효과적으로 푸는 데 도움을 주었다는 만족감과 더불어, 그의 고통과 불만을 들어주기 위해 허비했을 많은 시간을 절약할 수 있다. 이 경우에 우리는 다른 사람들의 기본적인 욕구를 알아내고 그가 스스로 해결할 수 있도록 이끎으로써 다른 사람의 삶에 봉사하는 것이다.

로버트 그린리프(Robert K. Greenleaf)는 1977년에 간행된 『서번트 리더십』(Servant Leadership)이라는 책을 통해서, '서번트 리더십'이라는 말을 처음으로 일반화시킨 사람이다. 현대의 여러 가지 비즈니스 모델들은 '통찰력 있는 리더십'을 강조한다. 그러나 그 개념은 전혀 새로운 것이 아니다. 모세(Moses)는 자신의 동족을 40년 동안 사막에서 이끎으로써 그들에게 봉사했다. 그 경험을 통해 그들은 좀더 강해지고 독립적으로 변모했으며, 다른 사람들에게 좀더 잘 봉사할 수 있었다. 반면에, '통찰력 있는' 또는 서번트 리더십이라는 말에 대한 필자의 해석이 일반적인 해석과 여러 가지 측면에서 다를 수 있다. 그러나 필자는 개인적 성취의 수단으로서 다른 사람들의 욕구를 충족시켜 주는 유형의 사람들을 설명하는 데 이 용어들이 상호보완적이며 유용하다고 생각한다. 따라서 오해의 여지를 없애기 위해 설명하자면, 필자는 인생에서 원하는 것을 얻는 수단으로서 다른 사람이 정말 필요로 하는 것을 알아내고 충족시켜 주는 통찰력 있는 접근 방법과 봉사 지향적인 마음가짐을 취하는 사람들을 언급할 때 서번트 리더십이라는 용어를 쓸 것이다.

다음 장에서는 우리의 생각과 행동 개발의 지표를 만들기 위해, 서번트 리더의 특성을 살펴보고 그 개념을 정리해 본다.

서번트 리더의 모습

서번트 리더의 역할을 수행하려면 몸·마음·정신의 조화, 다양한 경험과 이해력을 충분히 갖춘 원숙한 생활, 다방면에 걸친 능력 등을 갖추어야 한다. 그런데 자신의 모든 노력·재능·자원을 어떤 한 가지 목표를 달성하는 데만 초점을 맞추어서는 서번트 리더의 삶을 살 수 없다. 모든 서번트 리더에게는 육체적 측면, 지적·정서적 측면, 경제적 측면, 정신적 측면이라는 네 가지 기본적인 생활 측면이 있다. 이 각각의 측면은 다른 사람이 무엇을 필요로 하는지 파악하고 충족시키는 서번트 리더의 능력에서 중요한 역할을 한다. 이 각각의 영역이 풍부하지 않으면 서번트 리더는 자신의 역할을 효과적으로 수행할 수 없다.

서번트 리더들의 행동과 삶을 연구하면서, 그리고 봉사 지향적인 생활을 통해 필자가 겪은 성공과 실패를 면밀하게 검토하면서, 필자는 서번트 리더의 특징을 결정하는 데 다른 어떤 측면보다도 균형이 매우 중요하다는 사실을 깨달았다. 풍요로운 삶을 살아가고자 할 때 육체적, 경제적, 지적·정서적, 정신적 측면의 균형 유지는 매우 중요하다. 이러한 특성 가운데 한 가지 요소의 개발에만 너무 집중하면 나머지 세 가지 요소가 축소되어 버린다.

단기간의 이익을 위해 한 곳에만 집중하던 이제까지의 행동 방식으로는 서번트 리더에게 필요한 마음가짐과 특성을 계발하기 어렵다. 그럴 경우, 특정한 한 가지 목표만을 추구하면서 일생을 보내게 된다. 또한 목표를 달성하더라도 그저 특별한 호기심의 대상이 되는 데 그칠 수도 있다.

필자는 최근에 가까운 친구에게서, 그가 자기 아들들과 겪은 경험담을 들으면서 그 사실을 다시 한 번 느꼈다.

필자의 친구 케빈(Kevin)은 두 아들이 어느 정도 성장하자 그들의 뿌리를 보여주기 위하여 중국 본토에 다녀오기로 했다. 중국 여행 중에는 하루 동안 산에 올라가 절을 방문하여 스님들을 만나는 일도 포함되어 있었다. 케빈은 스님들이 명상 상태에 있는 모습을 보면서 두 아들에게 자랑스럽게 말했다. 스님들은 수년 동안 깨어 있는 시간의 대부분을 명상 수련으로 보냄으로써 몸을 고도로 통제할 수 있게 되는데, 호흡과 심장 박동을 죽은 상태와 비슷한 수준으로 낮추고 몇 시간씩 견딜 수 있다는 것이었다. "그런데 아버지! 만약 아버지가 평생 명상하면서 보낸다면, 많은 것을 잃지 않겠어요?"

어린아이의 말이었다. 하지만 어린아이의 순진한 관찰을 통해서, 케빈은 흔히 의식하지 못하는 진실을 볼 수 있었다. 우리는 자신에게 부족한 것만 원하는 성향이 있다는 것이다. 그리고 불현듯 깨달은 이 진실 속에서, 케빈은 자신이 키워왔다고 인식하지도 못한 한 가지 문제에 대한 해답을 발견할 수 있었다.

18년이 넘는 동안, 케빈은 그의 말대로 '공산주의의 억압적인 지배에서 벗어나 자유롭게' 살아왔다. 그는 장시간의 노동으로 버는 돈을 거의 한 푼도 남김없이 모았다. 그 결과—비록 미국 기준으로는 적은 수입이었지만—중국에서 살던 어렸을 적에는 이룰 수 없다고 생각했던 많은 재산을 모았다. 케빈과 그의 가족들은 편안한 생활을 즐기고 있었다. 그래도 케빈은 늘 좀더 원했다. 슬프게도 그는 많은 사람들이 빠지는 똑같은 함정에 빠지고 말았다. 자신의 정당한 성공을 경제 잡지의 한 페이지를 꾸며주는 엘리트들의 성공과 잘못 비교한 것이다. 케빈은 경제적 성공에 대한 강박관념에 사로잡혔다. 그는 전보다 더 열심히, 더 오랫동안 일했다. 그 때문에 가족이나 친구 관계에 소홀하게 되었고 건강이나 정신적 평화에도 신경 쓰지 못했다.

　　놀라울 정도로 높은 정신적 수양을 쌓은 스님들 앞에서, 그리고 아들의 순진한 질문에 대답해야 하는 상황에서, 케빈은 이제까지 살아온 자신의 인생을 이해하기 위해 애썼다. '15년 전에 나는 돈이 부족했다. 그래서 나는 부의 축적을 일생의 임무로 삼았다. 오늘날 나는 돈을 벌었고, 이제 경제적인 성공으로 가는 길 내내 잃었던 정신적인 측면을 갈망하고 있다. 나는 이제 알았다. 인생에서 정말로 필요한 것은 부나 정신적 측면이 아니라, 모든 것들의 균형이다.'

　　우리는 하고 있는 모든 일에서 균형의 개념을 마음속 맨 앞에 두어야 한다. 그렇다면 이제 한 서번트 리더의 삶을 자세하게 살펴보자.

모세, 서번트 리더의 초상화

서번트 리더의 특징과 자질을 현실감 있게 느껴볼 수 있도록 실제 인물의 삶을 살펴보자. 여기서 소개하는 사람은 모세이다. 아니, 위에서 말했던 그 모세가 아니다. 필자가 여기서 말하는 모세는 뉴욕 브루클린에서 4형제 가운데 막내로 태어난 모세 해리 호르위츠(Moses Harry Horwitz)이다. 그는 미국 연예 역사상 가장 멋진 코미디 트리오인 '얼간이 삼총사'의 리더 모 하워드로 더 잘 알려져 있다.

꿈을 품다

모는 힘든 어린 시절을 보냈다. 당시는 이민의 시대였다. 어린 모는 생존을 위한 싸움을 직접 보았다. 아직 어렸지만 사물을 꿰뚫어 보는 혜안을 가졌던 모는 좀더 많은 것을 볼 수 있었다. 그는 삶의 혹독한 좌절과 슬픔을 달래주는 웃음의 무한한 능력과 힘을 본 것이다.

어렸을 적부터 모는 기쁨의 전도사가 되고 싶었다. 모의 기억에 따르면, 그는 사람을 웃기는 것이 자기가 다른 사람에게 줄 수 있는 선물이라고 생각했다. 1914년 5월 말, 모는 『빌보드』(Billboard)지에서 자신의 사명 완수에 한 발 다가설 수 있을 것 같은 광고를 보았다. 광고 문안은 다음과 같았다. "사람 구함. 젊은 남자, 보통 키. 어린이 역할을 하면서 총무 업무를 할 사람. 전용 무대의상 필수. 사진 첨부. 비용 송금 가능. 미시시피 주, 잭슨 시, 8번 부둣가, 선플라워 호, 선장 빌리 브라이언트(Billy Bryant)."

의심할 것도 없이, 모는 이 광고가 바로 자기를 위한 광고라고 생각했다. 그러나 현실적으로 몇 가지 문제가 있었다. 당시에 모는 열여덟 살이 조금 못 되었으며 키는 160센티미터였다. 그가 입을 수 있는 옷 가운데 '무대의상'에 가장 근접한 것은 낡은 양복 한 벌이었는데, 그나마 형의 것이었다. 여기에서 모는 꿈을 추구하는 서번트 리더에게 흔히 나타나는, 놀랄 만한 자신감을 나타냈다. 그는 빌리 브라이언트 선장과 직접 대면할 수만 있다면, 선장을 설득하여 자기를 고용하게 할 수 있다고 생각했다.

전혀 비논리적으로 보이는 이런 맹목적인 신념의 비약은, 서번트 리더가 자신의 사명을 수행하면서 보여주는 독특한 믿음의 단적인 예이다. 서번트 리더들은 애초부터 절망적으로 보이는 상황에서도, 일이 잘 될 것이라고 진정으로 믿는다. 가치 있는 목적으로 가는 길에 놓인 장애물에 대하여 서번트 리더들이 어렵지 않다고 생각할 수 있는 것은 바로 이러한 믿음과 확신 때문이다. 도중에 어쩔 수 없이 나타나는 문제에 부닥쳤을 때 창조적인 해결책을 만들어낼 수 있는 것도 이와 같은 확신 때문이다. 서번트 리더들의 이러한 창조성은 너무나 터무니없어서, 대개 당사자를 빼고는 아무도 이해하지 못한다. 모 하워드도 예외가 아니었다.

전해 오는 이야기에 따르면, 모는 자격 미달 문제를 어떻게 극복해야 할지 생각하면서 방 안에서 서성거리다가 문득 벽에 걸린 사진을 보았다고 한다. 이웃 사람인 아서 브랜든(Arthur Brandon)의

사진이었다. 브랜든은 광고에서 제시한 조건을 거의 완벽하게 갖추고 있었다. 미남이고, 잘 빠진 평균 체격을 갖추고 있었으며, 머리칼은 검은색 물결을 이루고 있었다. 모는 한 가지 방법을 떠올렸다. 그것은 사명을 수행하려는 서번트 리더에게 위험할 수도 있는 방법이었다. 그는 이웃 사람의 사진을 자기 이름으로 해서 빌리 선장에게 보냈다. 선장의 눈이 똑바로 박혔다면 브랜든의 외모와 모의 경력에 솔깃하고도 남을 것이며 이력서만 내면 채용될 것이라고 생각한 것이다.

모가 이 기상천외한 연예계 진입 계획을 형인 셈프(Shemp)에게 말했을 때, 셈프는 모의 정신상태를 의심했다. 그럴 경우에 대부분의 보통 사람들이 그러하듯이, 셈프는 그 계획을 중지해야 하는 논리적인 이유를 길게 늘어놓았다. 모는 듣기는 했지만 신경 쓰지는 않았다. 서번트 리더들은 자기가 해야 할 일을 정확하게 알고 있다. 그리고 일단 마음을 정하면, 그 무엇도 그들을 막지는 못한다.

꿈을 가진 다른 모든 리더들과 마찬가지로, 모의 행동은 전혀 논리적으로 보이지 않았다. 심지어 아주 비이성적으로 보이기도 했다. 흔히 있는 일이지만, 이런 경우에 가장 격렬하게 반대하는 사람들은 오히려 서번트 리더와 가장 가깝고 가장 믿음직한 동맹군들이다. 필자는 그들이 서번트 리더의 안녕을 걱정하기 때문에 그렇게 한다고 생각한다. 그러나 주위 사람들의 응원을 받지 못하더라도, 서번트 리더가 원래 계획을 중지하는 일은 거의 없다.

그런데 이런 과정에서 이상한 것은, 그런 계획이 늘 성공한다는 점이다. 원래 계획의 세세한 부분까지 정확하게 그대로 이루어지지는 않을지라도, 결과는 서번트 리더의 원래 예상과 맞아떨어지거나 오히려 더 좋게 나타나는 것이다. 모가 배우로 첫발을 내디딜 때도 마찬가지였다.

매우 어색하게 진행되었을 자기소개 과정을 거친 뒤에 모는 테스트를 받고, 이어서 자신의 역할을 훌륭하게 소화했다.

비전을 추구하는 서번트 리더의 이면에는 일종의 추진력이 존재한다. 보이지 않은 이 힘은 흔히 양날의 칼과 같다. 즉, 한편으로 미끼를 흔들고 다른 한편으로 나태에 빠지지 않도록 끊임없이 잔소리를 해대는 것이다. 이 두 가지가 합쳐져서 꿈의 실현을 향하여 나아가도록 재촉하고 포기하지 못하도록 한다.

이러한 신념의 힘은 서번트 리더를 목적의식으로 단단히 무장시킨다. 그 목적의식은 아주 견고해서, 새 세상에 선뜻 발 내딛기를 영원히 주저하는 수많은 반대자·경쟁자·비판자들도 서번트 리더를 굴복시키지 못한다.

서번트 리더들이 앞으로 나아감에 따라, 강력한 목적의식은 행동으로 이어진다. 이 목적의식이 다른 방관자들의 눈에는 흔히 맹목적인 고집처럼 보이기도 한다. 이 흔들리지 않는 고집이 바로 모든 정황이 포기하기를 요구할 때, 서번트 리더에게 힘을 불어넣는 엔진이다. 많은 서번트 리더들이 자신의 사명을 완수해 가면서 엄청난 개인적 희생을 감수하고, 긴 고독의 시기를 헤쳐 나갈 수 있는 것도 바로 이러한 고집과 흔들리지 않는 확신 때문이다.

때때로 상황은 보이는 만큼만 나쁘다

모 하워드도 연기 생활의 첫걸음을 떼면서 그 추진력을 보여주었다. 출발 당시의 목적의식도 강했지만, 그것은 이듬해에 보여준 것에 비하면 오히려 약과였다. 코미디언 생활 초기에, 모와 셈프는 순회공연에 출연하기 시작했다. 그들은 '하워드와 하워드'라는 이름으로 소개되었다. 그들의 첫 출연은 맨해튼의 마제스틱 극장에서 3일 일정으로 이루어졌다. 그들이 맡은 코너는 막간 코미디 공연이었다.

그들의 공연은 사회자가 출연자들로 바글바글한 분장실을 향해 소리쳐 신호하는 것으로 시작되었다. "하워드와 하워드, 그들을 모시겠습니다!" 장막이 열리고 두 형제가 무대로 걸어 나왔다. 생전 처음 들어보는 코미디언들에 대한 관객의 반응은 냉담했다. 단한 사람만 박수를 친 것이었다. 공연 분위기는 싸늘하게 식어갔다.

두 사람이 공연을 시작한 지 2분도 안 되어 사람들이 나가기 시작했다. 그것을 시작으로 공연이 끝나기도 전에 300석의 좌석이 몽땅 비고 말았다. 예정된 시간이 5분이나 남았기 때문에, 모와 셈프는 빈 객석을 향해 공연을 계속했다. 이윽고 공연을 끝내고, 그들은 인사를 하고 무대를 내려왔다.

나중에야 모와 셈프는 자기들이 이른바 '관객 내쫓기용'으로 고용되었다는 것을 알게 되었다. 당시에 사람들은 엄청난 추위를 피하기 위해 극장으로 가곤 했다. 돈을 내고 표를 끊은 다음에, 하루종일 따뜻하게 쇼를 관람할 수 있었기 때문이다. 하지만 극장 수익은 좌석 회전율에 바탕을 두기 때문에, 마제스틱 극장의 관리자는 좌석이 어느 정도 찬 것을 확인하면 분장실 문을 열고 외치곤 했다. "하워드와 하워드, 그들을 모시겠습니다!" 그들은 예정된 공연을 했고, 관객들은 나가버렸다. 그런 식으로 공연이 계속되었다. 그날에는 여섯 번 더 공연이 있었고, 토요일에는 아홉 번, 일요일에는 여덟 번이었다. 그런 경험이 얼마나 굴욕적이고 고통스러웠는지 쉽게 짐작할 수 있을 것이다. 그러나 굳건하게 뿌리박힌 꿈이 있었기 때문에 그들은 결코 포기하지 않았다.

꿈을 향해 매진하라, 그러면 변화가 시작된다

일단 서번트 리더가 흔들림 없이 자기 꿈에 매진한다는 것이 알려지면, 그의 대의명분에 동조하는 다른 서번트 리더가 나타나기 시작한다. 그 서번트 리더도 나름의 사명을 띠고 있는 경우가 많다. 흔히 이런 서번트 리더들은, 마치 어느 정도 앞을 내다보는 혜안에 의해 인도되기라도 하듯 느닷없이 나타난다. 나타나는 모습도 예상을 불허한다. 이를테면 어린이, 생전 처음 보는 사람, 이전의 적이 친구로 변하는 식이다. 도움과 정서적 지원은 서정시가 노래로 변하는 것만큼이나 간단한 형태로 나타날 수도 있다.

웃음으로 세상을 위로한다는 모의 사명은, 기막히게 때를 맞추어 등장하는 다른 서번트 리더들의 지원으로 인해 힘을 얻었다.

패러다임의 변화가 있었는가?

때때로 아주 작은 자극이 일상적인 사고의 틀에서 벗어나는 계기가 되기도 한다. 필자의 희망은, 그 작은 자극을 주려는 시도가 성공하여 당신이 지금까지 생활이나 사업에서 최고의 성공 방법이라고 생각해 왔던 것에 의문을 제기하는 것이다.

지금쯤 당신은 서번트 리더를 열심히 이야기하는 이 사람에게 무엇인가 있을지도 모른다고 생각할 수 있다. 그렇다면—필자가 제대로 했다면—잘 정립된 당신의 '성공' 개념이 조금이라도 흔들리고 있음이 틀림없다. 새로운 시대가 요구하는 지혜의 관점에서 보면, 일반적이고 낡은 '성공' 관념이 한때 극구 찬양되던 것만큼 빛나고 명쾌하지는 않다는 것을 점점 더 뚜렷하게 느낄 수 있다. 한 발 더 나아가 자신만이 생각하는 독특한 성공을 이루기 위해서는, 즉 과거의 획일적인 관념보다는 좀더 실질적인 어떤 것을 얻기 위해서는 구시대적이고 비효율적인 방법을 버리고 꿈을 실현하는 데 도움이 될 만한 것으로 대체해야 한다는 것을 깨닫기 시작했을 수도 있다.

인생에서 가장 좋은 것을 얻고 싶다면, 나아가 몸을 편안하게 하고 마음을 풍요롭게 하며 영혼에 안식을 주기 위해 그것을 얻고 싶다면, 자신의 재능, 자신만의 독특한 경험, 그리고 고도의 기술을 배워서 되도록 많은 사람들의 욕구를 알아내고 충족시켜야 한다. 원리는 단순하다. 다른 사람들이 무엇을 필요로 하는지 좀더 많이 알아내고 충족시킬수록, 대가는 더 크고 만족스러워진다. 하지만 다른 사람의 욕구를 알아내고 거기에 봉사하는 일이 뜻밖으로 무척 복잡할 수 있다. 겉으로 보기에는 아주 단순하지만 씨름 상대가 어마어마한 곰이 될 수도 있다. 그러나 두려워하지 말라! 필자가 여기에 당신을 위한 계획을 갖고 있다.

익숙한 것부터 바꿔라

서번트 리더로서의 삶을 살기 위한 다음 단계로 돌입할 준비가 되어 있는가? 그렇다면 좋은 소식과 나쁜 소식이 있다. 좋은 소식은 당신은 이미 다른 사람보다 훨씬 더 앞서 있다는 것이다. 서점에서 이 책을 집는 순간, 당신은 벌써 삶을 향상시키기 위한 행동에 들어갔다. 자신의 삶을 변화시키고자 하는 바람과 희망은 있으나 아무 실천도 하지 않는 수많은 사람들과는 차별되는 것이다.

하지만 마치 지옥으로 가는 고속버스인 양 변화를 거부하는 당신에게 이제 나쁜 소식이 있다. 다른 사람들의 욕구를 파악하고 거기에 봉사할 준비를 하기 위해서는 몇 가지 변화를 시도해야 한다. 당신은 일에 대한 접근 방법과 인간관계에 대한 접근 방법을 바꾸어야 한다. 또한 과거를 보는 방법과 자신의 삶을 형성해 왔던 여러 가지 사건들을 보는 방법을 변화시켜야 한다. 심지어 미래를 위한 계획을 수정해야 할 수도 있다. 덧붙여서, 서번트 리더가 되기 위해 해야 할 일이 힘들고 좌절감을 일으킬 수도 있다. 전에 이 길을 선택했던 다른 사람들과 마찬가지로, 지금까지 가졌던 시각, 지금까지 해왔던 행동, 갖고 있던 사상, 품어왔던 믿음 가운데 많은 부분이 한때 생각했던 만큼 올바르지 않다는 것도 알게 될 것이다.

꼭 그렇다고 할 수는 없지만, 자기계발의 문제에 직면하게 되면 대부분의 사람들은 자신의 현재 상태를 과감하게 떨쳐버리지 못한다. 과거에 자신에게 많은 고통을 주었던 악습임에도 불구하고, 익숙한 것에 집착하는 것이다. 자기 삶을 파괴하고 있다는 것을 알면서도 술병에 손을 뻗치는 알코올 중독자처럼, 사람들은 마치 구명 뗏목이라도 되는 양 익숙한 것에 매달린다. 필자는 이런 습관을 '무익한 수용'이라고 부른다. 즉 '이것이 지금까지 내가 살아온 방식이고 앞으로도 언제나 그렇게 살 것이다.'는 식의 태도이다. 그렇다고 해서 시작부터 절망할 필요는 없다. 삶을 바꾸는 데에는 그렇게 하겠다는 마음, 계획, 그리고 그 계획을 끝까지 해내기 위한 끈기만 있으면 된다.

물론, 그 방법이 늘 순탄하지만은 않다. 새로운 무엇을 배울 때 좌절을 느끼고 정서적으로 흥분되는 것은 지극히 정상적인 현상이다. 자신이 필요로 하는 것을 충족시키기 위한 수단으로 다른 사람이 필요로 하는 것을 충족시켜 주는 방법을 선택할 때, 우리는 본능에서 벗어나고 있다. 그렇기 때문에 우리가 하는 모든 것은 '부자연스럽게' 보일 것이다. 다른 사람들이 필요로 하는 것을 알아내고 거기에 봉사할 수 있도록 마음가짐을 계발하는 것이 초반에는 자연스럽지 않게 느껴진다. 그러나 그때의 느낌은 자전거를 배울 때, 새로운 외국어를 배울 때, 또는 평소 쓰지 않던 손으로 글을 쓰려고 할 때 느끼는 낯설음과 같다. 이러한 행위를 하는 것은 본능에서 벗어나는 것이며, 그것은 마음속에서 강한 부정 반응을 일으킨다. 뭔가 잘못된 일을 하는 것 같은 기분이 드는 것이다.

따라서 부정적인 반응에 굴복하지 않아야 한다는 점을 잊지 마라. 자전거를 처음 배울 때와 똑같이 거기에 집중하고, 새롭고 신나는 무엇을 할 때의 즐거움과 기쁨만 생각하라. 또 하나 잊지 말아야 할 것은, 뒤에 필자가 있다는 점이다. 필자가 박수를 치며 늘 뒤를 받치고 있다는 것을 기억하라.

자전거를 처음 배울 때와 마찬가지로, 우리가 지금 시작하려는 여행에는 좌절도, 두려움도 있을 수 있다. 심지어 충돌하여 상처를 입는 일도 적지 않을 것이다. 또한 필자와 같이 일했던 다른 많은 사람들처럼, 좌절감 때문에 필자에게 욕을 퍼붓고 싶은 마음이 솟구칠 것이다. 그럴 때는 실컷 욕을 하라. 필자는 욕먹는 데 이골이 나 있다. 상황이 정말로 힘이 들 때, 흰 수건을 던지며 그만두겠다고 선언하고 싶을 수도 있을 것이다. 그럴 때도 당신은 혼자가 아니다.

부딪치고 상처 입는 것은 배우는 과정에서 필연적으로 나타나는 부산물이다. 계속하겠다는 의지를 가진 사람들은 그것을 그 자체로 자연스럽게 받아들인다. 그러나 다른 무엇보다도 맥 빠지는 것은 진척이 전혀 없는 듯한 느낌이다. 그래서 자신이 앞으로 나아가고 있다는 것을 알 수 있도록 도와주는 몇 가지 지침이 필요하다.

새로운 기술을 배우는 네 가지 단계

다른 사람의 욕구를 충족시키기 위해서는 몇 가지 새로운 기술을 익혀야 한다. 교육 전문가들에 따르면, 새로운 기술을 배울 때는 무능력에서 시작하여 완전한 습득으로 끝나는 네 단계를 거친다고 한다. 그 네 단계는 다음과 같다.

1. 무능력을 의식조차 못하는 단계
2. 무능력을 의식하는 단계
3. 능력을 의식하는 단계
4. 능력을 의식하지 못하는 단계

첫 번째 단계에서는, 무엇을 모르는지조차 알지 못한다. 이 단계의 예는 갓 태어난 아기에게서 볼 수 있다. 아기가 안전하고 행복하게 살아가기 위해 알아야 할 일은 아주 많다. 그러나 아기는 그런 일들을 알아야 한다는 필요성조차 모른다.

두 번째 단계인 '무능력을 의식하는 단계'에서는, 어떻게 하는지 모르는 무엇이 있음을 알아차린다. 예를 들어, 아기였을 때 우리는 자전거에 대한 개념을 갖고 있지 않다. 물론 자전거 타는 즐거움에 대해서도 개념이 없다. 하지만 자라면서 자전거를 알게 되고 그것을 탈 줄 아는 사람이 느낄 법한 기쁨에 대해서도 알게 된다. 그결과, 자전거 배우기에 대한 관심이 자극된다.

처음으로 두발자전거를 타려고 했던 때를 기억하는가? '안 돼.

저놈을 도저히 탈 수 없어. 힘들게만 해.'라고 했던 말이 떠오르는 가? 바로 그때가, 하고 싶은 일이 있지만 어떻게 하는지 모른다는 사실을 깨닫는 때이다. 지금이 바로 그 순간이다.

당신은 지금까지 살아오면서 부와 명예를 쌓기 위해 해왔던 일이 애초의 의도대로 이루어지지 않았다는 것을 알고 있었을 수도 있다. 또한 훨씬 더 좋은 삶을 영위할 수 있게 해주는 더 좋은 방법이 있을지 모른다는 의구심을 갖고 있었을 수도 있다. 그러나 서점에서 이 책에 손을 뻗치기 직전까지는, 그 방법을 완전히 익혔을 때 자신에게 어떤 마법이 벌어질지 모르는 것은 물론이고, 그 방법이 무엇인지조차 생각하지 못하고 있었다. 이 시점이 바로 자신의 무능을 의식하는 때이다.

다른 사람이 필요로 하는 것을 파악하고 충족시키는 데 필요한 일련의 새로운 기술들을 배우기 전에, 피할 수 없는 난제에 대비하기 위해 몇 단계의 중요한 절차를 밟아야 한다.

자기계발 과정에서 첫 번째 단계는, 자기 삶의 질을 증진하기 위한 수단으로 다른 사람에게 봉사하는 방법과 기술을 익혀온 사람들의 개인적 특성과 행동을 파악하는 것이다.

다음 단계는 자신의 기반을 탄탄하게 다지기 위해 시간과 정력을 투자하는 것이다. 그 기반 위에서 마침내 봉사할 사명을 부여받을 것이다. 여기가 앞 장에서 언급한 네 가지 영역, 즉 육체적, 지적·정서적, 정신적, 경제적 영역에서의 능력 계발 과정이 시작되는 곳이다. 다른 사람이 자신의 욕구를 충족시키기 위해 스스로 노력할 수 있도록 도와줄 때 필요할 자원들이 이 네 영역에 들어 있다.

자신에게 부족한 것을 남에게 줄 수는 없기 때문에, 자신의 욕구뿐만 아니라 늘 변화하면서 손길을 기다리는 타인의 욕구도 충족시킬 수 있도록 탄탄한 기반을 쌓아야 한다. 기반이 크고 탄탄할수록 더 많은 사람들을 도울 수 있고, 그 대가도 그만큼 커질 것이다.

그러나 미리 알려둘 것이 있다. 새롭게 습득한 기술과 습관을 훨씬 더 효율적으로 이용할 수 있게 되는 순간이 오게 되는데, 그때가 바로 배움의 세 번째 단계인 '능력을 의식하는 단계'에 들어서는 중요한 때이다. 이때쯤이면 일정한 수준의 능력을 갖추게 되고 새로운 것을 시도할 수 있다. 그러나 그것을 하기 위해서는 의식적인 노력이 필요하다. 이것은 자신만의 힘으로 똑바로 서서 나아갈 수 있을 만큼 자전거를 탈 수 있게 되었을 때와 비슷하다. 이때에는 온 신경을 여기에 집중해야 한다.

그런데 새로운 배움의 길에 들어서서 이 단계 정도에 이르면 탈선을 일으키는 복병을 만날 수 있다. 따라서 그에 대한 대비책이 필요하다. 배움의 과정에서 진전이 생기고 실제적으로 새로운 임무를 실패하지 않고 실행시킬 능력을 갖게 되면, 스스로 준비되기도 전에 성급하게 앞으로 뛰어나가 하루라도 빨리 새 지식을 실제 상황에 적용하고 싶은 유혹에 빠지게 된다. 이것은 절대 금물이다. 이 점을 강조하는 까닭은, 심지어 필자에게도 지루하고 힘든 준비 작업을 거치지 않고 '재미있는 일'로 미리 뛰어들고 싶은 성향이 있음을 알고 있기 때문이다. 육체적, 지적·정서적, 정신적, 경제적 에너지를 축적할 수 있는 충분한 시간을 투자하지 않은 채 앞으로 뛰어나가면 실패하고 만다. 이것은 아주 단순한 이치이다.

적절하게 준비되기도 전에 앞으로 배우게 될 원칙을 적용한다면, 자신도 모르게 110퍼센트 사고방식에 빠져든다. 즉 인생에서 한 가지 요소—예를 들어, 경제적 요소—에만 전적으로 집중하면서 다른 세 가지 요소는 가볍게 여기게 된다. 이렇게 되면 생활은 균형을 잃어 결과적으로 병이 나거나 파산할 수 있고, 정서적으로나 정신적으로 고갈되어 침울해질 수 있다. 다른 한편으로는, 자신에게 부족한 것을 다른 사람에게 주려고 함으로써 자신을 심하게 짓누를 수도 있다. 그 결과 우리는 도움을 주려고 했던 바로 그 사람들에게 쉽게 화를 내게 된다. "내가 하는 모든 일은 다른 사람을 위해 나 자신을 희생하는 것이다. 하지만 나는 아무 보답도 없이 끊임없이 퍼주기만 하는 데 이제 지쳤다." 어떤 경우가 되었든, 이렇게 되면 기반이 약해진다. 포기가 완벽하게 이루어지는 때가 바로 이 지점이다. 여기가 바로 실패하는 지점이다.

이런 실패를 막기 위해서는 시간을 투자하여 굳건한 기반을 다지고, 네 가지—육체적, 지적·정서적, 정신적, 그리고 경제적—요소 각각에 똑같은 주의를 기울여서 어느 한 가지가 나머지 요소보다 우선시되는 일이 절대로 없도록 해야 한다. 그리고 성급하게 나아가려는 성향을 억눌러야 한다. 불안정한 토대 위에 세워진 건물, 또는 충분한 강도를 지니지 못한 건물은 결국 약해져서 무너진다. 약한 토대 위에 서번트 리더의 생활을 세우려고 할 때에도 똑같은 결과가 나타난다.

배움의 네 번째이자 마지막 단계는 자기도 모르게 도달하게 된다. 이 단계, 즉 '능력을 의식하지 못하는 단계'에서는 자전거를 전속력으로 달리면서 경적도 울리고 지나가는 사람에게 손을 흔들 수도 있으며, 즐거운 기분으로 휘파람을 불 수도 있다. 이제 자전거를 완벽하게 다룰 수 있고, 특별한 노력을 기울이지 않아도 사람들 사이로 능숙하게 지나갈 수 있다. 미래의 어떤 순간에, 당신은 마치 제2의 본능처럼 다른 사람들의 욕구를 파악하고 거기에 봉사하려고 하는 자신을 발견할 것이다. 그때에는 그것이 말 그대로 제2의 본능이 된다.

이제 배움에 대하여 계속 토론하고, 다른 사람들의 욕구를 파악하고 거기에 봉사하는 데서 찾을 수 있는 혜택을 즐기기 위한 대장정을 시작하기 위하여 우리가 할 일이 무엇인지 살펴보자.

서번트 리더가 빠지기 쉬운 함정

의사가 앞으로 있을 일에 대해 이야기하기 위해 병실로 들어온 것은 새벽 2시였다. 의사가 말했다. "당신에게는 삼중 우회 혈관 수술이 필요하며, 밸브 두 개가 모두 교체되어야 합니다. 수술은 10시간 정도 걸릴 것 같습니다." 그는 사무적인 어투로 덧붙였다. "지금 당장 수술하는 것이 좋겠습니다."

60년 동안 정식 간호사로 활동했던 어머니는 그런 대규모 수술이 얼마나 위험한지, 그리고 의사에게 어떤 기술과 판단력이 요구되는지 잘 알고 있었다.

"의사 선생께서는 오늘 얼마나 오랫동안 서 있었습니까?" 어머니가 질문했다. "어제 아침 6시부터 수술을 했습니다. 제 짐작에 22시간쯤 서 있었습니다." 젊은 의사가 대답했다.

어머니는 특유의 묘한 웃음을 지으면서 말했다. "내가 알기로 말이오, 의사 선생. 우리에게는 선택할 길이 두 가지 있습니다. 하나는 선생이 긴박감에 못 이겨 지금 나를 데리고 수술실로 달려가는 것입니다. 또 하나는 선생이 지금 집에 가서 잠을 푹 자고, 아침에 수술을 시작하는 것입니다."

의사가 대꾸하기도 전에, 어머니는 다시 한 번 엷은 미소를 띠고 말했다. "좋은 꿈 꾸세요. 의사 선생님."

어머니의 의도는 제대로 전달되었고, 상대방은 무슨 말인지 알아들었다. "그러시다면 아침에 오겠습니다." 의사가 머리를 흔들며 병실을 나서면서 말했다.

2부

발견을
위한
준비

빈 수레로는 물건을 팔 수 없다

다른 사람들의 욕구에 봉사하겠다고 마음먹기에 앞서 해야 할 중요한 일이 한 가지 있다. 본능—우리를 자기중심적으로 만들어 기본적인 생존을 보장하는 바로 그 본능에서 한 가지 교훈을 배우고, 그런 일을 하기에 충분할 만큼 자신을 강하게 만드는 것이다. 흔히 볼 수 있는 일반적인 잘못 가운데 하나는, 준비를 갖추기도 전에 다른 사람에게 봉사하려고 서둘러 뛰어나가는 것이다. 그럴 경우에는 다른 사람에게 절대로 봉사할 수 없거니와 좋은 결과도 기대할 수 없다.

필자는 이 본질적인 원칙이 우리의 성공에서 어떤 역할을 하는지 오늘 아침 뉴욕으로 가는 비행기에서 다시 한 번 되새길 수 있었다. 비행기 안에서 필자는 승무원들의 일상적인 안내 방송을 듣고 있었다. 한 번이라도 비행기를 타본 사람이라면 알고 있겠지만, 안전벨트 매는 방법이나 비상구가 어디에 있는지 등을 설명하는 승무원의 설명에 귀를 기울이는 사람은 아무도 없다. 그러나 승무원의 안내 방송 가운데 현재 우리 주제에 적용할 수 있는 것이 하나 있다. 그것은 '비행기의 객실 압력이 낮아지는 특별한 상황'에 대한 대응 부분이다.

비행 초기에 승객들은 '객실 압력이 변하게 되면, 머리 위에 있는 선반에서 산소마스크가 자동적으로 떨어진다.'는 설명을 듣는다. 그럴 경우에 승무원이 말하는 행동 요령은 다음과 같다. 어린아이 또는 도움이 필요한 사람과 동행하고 있다면, "다른 사람을 도와주려고 하기 전에, 자신이 먼저 산소마스크를 착용하라."

다른 사람을 도와주기에 앞서 자신을 먼저 챙기는 것은 얼핏 자기중심적인 행동으로 느껴진다. 그러나 실제로 그것은 다른 사람을 도와주기 위해 해야 하는 아주 중요한 최초의 조치이다.

비행기에서 일어날 수 있는 일을 예로 들어보자. 객실 압력이 낮아지면 산소가 부족해진다. 산소가 부족해서 저산소증이 되면, 방향감각을 상실하고 판단력을 잃게 되어 합리적인 결정을 할 수 없다. 정상적인 순항 고도—고도 2만 9,000~3만 5,000 피트—에서 객실이 '폭발적인 감압' 상태에 이르면, 산소마스크를 쓸 시간적 여유는 5초도 채 안 된다. 그 안에 산소마스크를 쓰지 않으면 완전히 의식을 잃게 되는 것이다.

이런 상황이 일어났을 때 자신의 안전을 먼저 생각하지 않고 옆 사람을 도우려고 한다고 가정해 보자. 그리고 극심한 공포와 저산소증에 시달리는 사람이 흔히 그러하듯, 옆 사람도 당신의 말에 고분고분 따르지 않고 마구 발버둥친다고 가정해 보자. 당신이 그 사람을 돌보느라 시간과 에너지를 소모하는 동안 정작 자신의 의식 유지에 반드시 필요한 산소가 고갈될 것이며, 그 결과 당신 역시 급속하게 힘을 잃게 될 것이다. 결국 두 사람 모두 심각한 위험에 빠진다.

일상생활에서도 같은 원리가 적용된다. 자신의 기본적인 욕구를 경시하거나, 허약한 기반 위에서 하는 행동은 자신과 자신이 도우려는 사람 모두에게 나쁜 결과를 초래할 수 있다. 자신에게 부족한 것을 다른 사람에게 줄 수는 없기 때문이다.

다른 사람에게 해를 끼치지 않고 실질적으로 돕는 데 필요한 최적의 수준에서 활동할 수 있으려면 육체적, 정신적, 지적·정서적, 경제적 에너지를 늘 여유 있게 갖추고 있어야 한다. 이 필수 요소 가운데 한 가지라도 부족하면 자신의 생활에서는 물론, 다른 사람의 생활에서도 의미 있는 효과를 낼 수 있는 수단을 만들어 내기 어렵다. 우리의 삶에서 확실하다고 장담할 수 있는 것은 그리 많지 않다. 그러나 필자는 여기서 한 가지 장담한다. 스스로 준비되기 전에 다른 사람들을 돕겠다고 성급하게 나서면, 반드시 실패한다. 그런 경우에는 생존이라는 자연스런 이기주의적 본능이 우리를 구하기 위해 모습을 드러낸다.

우리가 적절한 수준에서 본능적 성향대로 행동한다면, 생명이 위협받는 상황에 부닥쳤을 때 해야 할 일과 해서는 안 될 일이 저절로 구분된다. 술 취한 폭주족 집단의 오토바이를 차서 넘어뜨리지 않도록 자제하는 것은 자연스러운 일이다. 또한 자신을 추스르기도 벅찬 절망적인 상황에서 다른 사람을 돕는 일에 등을 돌리는 것도 자연스러운 일이다. 그런데 심리학자인 윌리엄 제임스(William James)에 따르면, 인간의 본능 중에서 가장 깊은 열망 가운데 하나는 인정받는 것이다. 인정받고 동의를 얻고 싶은 욕구는 자연스런 생존 본능만큼 강렬한 것이며, 올바른 판단력에 영향을 미치기도 한다.

인정받고 동의를 얻고 싶은 자연스러운 욕구 때문에 자기보존을 위한 자연스러운 본능이 억눌릴 때에는 내부에서 갈등이 일어난다. 예를 들어보자. 이미 정해진 일 때문에 틈을 낼 수 없을 때 어려움에 처한 친한 친구가 찾아왔다. 우리는 좋은 친구가 되겠다는 욕망에 못 이겨 있지도 않은 시간·에너지·돈을 내주겠다고 한다. 이 경우에 우리는 우리의 욕망 때문에, 즉 하고 싶은 마음 때문에 필요한 일을 제대로 할 수 없다. 욕망에 자신을 맡기는 것이다. 그것은 우리가 이기적으로 일시적 만족, 즉 상대에게 의지할 수 있는 친구로 인식됨으로써 얻게 되는 일시적 만족감을 추구하기 때문이다.

그러나 우리는 해야 하는 것에 초점을 맞춰야 한다. 정해진 일을 먼저 처리해야 한다. 따라서 지금 "노"(No)라고 이야기함으로써, 몸과 영혼 그리고 자녀의 대학 진학 자금을 잃지 않으면서, 우리가 한 약속을 육체적으로, 지적·정서적으로, 정신적으로, 그리고 경제적으로 완수할 수 있어야 한다. 앞으로 우리는 '하고 싶은 것'과 '필요한 것' 사이의 불균형에 대해 좀더 많이 이야기할 것이다. 그러나 지금 중요한 것은 '하고 싶은 것'이 '필요한 것'의 걸림돌이 될 수 있으며, 그렇게 될 경우에 '하고 싶은 것'은 틀림없이 우리를 곤경에 빠뜨린다는 사실을 깨닫는 것이다.

노아가 방주를 만들 때도 태양은 빛나고 있었다

준비는 성공을 위한 필수 요소이다. 다른 사람에게 도움을 요청할 때 사람들은 자연스럽게, 상대방이 최선을 다해 자신을 도울 준비가 되어 있을 것이라고 기대한다. 하지만 우리가 부족한 상태에서 남을 돕겠다고 나설 때, 남을 돕기는커녕 오히려 화를 자초할 수도 있다. 혹은 그렇게까지는 안 되더라도 아주 초라한 결과를 낳을 수 있다. 우리는 그 점을 이미 알고 있다. 원하는 것과 필요한 것 사이의 갈등은 언제라도 일어날 수 있다. 일단 갈등이 생기기 시작하면, 아주 잘 훈련되고 헌신적인 사람이라도 판단력을 잃을 수 있다.

필자의 어머니는 여든두 번째 생일 몇 주 전에, 지속적인 의학 발전 덕택에 점점 많은 사람들이 경험하고 있는 상황에 직면했다. 어머니의 노화된 심장이 쇠약해진 것이다. 심장 한쪽에서 다른 쪽으로 흐르는 피의 흐름을 통제하는 밸브가 경화되어서 더 이상 기능을 하지 못할 지경까지 이르렀다. 그것은 정기 건강검진 과정에서 발견되었으며, 어머니는 즉각 인근 심장센터로 보내져서 응급수술을 받게 되었다.

의사가 앞으로 있을 일에 대해 이야기하기 위해 병실로 들어온 것은 새벽 2시였다. 의사가 말했다. "당신에게는 삼중 우회 혈관 수술이 필요하며, 밸브 두 개가 모두 교체되어야 합니다. 수술은 10시간 정도 걸릴 것 같습니다." 그는 사무적인 어투로 덧붙였다. "지금 당장 수술하는 것이 좋겠습니다."

60년 동안 정식 간호사로 활동했던 어머니는 그런 대규모 수술이 얼마나 위험한지, 그리고 의사에게 어떤 기술과 판단력이 요구되는지 잘 알고 있었다.

"의사 선생께서는 오늘 얼마나 오랫동안 서 있었습니까?" 어머니가 질문했다.

"어제 아침 6시부터 수술을 했습니다. 제 짐작에 22시간쯤 서 있었습니다." 젊은 의사가 대답했다.

어머니는 특유의 묘한 웃음을 지으면서 말했다. "내가 알기로 말이오, 의사 선생. 우리에게는 선택할 길이 두 가지 있습니다. 하나는 선생이 긴박감에 못 이겨 지금 나를 데리고 수술실로 달려가는 것입니다. 또 하나는 선생이 지금 집에 가서 잠을 푹 자고, 아침에 수술을 시작하는 것입니다."

의사가 대꾸하기도 전에, 어머니는 다시 한 번 엷은 미소를 띠고 말했다. "좋은 꿈 꾸세요, 의사 선생님."

어머니의 의도는 제대로 전달되었고, 상대방은 무슨 말인지 알아들었다. "그러시다면 아침에 오겠습니다." 의사가 머리를 흔들며 병실을 나서면서 말했다.

그 의사가 반드시 갖춰야 할 것은 수술에 필요한 만반의 준비이다. 거기에는 충분한 휴식도 포함된다. 어머니는 그 젊은 의사가 절대적으로 충분한 휴식을 취해야 한다고 확신했다. 어쩌면 그 덕분에 두 사람 모두 충격적인 경험을 하지 않을 수 있었는지도 모른다.

우리는 가끔씩 자신의 한계를 되새겨 볼 필요가 있다. 다른 사람들을 도울 마음의 준비가 되어 있는 사람들, 곤경에 처한 사람들을 돕기 위해 거의 본능적으로 달려드는 사람들은 자신이 언제 '연료 부족' 상태인지 정확하게 판단하기가 매우 힘들다. 앞에서 예를 든 젊은 의사가 바로 그런 경우이다. 그런 사람들은 주는 것에 너무도 익숙해진 나머지 그런 생활이 일상화되어 있다. 그들은 마치 다른 사람을 도우려는 욕망을 내재적으로 갖고 있는 것 같다. 물론 긴박감도 한몫할 것이다. 그러나 그런 욕망에 따른다면, 그래서 원하는 것에 초점을 맞춘다면—다시 말해서, 곤경에 처한 모든 사람을 돕는다면—우리는 결국 우리에게 부족한 것을 다른 사람에게 주려고 할 것이다. 그럴 경우에 우리의 노력에 대해 기대할 수 있는 보답이라고는 기껏해야 개인적인 실패이며, 무엇보다 최악의 경우에는 우리가 도우려고 했던 바로 그 사람들에게 해를 끼칠 수 있다.

필자가 같은 말을 계속해서 되풀이하는 데는 이유가 있다. 필자는 준비되지 않은 사람이 곤경에 빠진 다른 사람을 도와주려고 성급하게 나섰을 때 초래되는 참화를 보기도 하고, 직접 경험하기도 했다.

필자는 몇 년 전에, 필자 자신이 8년 전에 세웠던 회사의 최고경영자 역할을 한 적이 있다. 여기서 '역할'이라고 말한 데는 이유가 있다. 필자는 최고경영자가 공석인 동안에 다시 회사를 경영해 달라고 요청받았던 것이다. 못할 일은 아니었으나, 필자는 그때 5년 동안이나 그런 전문적인 일을 해보지 않았다. 우리 조직이 얼마나 어려운지, 그리고 해당 업계가 얼마나 변했는지도 잘 알지 못했다. 게다가 이전에 맡은 일이 여기저기 너무 많았기 때문에 최고경영자로서 정상적으로 일하기 위해 필요한 시간과 정력과 자원을 제대로 투여할 수 없었다. 필자는 그때 몇 가지 해결책을 제시하는 것으로 그치거나, 적어도 시간이 허락할 때까지 참여를 연기했어야 했다. 그러나 도움을 요청받으면, 특히 아주 관심을 갖고 있는 사람들로부터 도움을 요청받으면 판단력을 잃기 쉽다.

필자는 고집스럽게 거대한 문제 속으로 뛰어들었다. 우리 회사는 전체 컴퓨터 시스템을 개조할 필요가 있었다. 컴퓨터 시스템은 하루가 다르게 점점 더 비효율적이 되어가고, 비용을 많이 잡아먹고 있었다. 데이터 관리는 기업체의 원동력이다. 임금 관리·청구서 관리·외상 관리·수금 관리에서 장애가 발생하면 작은 조직의 경우에는 고통을 겪게 되고, 대규모 조직의 경우에는 쓰러질 수도 있다. 종업원이 천여 명에 달하고 한 번에 지급하는 임금이 수백만 달러에 이르는 우리 조직은 후자의 범주에 속한다고 할 수 있다.

필자는 가능한 빨리 문제를 해결하고, 전에 하던 일로 돌아가고 싶었다. 필자는 이미 힘겨운 시기의 막바지에 회의에 참석했고 육체적으로, 지적·정서적으로, 감정적으로 고갈되어 있을 때 중요한 결정을 했다. 이런 식으로 이루어진 회의에서 한 번은 데이터 관리 시스템을 전면적으로 개조하는 결정을 내렸다.

필자의 승인 아래, 회사는 컴퓨터 하드웨어와 소프트웨어를 업그레이드하기 위해 한 자문 회사와 계약에 들어갔다. 그 계약에는 회사의 중요한 데이터를 옛날 시스템에서 새 시스템으로 옮기는 일, 핵심 담당 직원에 대한 교육, 그리고 새로운 시스템의 보수 유지가 포함되었다. 필자는 컨설팅 회사의 자격이나 능력 따위를 점검할 때 적절한 주의를 기울이지 않은 채 일을 처리했다. 그런데 나중에 알고 보니 그 회사는 적절한 지식, 경험, 시간, 그리고 그 계획을 완수할 수 있는 재정 자금이 부족했다. 그들은 결국 우리 일을 끝마치기도 전에 도산해 버렸고, 공교롭게도 그것은 우리 회사의 전체 시스템이 멈춰버리기 딱 일주일 전에 일어났다. 결과는 끔찍했다.

전체적인 데이터 관리 시스템은 완전히 멈춰버렸고, 우리 사업은 암울한 시기로 빨려 들어갔다. 심지어 고지할 시간이 이틀밖에 없었는데도, 천여 명이 넘는 사람들의 봉급을 수동적인 회계 시스템을 이용하여 준비해야 한다는 것의 의미를 설명할 생각도 하지 않았다. 그 시스템을 다시 '살리는' 데 수개월이 걸렸고, 그 결과로 생긴 잔무를 완전히 처리하는 데 9년—초과 근무 임금에 대한 것까지—이 걸렸다.

일을 빨리 끝내려고 서두르다가, 고수익의 조직을 거의 끝장낼 정도로 큰 해악을 저지른 것이다. 필자는 그 시험 기간 동안에 엄청나게 비싼 교훈을 배웠다. **빈 수레로는 아무것도 팔 수 없다**는 것이었다. 자신이 육체적으로, 지적·정서적으로, 정신적으로, 또는 경제적으로 줄 수 없는 상태에서는 다른 사람에게 아무것도 줄 수 없다.

그렇다면 해결책은 무엇인가? 무엇보다도 먼저 할 일은 준비이다. 우리가 하고 싶은 것을 해내려면, 할 필요가 있는 것을 해야 한다. 그것은 봉사할 수 있도록 준비하는 것이다. 미래에 주어질 일을 위해서 우리는 당장 준비를 시작해야 한다.

시장에 가기 전에 먼저 수레를 채워라

다음 장에서는 육체적, 지적·정서적, 정신적, 경제적 자원을 넉넉하게 개발하는 일에 대해 얘기할 것이다. 그런 다음에 비로소 이들 자원들을 끌어내어 다른 사람들이 필요로 하는 일에 효과적으로 봉사할 수 있다.

나는 쓰러졌고 일어설 수 없었다!

　　우리의 자아 전체에서 가장 분명하게 식별할 수 있는 것은 육체이다. 즉 살아 있고, 숨을 쉬며, 피가 도는 우리의 현실적인 존재 형태가 바로 육체이다.

　　최소한 '상품'으로 볼 때, 육체는 별 가치가 없다. 육체는 상당량의 수분과 어느 정도 무게가 나가는 소량의 광물질로 이루어져 있다. 아무리 대단한 미인이라도 육체를 기본적인 성분으로 분리한다면, 가치 있는 몇 가지 찌꺼기만 남아 값으로 치면 1달러 75센트 받기도 어려울 것이다. 냉정하게 직시해 보라. 목 아래에 있는 우리 육체는 털이 박힌 살덩이, 살갗, 그리고 뼈에 지나지 않으며 가장 기본적인 생존 기능만 할 수 있을 뿐이다.

　　그렇다고 해서 육체를 함부로 해도 된다는 것은 아니다. 오히려 그 반대이다. 육체적 건강을 아주 잠깐 동안이라도 잃어봤던 사람에게 물어보라. 건강한 육체는 값으로 따질 수 없을 만큼 소중하다고 말할 것이다. 육체적 건강이 없으면 다른 어떤 것도 중요하게 보이지 않는다.

육체가 건강해야, 우리는 아주 당연하게 생각하는 많은 일, 즉 자신의 몸을 건사하고, 이곳저곳으로 움직이고, 적의 공격을 피하고, 종족을 유지시키는 일 등을 할 수 있다. 또한 육체가 건강할 때에만 육체적 즐거움과 서로의 친밀감을 즐길 수 있고, 생활의 활력을 향상시킬 수 있다. 육체적 건강은 다른 사람에게 성적 매력과 육체적 사랑을 표현할 수 있게 해준다. 육체는 현실적인 모든 일을 처리할 뿐만 아니라 목표를 성취하는 데도 도움을 준다. 육체는 또한 두뇌를 위한 훌륭하고 편안한 휴식처가 되기도 한다.

다른 기계 장치와 마찬가지로 적절한 유지 관리를 게을리 하면 육체는 고장을 일으킨다. 육체가 고장 나면, 바로 우리의 존재 자체가 위협받게 된다. 본능이 때때로 우리를 자극하여 육체의 기본적 욕구를 충족시키게 하는 것도 바로 그 때문일 것이다. 우리는 정기적으로 배고픔과 갈증을 느낀다. 그것은 육체에 영양분과 물을 공급하라고 알려주는 역할을 한다. 어두워지면 뇌 속에 있는 송과선(松果腺)이라는 내분비 기관에서 멜라토닌 호르몬을 분비하여 육체가 잠들도록 자극한다. 그러한 과정을 통해, 휴식이라는 육체적 욕구가 충족되도록 한다. 춥거나 더울 때에는 떨거나 땀을 흘려서 체온을 조절한다.

본능은 육체라는 기계를 적당히 돌보고, 먹이고, 유지하기 위한 신호를 보낸다. 우리가 그런 신호를 거부하고 자연에 반하는 행동을 할 때에는 문제가 생긴다. 젊고 야심만만하고 아직 세상 물정을 모르는 한 청년이 있었다. 사실, 그건 필자였다. 필자는 육체라는 기계를 적절하게 관리하고, 질병 및 사고 예방을 위해 노력해야 할 필요성에 대해 뼈저린 교훈을 배운 적이 있다.

처음 사업을 시작했을 때, 필자는 건강하고 가난하며 혈기왕성하게 사업을 시작하는 스물여섯 살 청년이라면 누구나 갖고 있는 그런 열정을 품고 있었다. 필자는 하루 종일 새로운 사업에 대해 미래의 고객에게 홍보하며 다녔고, 저녁에는 사업의 서비스를 실행했다.

밤과 주말에는 서류 작업을 하고, 장부를 정리하고, 세금을 계산하고, 판매와 광고 전략을 짜고, 계약 제안서를 작성하고, 서류를 정리하고, 은행 관련 업무 등을 비롯하여 소규모 사업체 운영과 관련된 나머지 잡다한 업무를 처리했다.

사업이 성장함에 따라 자유 시간이 부족해졌다. 필자의 일상생활은 목적 없이 계속 반복되는 듯했다. 매일매일 해가 뜨기 전에 일어나서 허둥지둥 그날 업무를 시작했고, 밤늦게까지 쉬지 않고 일했다. 그리고 자는 둥 마는 둥 3시간쯤 수면을 취하고 나서 다시 똑같은 일정으로 새 날을 시작했다.

육체 운동에 대한 필자의 유일한 생각은 귀찮다는 것이었다. 그 결과 필자의 몸은 심각하게 균형을 잃어갔다. 허리둘레가 사업체보다 더 빠른 속도로 부풀어 가는 것 같았다.

그러나 필자는 균형 잡힌(?) 식사를 했다. 모든 주요 음식들, 즉 아이스크림·사탕·카페인·니코틴으로 이루어진 식사를 했다. 일이 바빠졌지만, 일주일에 최소한 한 번은 핫도그와 콜라로 이루어진 완벽한(?) 식사를 했다.

휴식과 회복에 관해 말하자면, 제대로 된 여유 시간을 즐기는 사람이 과연 몇이나 되는가? 필자 또한 여유 시간이 거의 없었다. 설사 있었다고 하더라도 다른 곳으로 돌려버렸다. 직접 일을 하지 않는 때가 있더라도, 항상 일에 대해 말하고, 일에 대해 생각하고, 일에 대한 꿈을 꾸었다.

휴가도 예외는 아니었다. 필자는 점점 높아지는 직원들의 임금을 맞춰주기에 바빠서 여유 시간을 내는 일에 신경을 쓸 수 없었다. 친구와 가족을 위해서도 시간을 내지 않았다. 사람들은 필자를 초대하는 것 자체를 지겨워하게 되었다. 맨날 바쁘다는 똑같은 핑계를 듣는 데 지쳐서 그들은 어느덧 필자를 초대조차 하지 않았다.

사색과 기도도 그만두었다. 심지어 스무 살 무렵부터 써왔던 일기도 중단했다. 그렇게 7년이 흘러갔다. 그때, 눈이 많이 내렸던 2월 어느 날 아침에 자연은 필자에게 긴급 경보를 내렸다.

그날도 다른 날과 마찬가지로 시작되었다. 새벽에 눈을 떠서 아침 식사를 뜨거운 커피 한 잔으로 대신하고, 욕실로 들어갔다. 늘 계속되던 일과가 멈춘 곳이 바로 거기였다.

아내의 말에 따르면, '샤워기에서 물 떨어지는 소리가 나더니 곧바로 무엇이 부딪치는 무서운 소리가 들렸다.'고 한다. 부딪치는 소리는 욕실 바닥으로 쓰러지면서 필자가 낸 소리였다. 그리고 아내의 말이 맞았다. 그것은 무시무시했다.

육체를 오랫동안 방치한 결과 면역 체계가 지속적으로 약화되었고, 마침내 무법자의 침입을 허용하고 말았다. 약에 대한 저항력이 강해진 폐렴균이 허파로 파고든 것이다. 필자는 병상에 누워 있는 동안, 머펫(Muppet) 인형의 고안자인 짐 핸슨(Jim Henson)의 죽음을 보도하는 뉴스를 보았다. 그는 필자가 지금 씨름하고 있는 폐렴에 무릎 꿇고 말았다. 그때 필자는 건강을 좀더 보살피겠다고 맹세했다.

그날 이후, 필자는 자신을 배려하면서 일정을 짜는 방법을 배웠다. 최소한 하루 한 시간을 운동에 할애했으며, 업무 중에도 틈을 내어 걷고 스트레치를 했다. 그리고 식단에 신경을 쓰면서, 서두르지 않고 식사하는 법을 배웠다. 또한 매일 비타민 영양제를 먹고, 정기적으로 건강검진을 받고 있다. 재충전을 위해서 매달 며칠 동안은 일을 하지 않으며, 매년 적어도 세 번은 장기 휴가를 갖는다. 또한 수많은 '기회'에 대하여 '노'라고 이야기하는 방법을 배웠다.

이 모든 게으른 행동의 결과는 무엇이었을까? 필자의 생산성은 열 배나 향상되었다. 현재 필자는 초기에 이루었던 것보다 더 많은 성취를 이루어 내고 있다. 매우 성공적인 수많은 벤처 기업들의 운영을 감독하고 있으며, 전국 곳곳에 있는 단체에서 강연을 하고, 업계·정부기관·협회의 리더들에게 상담을 해주고 있으며, 책을 쓰고 기고하며, 심지어 가끔씩 전문 성우 역할도 한다.

육체를 위한 궁극적인 목표는 무엇인가?

육체적 에너지나 정력, 힘이 부족하면 우리는 어디에도 우리의 에너지를 제대로 쓸 수 없게 된다. 다른 사람이 필요로 하는 것을 충족시킬 수 있는 능력을 갖추려면, 무엇보다 먼저 자신의 육체가 필요로 하는 것을 충족시켜야 한다.

그렇다면 육체적 자아를 위한 궁극적인 목표는 무엇이 될까? 영생? 생각해 보자. 어떤 목표가 우리를 효과적으로 분발시킬 수 있으려면, 그것이 우리를 행복하게 해야 하며, 또한 실현 가능해야 한다. 그러나 그 누구라도 영원히 살 수는 없기 때문에 영생은 누구에게도 추구할 만한 목표가 될 수 없다. 그렇다면 그 자리에 무엇을 쓸 수 있을까?

영생 대신에 건강을 육체의 궁극적인 목표로 삼는다고 가정하자. 건강이라는 목표는 실제적이고 서번트 리더의 관점에서도 합리적이다. 오랫동안 건강하게 생활할수록, 그만큼 더 오랫동안 다른 사람들의 욕구에 봉사할 수 있고 예상되는 대가도 더 커질 것이기 때문이다.

건강은 육체적 건강에만 국한되지 않는다. 건강에는 건전한 지성, 정신, 경제적 건강까지도 포함된다. 이 네 가지는 굳게 연결되어 있다. 네 가지 건강이 증진되려면 서로 균형을 이루어야 한다. 지성, 다른 사람과의 유대감, 그리고 경제적 상태는 한 인간의 전반적인 삶의 질에서 큰 역할을 한다. 이 요인들이 육체적 건강에 긍정적인 영향도 미칠 수 있고, 부정적인 영향도 미칠 수 있다. 이런 이유 때문에, 우리는 건강 계획이 완벽하다고 말하기 전에 육체적인 면 외의 자신의 다른 측면들을 주의 깊게 살펴볼 필요가 있다. 먼저 접근하기 쉬운 건강, 즉 육체적 건강부터 살펴보자. 그런 다음에는 경제적, 정신적, 지적·정서적 건강의 개념에 대해 다룰 것이다.

육체적 건강을 위한 5단계 계획

가능한 최고의 조언을 제공하기 위해서, 필자는 미국 최고의 의사들에게 자문을 구했다. 아래에 서술한 것은 그들이 한결같이 하는 충고 중에서 뽑은 것이다. 그들은 이렇게 강조한다. '일상적인 식생활에 적용할 수 있는 지극히 간단한 방법들을 실행하면 생활의 질, 나아가 생활의 양까지도 크게 향상시킬 수 있다.' 물론, 유탄에 맞거나 전염병에 걸리거나, 가만히 있는 물체에 전속력으로 달려가서 부딪치거나, 욕조 속에 빠지는 일 따위가 일어나지 않는다는 것을 전제해야 한다.

제1단계: 태도를 바꾸라

의약적인 관념이 지배적인 서구 문화에서는, 건강관리가 문제가 될 때 대부분의 사람들이 건강 유지보다는 병을 막는다는 관점에서 건강을 바라본다.

우리는 뭔가 잘못되지 않는 한, 일상생활에서 건강에 거의 관심을 두지 않는다. 이런 점에서 우리의 생활은 운전과 비슷하다. 우리는 차를 정기적으로 운전하지만, 계기판의 게이지(gauge)에는 거의 관심을 기울이지 않는다. 이 게이지들은 차에 있는 장치들, 이를테면 브레이크, 엔진 온도, 배터리 상황 등을 감시할 수 있도록 설계되어 있다. 하지만 대부분의 사람들은 무엇인가 잘못될 때까지는 이런 장치들이나 게이지에 특별한 관심을 두지 않고 운전한다. 우리는 생활에서도 육체에 대해 똑같은 무관심을 보이고 있다. 우리 육체의 절대적인 게이지들, 즉 고통·피로·과민반응 등 무엇인가 잘못되었다는 신호가 될 수 있는 징후들을 무시한다. 무엇인가 잘못될 때까지 아무 생각 없이 육체를 몰아대는 것이다. 육체가 잘못된 뒤에야 비로소 정비공, 아니, 의사에게 달려가서 조언을 구한다.

따라서 육체적 건강이라는 목표를 달성하기 위한 첫 번째 단계는, 육체에 대한 태도를 병에 대한 관심으로부터 건강에 대한 관심으로 바꾸는 것이다. 일단 건강에 대한 태도가 올바르게 정착되고 바람직한 방향으로 들어서면, 생활 건강으로 가는 다음 단계를 스스로 밟아갈 수 있다.

제2단계: 철저한 건강검진으로 시작하라

만약 정식 건강검진을 받은 적이 없거나 얼마 동안 받지 않았다면, 일단 검사부터 받아라. 검사받을 때는 현재의 상태를 알려주면서, 건강이라는 목표를 달성할 수 있는 방법까지 충고해 줄 수 있는 사람을 찾아가라. 건강에 대한 나름대로의 철학을 갖고 있는 의사를 찾아라. 집 근처에도 건강 유지에 관심이 많은 유능한 의사가 많이 있을 것이다. 그런 사람들이 귀찮아할 만큼 열심히 찾아다녀야 한다.

좋은 의사를 찾는 방법에 대해서, 종합 건강 네트워크(Wholistic Wellness Network)의 설립자이자 회장인, 건강 전문가인 앙리 로카(Henri Roca) 박사는 다음과 같이 제안한다. 먼저 의사가 유능하고 노련한지 확인하라. 그 사람이 증명서를 갖고 있다면 그것을 보여 달라고 하라. 그 다음에 그 증명서를 따는 데 필요한 훈련에 대해 구체적인 몇 가지 질문을 해보라. 의사와 어떤 식으로 관계를 맺을지 생각하라. 의사의 충고가 효과를 발휘하게 하려면 그를 믿어야 한다. 어떤 식으로든 의사가 편안하게 느껴지지 않으면, 언제든지 다른 의사를 찾아보라.

마지막으로, 의사는 아무것도 해주지 못한다는 것을 명심하라. 변화는 노력을 요구한다. 따라서 기꺼이 지시에 따를 준비가 되어 있어야 한다. 의사가 생활습관을 바꾸는 것이 별로 어렵지 않다는 식으로 말하면, 다음 말을 명심하라. "나는 이제까지 노력하지 않고 바꿀 수 있는 생활습관을 본 적이 없다."

제3단계: 자신만의 건강 팀을 꾸려라

당신은 지금 건강 증진이라는 목표를 달성하는 데 도움을 줄 수 있는 고도로 숙련되고 자격을 갖춘 전문가들을 찾고 있다. 그러나 우선 의사나 그 밖의 건강 전문가들의 역할에 대한 시각을 바꿔야 한다. 의사, 물리치료사, 영양사, 개인 트레이너, 그 밖에 건강에 대해 조언해 주는 사람들은 해결사라기보다는 안내자이다. 일단 가장 좋다고 생각되는 건강 팀을 선택했으면, 팀 구성원들에게 마음의 문을 열어라. 구성원 각자에게 당신의 궁극적인 목표가 무엇인지 말하고, 목표를 충족시키는 데 필요한 조언과 지원을 받아라.

제4단계: 자신만의 건강 계획을 세우라

전문가 팀을 구성하는 목적은 자신만을 위해 특별히 고안된 종합 건강 계획을 세우기 위한 것이다.

계획에는 무엇이 포함되어야 하는가? 그에 대한 대답은 아마 사람마다 다를 것이다. 그러나 전문가들이 중요하다고 이구동성으로 말하는 것은 운동과 식생활이다.

먼저 운동을 보자. 의사와 함께 자신의 육체적 상태를 점검했으면, 의자에서 일어나 키보드를 뒤로하고 무엇인가를 하라! 적절한 건강 상태를 유지하기 위해서는 움직여야 한다. 심장 박동률을 최소한 20분 동안 당신이 목표한 수준으로 끌어올려 유지할 수 있는 활동 몇 가지를 준비해 두라. 조깅, 크로스컨트리 스키, 수영, 하다못해 조금 빠르게 걷기나 농구공 튀기기라도 좋다.

일상생활의 습관 변화도 도움이 된다. 예를 들어 점심시간에, 먹고 싶었던 고지방 음식을 먹는 대신 산보를 해보라. 엘리베이터를 타지 말고 걸어서 계단을 올라가 보라. 옛날처럼 문에서 가장 가까운 곳에 주차하지 말고, 주차장 안의 가장 외진 곳에 주차해 보라. 육체적 건강은 물리적 힘보다는 유연성과 관계가 깊으며, 그것은 나이를 먹어감에 따라 더 확실해진다. 필자가 상담했던 많은 의사들은 '우리들이 직면하는 삶의 질 문제의 대부분은 활동이 부족한 생활습관에서 나오며, 활동 부족은 기동력과 유연성의 부족으로 이어진다.'고 말했다. 이런 병폐에 대한 뛰어난 예방약은 요가 같은, 유연성을 촉진시키는 운동이다.

식생활에서는, 자격을 갖춘 영양사와 이야기하여 자신의 특별한 욕구와 최적의 건강이라는 목표에 맞도록 특별하게 고안된 식단을 짜야 한다.

제5단계: 계획을 충실하게 이행하라

이 순간부터 성공은 당신에게 달려 있다. 아무도 강제로 계획에 따르게 할 수 없다. 원하는 결과를 스스로 만들어 내야 하며, 거기에 도달하기 위해서는 결연히 태도를 바꾸어야 한다. 태도를 바꾸기가 어려울 수도 있다. 그러나 저명한 예방의학 전문 의사인 케네스 쿠퍼(Kenneth Cooper) 박사는 이렇게 말했다. "건강을 유지하는 것은, 일단 그것을 잃은 다음에 회복하는 일보다는 쉽다."

앙리 로카 박사도 이렇게 덧붙였다. "풍요는 마음속에 있다. 이것은 목표, 또는 그 이상을 실현하기 위해 필요한 모든 것은 이미 내부에 갖춰져 있다는 뜻이다. 그것을 건강이나 육체 에너지에 관련지어 말하면 다음과 같다. 풍요란, 건강한 상태에서 육체적으로 최적 상태를 유지하는 사람, 좀더 높은 수준의 에너지를 보유하고 있으며 힘과 정력이 요구되는 일을 쉽게 해낼 수 있는 사람에게 주어지는 혜택이다.

건강하지 못한 사람들은 건강해질 때까지 심리적 방법을 이용할 수 있다. 육체적 에너지를 풍부하게 갖고 있다고 마음속으로 믿는 것이다. 우리가 하는 모든 운동, 그 밖에 건강을 위해 하는 어떤 활동으로도 우리의 에너지 수준과 건강은 증진될 수 있다."

지적·정서적 자아를 자극하라

다른 사람의 욕구에 효과적으로 봉사하기 위해서는 육체적 활력을 유지해야 하는 것과 마찬가지로, 지적·정서적 능력도 풍부하게 유지해야 한다. 우리는 변화하는 상황에 미리 대처하기 위해 광범위하고 지속적으로 지식 기반을 확장하고 개발할 필요가 있다.

언젠가 한 친구가 이런 말을 한 적이 있다. "나는 이미 학위를 받았다. 따라서 나는 다른 것을 배우기 위해 시간을 낭비할 하등의 이유가 없다고 생각한다." 필자는 그가 참으로 가엾다고 생각했다. 똑똑하고 꽤 성공했지만 변화의 수레바퀴에 막 깔리려고 하는 한 젊은이가 거기에 있었다.

우리가 좋든 싫든, 우주와 그것을 이루는 모든 부분들은 변하고 있다. 이미 구식이 되어버린 오늘의 방법으로 내일의 욕구를 웬만큼 충족시킬 수 있다는 생각은 한마디로 웃기는 망상이다. 우리가 우주의 다른 부분에 맞추어 변화하지 않으면, 곧장 암흑 속으로 빠져들고 만다.

오늘날 우리가 직면하고 있는 문제들은 불과 5년 전에만 해도 상상하기 어려운 것이었다. 1996년에는 인터넷이 무엇인지 알고 있는 사람을 주위에서 거의 찾아볼 수 없었지만, 지금은 대중 커피숍이 있던 자리에 인터넷 카페가 들어서고 있다. 또한 '사이버 범죄'라는 말이 새로 생겼고, 그것을 둘러싼 문제들이 세계 각지의 법 집행 기관들을 허둥지둥하게 만들고 있다. 심지어 동네의 소규모 피자집도 사이버 대열에 합류하여 "다른 피자에 싫증나셨습니까? 이제 최고의 피자를 맛보세요."라고 쓰인 피자 박스 뚜껑에 웹사이트 주소를 인쇄해 놓았다.

미래에 닥칠 일도 오늘날 우리가 맞고 있는 상황과 크게 다르지 않을 것이다. 지식 기반을 지속적으로 확장하지 않는다면, 다음 골목 어귀에서 우리를 기다리고 있는 그 무엇에게 속수무책으로 당할 수밖에 없다. 그러나 이것은 문제의 일부분에 지나지 않는다.

좀더 기본적인 관점에서 보면, 인간의 마음은 지속적으로 새로운 것을 배우도록 만들어져 있다. 정신이 가장 효과적으로 작동하기 위해서는 지속적으로 새로운 문제에 부딪치고 새로운 자극을 받을 필요가 있다.

지적인 자극이 부족하면 육체적, 지적·정서적, 정신적, 그리고 경제적 건강에 나쁜 영향을 미칠 수 있다. 몸과 마음, 정신과 경제적 상황을 건강하게 유지하기 위해서는 새로운 것들을 계속 배워 나가야 한다.

배움에 대한 게으름은 인간을 매사에 무관심하고 자기중심적으로 만들 수 있다. 전문가에 따르면 무관심과 자기중심적 사고방

식은 흔히 걱정, 의기소침, 우울증, 불면증, 그 밖의 수많은 신경과
민적 증세로 이어진다고 한다.

이런 식의 태도가 정말 위험한 이유는, 이런 부정적인 조건에
서 오랫동안 살면 얼마 지나지 않아 삶의 다른 측면도 영향을 받는
다는 것이다. 필자는 무관심하고 자기중심적인 태도가 얼마나 슬픈
결과를 초래하는지 직접 경험했다. 필자는 감정적으로 파산 상태
에 있던 기간 동안에 육체적·정신적·경제적으로도 파산 상태였다.

예외적인 경우도 있지만, 배움을 게을리 하는 습관은 삼십대
초반부터 나타나기 시작한다. 삼십대 초반은 대부분의 사람들이
공식적인 교육을 마치는 시기이다. 나이를 먹을수록 문제는 더욱
악화되기 쉽다.

필자는 미국 북동부에서 제법 규모가 큰, 은퇴자를 위한 요양
시설 근처에서 생활하고 있다. 거기에서, 일하지 않는 사람들에게
어떤 일이 일어나는지 직접 보아왔다. 한때 생기 넘치고 일 잘하고
인간성 좋았던 사람들이 급격하게 무기력해지면서, 양보할 줄 모
르고, 불평불만만 늘어놓고, 변덕스럽고 까다롭게 변하여 마치 '늙
는다는 것이 얼마나 추한지' 보여주는 데 열중하고 있는 듯했다.

반대로, 계속해서 새로운 것을 배우고, 새롭고 흥분되는 일에
도전하고, 자기가 좋아하는 일이나 직업을 죽는 그날까지 추구하면
서 인생을 충분히 영위하는 사람들에게 무슨 일이 일어나는지도 보
아왔다. 예를 들어, 필자의 친구 피트(Pete)는 자신이 성공적으로 일
구어 놓은 사업에서는 은퇴했지만 일에서는 결코 은퇴하지 않았다.

40년 넘는 회계 경력을 가진 공인회계사인 그는 자신의 회계

사무실을 떠나겠다고 발표한 날부터 비영리 조직에 특별히 필요한 것을 열심히 공부하기 시작했다. 지난 10년 동안 피트는 일을 하느라 어느 때보다도 바쁘게 지냈다. 그는 이제 교회, 인근 병원, 그리고 자기가 '선택한' 수많은 기관에 새롭고 혁신적인 관리 기법과 감세(減稅) 전략을 무료로 제공하고 있다.

배움을 멈추고 주변 세계에서 일어나는 변화에 따라가기를 중지할 때, 우리는 마음먹기에 따라 얼마든지 유용하게 활용할 수 있는 능력을 잃어버린다.

마음의 문을 열어라

육체적 자아와 관련하여 궁극적인 목표가 필요하듯이, 지적·정서적 자아를 계발하기 위해서도 목표가 있어야 한다. 그것은 **평생학습**이다.

평생학습이 왜 그렇게 중요한 목표일까? 유능한 사람이 되려면 가능한 광범위하게, 그리고 우리의 인생 자체만큼 방대하게 교육받아야 한다. 그 많은 양을 배우기 위해서는 평생의 노력이 필요하다. 당신의 지식 범위가 크고 다양할수록, 변화하는 다른 사람들의 욕구를 충족시키기 위하여 더 잘 준비할 수 있을 것이다.

서번트 리더의 역할은 다른 사람들의 역할과는 다르다. 서번트 리더의 정신을 설명한 것 중에서 필자가 들었던 최고의 비유는 진흙과 도공의 관계였다. 서번트 리더가 되기 위해서는 도공의 손에 들어 있는 진흙처럼 유연한 적응력이 있어야 한다. 진흙은 도공의 의도에 따라야 한다.

열린 마음을 가질 수 있도록 자신을 계발하라. 필자의 친구 지그 지글러는 말했다. "대부분의 사람들의 마음은 콘크리트 같다.…… 모든 것이 섞여서 영원히 굳어버린다." 우리는 일정한 사고방식을 한 번 채택하고는 그것이 마치 다이아몬드로 만들어지기라도 한 것처럼 버리려고 하지 않는다. 서번트 리더라면 모든 사람과 사물에 대하여 열린 마음을 유지해야 한다. 그렇다고 새로운 가치관이나 믿음을 무조건 받아들여야 한다는 뜻은 아니다. 다른 사람의 관점을 이해하는 방법을 배워야 한다는 뜻이다. 당신에게 동의하는 사람이든, 안 하는 사람이든 온갖 종류의 사람들과 밀접한 관계를 유지해야 한다. 내가 특정 사안에 대해 누군가에게 동의하지 않는다고 해서 그에게 배울 것이 없거나, 그의 욕구에 봉사할 수 없는 것은 아니다.

친숙하게 느껴지는 범위 밖에 있는 것들을 알아보고 경험해라. 자신의 정치 성향이 보수적이라면, 반드시 급진적인 관점에서 쓴 책을 최소한 한 권쯤은 읽어봐야 한다. 필자는 개인적으로 저속하다고 생각하는 주제를 다룬 책과 잡지를 한 달에 한 권씩 사서 읽는 것을 규칙으로 삼고 있다. 솔직히 그런 책을 살 때 혹시 아는 사람에게 들키지 않을까 주위를 둘러보기도 한다. 그것을 즐거운 마음으로 읽지는 않는다. 그저 읽을 뿐이다. 자신이 마음속으로 소중하게 간직하고 있는 생각과 다른 의견을 가진 사람들의 모임에 참석하거나, 조직에 가담하는 것도 좋은 방법이다. 자신과 확실히 다른 부류의 사람들과 사귀고 친밀하게 지내도록 노력하라. 필자는 그것을 무척 좋아한다. 자신을 회원으로 인정하지 않을 듯한 집단에 절대로 가입하지 않는 행위에 대해서, 유명한 코미디언 그루초 마르크스(Groucho Marx)[2]가 한 불후의 명언은 되새겨 볼 만하다. "만약 우리를 쉽게 받아들이고, 경험과 의견을 함께 공유하는 사람들만 사귄다면, 우리는 절대로 현재의 한계를 뛰어넘어 더 성장하지 못할 것이다."

유능한 서번트 리더가 되고자 한다면, 기꺼이 대상자들이 원하는 유형의 사람이 되겠다는 마음가짐을 갖고 있어야 한다. 그렇게 되기 위해서 우리는 수많은 화제에 대하여 알아야 한다. 다른 사람들, 그리고 그들이 특정한 일을 하는 이유에 대해 폭넓게 이해해야 한다. 관심이 없는 분야나 즐거움을 느낄 수 없는 분야에 대해서도 지식을 쌓아야 한다. 명심하라. 우리가 다른 사람에게 봉사하는 이유는 우리 자신이 아니라 그들의 욕구에 부응하기 위해서이다.

아래에 제시하는 세 가지 중요 분야에 대한 지식의 깊이를 넓게 확장한다면, 우리는 얼핏 불가능해 보이는 이런 임무를 성취할 수 있는 능력을 갖출 수 있다.

자신에 대한 지식

자기 자신에 대해서 좀더 알 필요가 있다. 자신의 능력과 한계를 정확하게 인식하는 것이다. 자신의 선천적 재능을 파악하고 계발하며, 숨겨진 재능을 알아야 한다. 두려움과 의심, 그리고 걱정을 불러일으키는 것이 무엇인지 파악하고 그것을 제거하는 방법을 배위야 한다. 좋은 경험, 나쁜 경험, 부끄러운 경험 등 생활하면서 겪은 갖가지 경험 속에 숨어 있는 지식의 보물을 캐낼 수 있어야 한다.

타인에 대한 지식

자신에 대해서 좀더 잘 알고 나면, 다른 사람에 대해 지식을 축적하는 데 역량을 집중할 수 있다. 다른 사람에 대해 더욱 날카로운 통찰력을 습득하고, 그들이 무엇을 필요로 하는지 파악하는 방법을 배워야 한다. 겉으로 보이는 것도 중요하지만, 무엇보다도 가치 있는 것은 표면 아래에 있는 것이다. 따라서 우리는 이 두 가지를 모두 파악해야 한다.

보편적인 지식 습득

지식 습득에 대한 태도를 변화시켜야 한다. 만나는 모든 사람에게서 한 가지라도 배우도록 노력하라. 하는 일이나 지위가 아무리 보잘것없어도, 생각이 아무리 달라도, 심지어 적대적이라고 하더라도 배울 수 있어야 한다.

자기 자신을 알아가기

이 책 3부에서는 다른 사람의 행동과 성향, 그리고 우리가 살고 있는 세계를 배우기 위해 필요한 것들을 다룰 것이다. 그러나 그보다 먼저 좀더 본질적인 존재, 즉 자신을 알아야 한다.

고대 그리스의 현자 소크라테스(Socrates)는 이렇게 지적했다. "검증되지 않은 삶은 살 가치가 없다." 델피(Delphi)의 신전 벽에는 순금으로 '너 자신을 알라.'라는 뜻의 그리스어가 새겨져 있었다. 이 말은 너무도 위대해서 사람이 한 것이 아니라 아폴론 신으로부터 전해진 것이 틀림없다고 사람들은 믿었다고 한다.

'너 자신을 알라'는 충고는 인류 역사상 수없이 사람들의 입에 오르내렸으며, 지금도 유효한 충고이다. 그렇다면 왜 수백 년에 걸쳐서 이 충고를 마음에 새겨두는 사람이 거의 없었을까? 철학자 탈레스(Thales)는 이 근본적인 질문에 대해 이렇게 대답했다. "자신을 안다는 것은 세상에서 가장 힘든 일이다."

자기 검증은 매우 어려운 작업이다. 자기 검증은 자기 자신, 그리고 타인에게 행한 자신의 행동을 면밀하고, 때로는 고통스럽게 바라보려는 의지와 깊은 생각을 요구한다. 자기 검증 과정에서는 심지어 자신에게조차 인정하기 어렵거나 혼란스러운 성격이 드러날 수 있다. 자기 검증은 길고 힘든 과정이다. 그러나 그 노력 하나하나마다 나름대로의 가치가 있다. 그 과정에서 우리는 진정한 자아를 밝힐 수 있는 방법을 배울 수 있다. 어쩌면 태어나서 처음으로, 자신의 행동에 대한 동기·결정·선택·가치 등을 검증해야 할 수도 있다. 자기 검증은 변화를 요구할 수도 있다. 바로 그 때문에 대부분의 사람들이 자기 검증을 시도하지 않고 있다.

우리는 흔히 자신에 대한 독특하고 서로 다른 세 가지 이미지를 가지고 살아간다. 하나는, 자기 스스로 생각하는 자신의 이미지이다. 또 하나는 다른 사람들이 자신을 보고 있다고 믿는 이미지이다. 마지막 하나는 신이 보고 있는, 자신의 실제 모습이다.

우리 각각은 자신 속에 진짜 자아와 허상의 자아를 갖고 있다. 우리는 자기기만, 근거 없이 자신이 나약하다고 치부하는 태도, 터무니없는 비하라는 베일 뒤에 진짜 자아를 숨기고 있다. 그리고 정교한 가면 뒤에, 무방비라는 진짜 감정을 감춰두고 있다. 거울에 비친 우리의 모습이 진정한 자아의 환영이듯, 다른 사람에게 보이는 우리의 모습은 우리 안에 있는 진정한 인격의 표면적인 이미지에 불과하다. 대부분의 사람들은 이런 허상의 역할을 너무도 오랫동안 해왔다. 그 결과 스스로 생각하는 자신의 이미지를 진정한 자아의 실체와 구별하기 어렵게 되어버렸다. 이렇게 되었을 때 우리는 진정한 자아를 되찾아야 한다. 그 작업은 생각처럼 그렇게 어렵지도 않다.

우리의 진정한 자아는 다른 사람에게 인식되는 환영과 달리 실체를 갖고 있다. 자기 검증은 광선을 굴절시키는 굴절 렌즈와 같아서 윤곽을 뚜렷하게 하고, 우리가 자신에 대해 갖고 있는 두 가지 이미지를 구별할 수 있게 해준다. 또한 우리 행동의 동기, 선택, 그리고 모든 사람들의 눈에 선행으로 보이는 행동을 하는 진짜 이유를 세심하게 관찰하도록 해준다.

일단 자신을 힘들게 했던 과거의 짐, 그리고 이제까지 자신을 가려왔던 환영으로부터 벗어나면, 우리는 아마도 처음으로 자신이 바라는 자아도 아니고 다른 사람들에 의해 스스로 믿게 되었던 자아도 아닌, 진정한 자아를 뚜렷하고 정직한 눈으로 볼 수 있을 것이다. 이 새로운 진실의 빛 속에서 자신의 내부에 살고 있는 진정한 인격을 발견하고, 받아들이고, 이해할 수 있을 것이다. 또한 그 과정에서 엄청난 내적인 힘을 얻게 될 것이다.

완벽함에 대한 환상을 버려라

자신이 하고 있는 일을 왜, 어떻게 하고 있는지를 알고, 자기 자신은 물론이고 자신의 재능과 능력에 대해서 좀더 잘 알기 위해서는 일기 쓰기나 그 밖의 자아발견 도구를 사용하면 된다. 그러나 새로 발견한 사실을 적용하기 전에, 바꾸어야 할 태도가 몇 가지 있다. 살다 보면 누구나 실수를 하게 마련이다. 사람들은 그런 실수 때문에 생긴 일정한 태도나 습관을 하나쯤 내부 깊은 곳에 간직하고 있다. 중요한 것은 그것을 대하는 태도이다. 인간의 기질 속에는 잘못하거나 실패했을 때, 혹은 자신이 완벽하지 않다는 것을 깨달았을 때, 자신을 실제보다 비하시키는 어떤 것이 있다.

필자는 위에서 말한 그 '어떤 것'이 어디에서부터 비롯되는지 확실하게 알지 못한다. 인간의 기원을 어디에 두느냐에 따라 에덴동산이나 밀림 속의 원숭이로부터 우리에게 전해졌을 것이다. 잘한 일에 대해서는 대충 넘어가고 잘못한 일에 대해서는 질책하도록 교사들을 몰아가는 학교교육 체계 때문인지도 모른다. 혹은 대부분의 인간이 도저히 도달할 수 없는 도덕적 기준을 설정하는 종교 시스템의 영향일 수도 있다. 아니면, 단순히 우리가 신의 계시를 오해했을 수도 있다.

원인이 무엇이든 결과는 마찬가지다. 우리는 자기 자신에게 너무 가혹하다. 전부는 아닐지라도 우리들 대부분은 자신에 대해서 최악의 비판자이다. 그리고 목표를 '완벽'으로 삼을 때, 우리는 자기 파괴에 위험할 정도로 가까이 다가서게 된다.

15세기 중반, 철학자 니콜라우스 쿠사누스(Nicholaus Cusanus)는 『무지(無知)의 지(知)에 대하여』(On Learned Ignorance)라는 제목으로 세 권짜리 논문을 썼다. 그 저술의 주제는 절대지식에 대한 인간의 헛된 탐색에 관한 것이다. 제1권에서, 니콜라우스는 인간이란 선천적으로 지식 욕망을 갖고 있지만 자신이 무지하다는 불변의 사실을 알아차릴 때 좌절감을 느낀다고 설명하고 있다. 그에 대한 유일한 해결책은, 사람들이 자신의 무지를 찾는 것이라고 그는 결론을 내린다. 이미 그 수 세기 전에 소크라테스는 이렇게 충고했다. "인간이 무지를 지에 대한 욕망의 목표로 삼는다면, 무지의 지를 획득할 수 있다."

그것은 자신의 한계를 생각함으로써 사람은 자신의 무지를 어느 정도 극복할 수 있다는 뜻이다. 사물의 본질이 우리의 인식 범위 밖에 있다는 사실을 깨닫는 순간이 바로, 우리가 내내 추구해 왔던 진리에 한 발 더 다가서는 순간이다. 이런 의미에서, 절대지식에 대한 탐구는 인간적 완벽에 대한 탐색과 같다. 다시 말해서, 헛된 것이다.

우리는 결코 완벽해질 수 없다. 몇몇 사람들에게는 이것이 별로 좋지 않게 들릴 것이다. 만약 그렇다면, 좋은 소식도 있다. 완벽은 보람차고 의미 있는 삶을 이루는 데 필수 요소도 아니며, 어떤 형태로 노력하든 성공을 위한 선행 조건도 아니다. 하지만 우리들 대부분은 무의식중에 그렇게 믿고 있다.

궁극적 지식을 위한 인간의 탐색과 관련한 니콜라우스의 결론에 힘입어, 우리는 완벽에 관한 탐색에 대해 좀더 건전한 태도를 기를 수 있다. 우리는 절대 완벽에 도달할 수 없음을 인정하고, 성공하기 위해서는 최선의 노력만으로도 충분하다는 것을 앎으로써 자기 향상에 매진할 수 있다. 이것이 훨씬 더 유익한 삶의 목표이다.

자기계발은 틀림없이 가치 있는 목표이다. 그러나 그 과정에서 자신에게 너무 가혹하여 스스로 이루고자 했던 발전을 질식시켜 버린다면, 성공을 하찮게 여기는 결과를 초래한다. 따라서 자기계발에 매진할 때는 누구의 말에 귀를 기울일지 주의할 필요가 있다. 여기서 말하는 그 누구에는 자기 자신도 포함된다.

자기계발에 있어서 첫 번째 단계는, 자신에게 관대해지는 법을 배우는 것이다. 완벽해지지 않는다고 해도 자기는 '충분히 훌륭하다'는 것을 아는 것이다. 그리고 서번트 리더로서 목적의식적인 삶을 살기 위해서 완벽해야 할 필요는 없다.

아래에 제시하는 것들은 자기 발견 과정이라는 미묘하고 장기적인 작업을 시작하는 데 도움을 줄 수 있다. 만약 남은 일생 동안 그 과정을 계속하겠다고 맹세한다면, 적어도 이것만은 약속할 수 있다. **그 경험 속에서 자신에 대한 전혀 새롭고 긍정적인 시각, 그리고 우주에서 자신의 역할을 찾을 것이다. 최소한 자기 삶의 그림자 속에 살고 있는 사람을 볼 수 있을 것이며, 자신이 발견한 것을 좋아할 수도 있다.**

진정한 자아 찾기

나는 실제로 누구인가? 다른 사람과 구별되는 나의 개인적 특성, 특별한 인생 경험, 선천적 재능, 신체적 특징은 무엇인가? 주위 사람들과 다르게 사물을 보는 것은 무엇 때문인가? 특정 방식으로 행동하는 까닭은 무엇인가? 어떤 사람들과는 쉽게 친해지면서, 또 어떤 사람들과는 전혀 어울리지 못하는 까닭은 무엇인가?

위의 질문에 대하여 심각하게 생각해 본 적이 있는가? 차분히 앉아서 자신의 내면에 존재하는 독특한 성질·버릇·느낌·사고방식·감정·관점 등을 하나씩 적어본 적이 있는가? 마지막 질문에 대하여 대부분의 사람들은 '아니오'라고 대답할 것이다. 사실 대부분의 사람들은 다른 사람의 외모나 재능을 동경하느라, '내가 어떤 사람인지'보다는 '내가 어떤 사람이 아닌지' 판단하는 데 더 많은 신경을 쓴다.

자기가 얼마나 성공했는지를 판단하는 데, 자신만의 기준에 근거하지 않고 다른 사람의 성공에 비추어 보는 짓은 참으로 딱한 노릇이다. 그것은 자신만의 독특한 기술·재능·경험·능력으로 이제까지 '무엇을 성취했는지'를, 이제까지 '무엇을 성취하지 못했는지'에다 비교하는 것과 같다. 자신의 성취를 다른 사람의 성취와 비교할 때 얻는 것이라고는 부정적인 것뿐이다. 끊임없는 자기학대로 자신을 비하하기도 하고, 자신이 갖지 못한 재능·성격·자질이 있어야만 성공할 수 있다고 생각하면서 수많은 기회들을 놓치기도 한다.

다른 사람의 선천적 자질을 지녔으면 하는 헛된 바람에 쏟는 시간의 반만이라도 자신의 선천적 자질을 파악하고 강화하는 데 쓴다면, 우리가 얼마나 유능해질 수 있는지에 대해서는 말할 필요도 없을 것이다. 그러나 그런 잘못된 평가 기준은 결코 저절로 고쳐지지 않는다. 의식적인 노력이 있어야 한다. 다른 사람의 욕구에 더 잘 봉사할 수 있도록 준비하려면 이것을 제일 먼저 해야 한다.

이것을 이루기 위해, 다른 사람들이 자기 발견의 수단으로 써왔던 몇 가지 아이디어를 제시한다. 여기에서 제시되는 기법 중 아무것이나, 심지어 모두 다 사용할 수 있다. 당신이 이미 알고 있거나 쓰고 있는 것도 몇 가지 있을 수 있다. 자기 발견을 위한 이러한 시도의 성공 여부는 방법상의 문제보다는 실천 자체와 더 관계가 깊다. 자기 검증의 실천은 단순히 목적 달성을 위한 수단이 아니라, 마법과도 같은 힘을 갖고 있다. 여기에 우리 작업의 목적을 위해 필수불가결한 도구가 하나 있다. 그것은 일기이다.

나 자신을 위한 하루 14분의 투자

당신은 일기를 쓰는가? 써야 한다. 일기를 씀으로써 자기 삶을 좀더 잘 이해할 수 있고, 매일매일 어디에 시간을 투자했는지, 또 그 까닭은 무엇인지 알 수 있다. 그리고 그러한 과정을 통해 건설적이든 파괴적이든 자기의 생활 패턴들을 알 수 있다. 일기를 쓰지 않는다면 결코 그것들을 알 수 없다.

어둠 속의 촛불과 같이, 일기는 숨겨진 삶의 패턴들을 비춰준다. 그런 패턴들 중에는 성공을 가로막는 것도 있을 것이다. 일기는 또한 자신의 일대기이자, 자신의 투쟁과 성공을 낱낱이 밝혀주는 개인적이고 영원한 기록이기도 하다.

일기를 쓰면 생활의 문제점들을—때로는 그것이 표면화되기 전에—알아차릴 수 있다. 자신의 문제점을 더 깊이 서술함으로써, 문제들을 객관적으로 볼 수 있게 된다. 그런 과정을 통해 평가 기준을 세우게 되고, 표면적으로 볼 수도 있었던 문제점들을 더 깊이 점검할 수 있게 된다. 어려웠던 일들을 일기에 적어놓음으로써 자신의 문제점을 객관적으로 볼 수 있게 되고, 그 문제점들이 자신의 태도와 행동에 어떤 영향을 미쳐왔는지 알 수 있는 것이다.

자신의 생활, 그리고 그 속에서 일어나는 사건들을 단순히 머리로 생각하는 것과 글로 쓰는 것은 결코 같지 않다. 일기에 쓰는 행위는 두뇌의 양쪽, 즉 창조적 측면과 판단력 측면을 결합시키는 역할을 하며, 마음을 맑게 하는 데 도움을 준다. 자신의 문제점을 손으로 쓰는 행위는 뇌가 그 문제점을 무의식에서 의식으로 옮길 수 있게 해준다. 그렇게 되면 이미 과부하 상태에 있는 마음의 '예비 저장고'에서 문제점들을 덜어낼 수 있게 된다.

또한 일기 쓰기의 효과는 일시적이지 않고 축적된다. 일기 쓰기는 자신이 하려고 했던 일과 실제 행한 행동과의 연관 관계, 그리고 행동과 그에 따른 성과와의 연관 관계를 드러내기 때문에 자신의 삶을 있는 그대로 볼 수 있게 해준다. 실제 겪은 경험을 실시간에 가깝게 기록하기 때문에, 자신이 인간적으로 성숙해진다는 것을 구체적이고 사실에 입각한 기록을 통해 금방 확인할 수 있는 것이다. 그리고 그런 과정을 통해 스스로 발전해 간다는 것을 확인할 수 있다. 특히, 10년 전과 비교해도 전혀 나아지지 않은 것처럼 생각되는 고통스러운 시기에 일기를 통해 자신의 발전상을 본다면 큰 도움이 될 것이다. 매일 지속적으로 일기를 쓰게 되면, 당신의 인생이 발전하고 있다는 사실을 실제적으로 느끼기 시작할 것이다.

기록이 없으면 매일매일의 자세한 일들이 형체도 보이지 않는 흐릿한 안개 속에 섞여버리게 된다. 인생이 자신도 잘 알지 못하는 방향으로 흘러가는 것도 모르고 지나치는 것은 그리 어려운 일이 아니다. 그렇게 되면, 우리는 자신의 운명을 결정하는 사건에 관여하지 못하고 단지 수동적인 방관자 역할만을 하며 살게 된다. 참으로 비참한 일이 아닐 수 없다.

일기 쓰기는 이전에는 존재하는지조차 몰랐던 내부의 재능·능력·자질들을 발견하는 데 도움을 줄 수 있다.

일기를 써본 적이 없다면 어디서 어떻게 시작해야 할지 모를 수도 있다. 그런 사람들을 위하여, 필자가 지난 25년 동안 써온 방법을 아래에 대략 소개한다. 필자는 일기 쓰기에 그다지 정성을 들이지는 않는다. 생활하면서 일어나는 사건·느낌·감정들을 규칙적으로 적을 뿐이다. 가끔 그래프나 스케치, 또는 표를 그려 넣기도 한다.

아래에 제시하는 방법은 본보기일 뿐이다. 일기는 자신의 것이지 다른 누구의 것도 아님을 명심하라. 자신에게 가장 좋은 기록 방법을 사용하라.

제일 먼저 필요한 것은 써 넣을 재료이다. 필자는 처음에는 스프링 노트를 썼고, 지금은 표지가 두꺼운 일기장을 쓰고 있다. 어떤 때는 줄이 쳐진 노트를 쓰기도 하고, 어떤 때는 줄이 없는 백지 일기장을 쓴다. 어느 쪽이든 특별히 선호하는 형태는 없다. 그러나 필기도구로는 늘 만년필을 쓴다. 다른 이유는 없다. 단지 가는 필기도구를 좋아하기 때문이다. 물론 누런 종이에 몽당연필로 써도 상관없다.

다음에 할 일은 일기 쓰는 시간을 정하는 것이다. 일기 쓰기에 가장 좋은 시간은 잠자기 직전이나 아침에 일어난 직후이다.

잠자기 직전의 일기 쓰기는 한 가지 분명한 이점을 갖고 있다. 잠을 더 잘 자는 데 도움이 된다는 것이다. 자신의 생각을 씀으로써 마음속의 잡념이 줄어들어 잠을 잘 잘 수 있게 된다.

수년 동안 일기를 쓰면서, 저녁에 일기를 쓰면 좋은 점을 또 한 가지 발견했다. 하루의 일을 마음에 되새기면서 개괄하고 문서화할 수 있다는 점이다. 물론 기다리는 시간이 길수록, 기억은 점점 더 흐릿해진다. 그렇다고 해서 필자가 아침에 일어났을 때 일기를 전혀 쓰지 않는다는 뜻은 아니다. 아침에도 자주 일기를 쓴다. 심지어 스트레스를 심하게 받거나 감정적으로 고통을 받을 때는, 한밤중에 일어나 일기를 쓰기도 한다. 또한, 내 인생에 특별한 의미를 갖는 사건에 대해서는 하던 일을 잠깐 멈추고 사건 발생 즉시, 또는 잠시 뒤에 기록하기도 한다.

필자가 아는 많은 사람들은 하루 동안 일어난 일을 짧은 시간 간격으로 자주 메모하면서 '현재 사건 위주'로 쓴다. 흔히 다이어리라는 상품명으로 판매되는 일과표를 이용할 수도 있고, 문구점에서 파는 하루에 한 번씩 쓰는 형태의 일기장을 사용할 수도 있다. 하루에 한 번씩 쓰는 형태는 하루의 일들을 실제 시간대로 쓸 수 있는 충분한 공간을 제공한다는 점에서 좋다. 이런 방법은, 자신이 겪은 일의 자세한 사정을 생생하게 기억하고 있는 동안에 기록할 수 있다는 점에서 좋다. 시간이 조금만 지나면 그 사건들은 무의식적으로 자신에게 유리한 방향으로 윤색되거나 그 밖의 형태로 왜곡되어 기억될 가능성이 있기 때문이다.

특정한 방법의 일기 쓰기를 선택했더라도, 다른 방법을 시도해 보는 것도 좋다. 어쩌면 다른 방법을 같이 시도해 보는 것이 유용한 결과를 낳을 수도 있다. 예를 들어 여러 가지 사건 가운데 특별한 의미를 갖는 일, 특히 마음속 깊이 감정적 반응을 불러일으키는 사건의 경우는 그 사건이 일어나자마자 바로 기록하는 것이다.

하루에 겪은 일들을 일기장에 적기 전에, 연습을 위해 마음을 준비할 필요가 있다. 마음을 준비하기 위한 가장 좋은 방법은 방해받지 않는 조용한 곳에서 편안하게 앉아 있는 것이다. 그저 조용히 앉아서—필요하다면 눈을 감고—마음이 가는 대로 편안하게 생각하라.

아무 생각도 안 떠오르게 하기는 불가능하므로, 일부러 그렇게 노력할 필요는 없다. 그저 마음 가는 대로 놓아두기만 하면 된다. 아무런 제지도 하지 말고 마음이 이 생각 저 생각으로 뛰어다니게 하라.

몇 분 동안 조용하게 앉아 있으면 자연적인 호흡에 따라 일정한 리듬이 느껴지기 시작할 것이다. 자연적인 리듬에 맞추고 그 리듬이 삶의 자연스러운 흐름과 일치한다고 생각하라. 이렇게 하면 긴장을 풀고 생각을 좀더 체계화시키는 데 도움이 될 뿐만 아니라, 생활이나 환경과 조화를 이루고, 생활의 속도를 통제 가능한 속도로 늦추는 데도 도움이 될 것이다. 그 밖의 좋은 점에 대해서는 다음 장에서 좀더 자세하게 언급할 것이다.

일단 어느 정도의 시간을 침묵 속에서 보냈으면, 그날 겪었던 일들을 생각해 보라. 하루의 사건들을 마치 영화를 보듯 가능한 자세하게 한순간 한순간을 파고들어 가서 마음속으로 재생해 보라. 자신의 최근 인생 여정을 이루는 사건, 행동, 감정, 성공과 실패, 희망과 바람 등을 마음속으로 되살려 보라.

무엇을 어떻게 적느냐는 순전히 자신에게 달려 있다. 일기는 개인적인 것이며, 자신의 삶과 개성을 반영하는 것이다. 그러나 참고삼아 여기에 몇 가지 질문을 나열해 보았다. 질문에 대답하다 보면 일기의 내용을 좀더 알차게 할 수 있는 창조적인 생각이 떠오를 것이다. 일부는 필자가 직접 이용하던 것이고, 다른 것들은 같이 지내던 동료들로부터 수년에 걸쳐 모은 것이다.

- 오늘 아침 몇 시에 일어났는가? 기분 좋게 깼는가, 아니면 깊은 잠에서 시끄러운 소리 때문에 방해를 받았는가?
- 꿈을 꾸었는가? 꾸었다면 그 내용을 기억하는가? 꿈속의 사건에 대한 느낌은 어떠했는가?
- 하루 종일 에너지 수준은 얼마나 되었으며, 그 까닭은 무엇인가?

- 하루 일과를 시작하려고 할 때 느껴지는 감정·욕망·계획·공포· 투지 등은 어떠했는가?
- 하루 일과가 진행되면서 분위기, 감정, 육체적 에너지 수준 등에서 어떤 변화를 겪었는가?
- 하루 일과를 시작하려고 할 때 기분이 어떠했는가? 그것이 업무의 결과와 연관이 있는가?
- 일과 중에 어떤 형태의 감정이 나타났는가?
- 하루 동안에 어떤 형태의 관계를 돈독하게 했는가?
- 오늘 당신에게 다가온 기회는 어떤 것이었는가? 그리고 어떻게 대응했는가?
- 자신의 인간관계의 특성은 어떤 것인가?
- 오늘 하루 동안의 목표는 무엇이었는가? 설정한 것들을 달성했는가?

텔레비전 토크쇼 진행자인 오프라 윈프리(Oprah Winfrey)는 한 강연에서 이런 충고를 했다. "감사의 일기를 쓰십시오. 매일 밤, 그날 일어난 일 가운데 감사할 일 다섯 가지를 적어보십시오. 그렇게 했을 때 제일 먼저 오는 변화는 자신의 하루, 그리고 생활에 대한 시각의 변화입니다. 자신이 갖고 있는 것에 초점을 맞추는 법을 배운다면, 당신은 늘 우주가 풍부하다는 것을 알게 될 것입니다. 그리고 당신은 좀더 많이 갖게 될 것입니다. 자신이 갖고 있지 않은 것에 집중한다면, 당신은 절대로 충분히 갖지 못할 것입니다." 인생에 대해 뭔가 알고 있는 사람으로부터 들을 수 있는 최상의 충고이다.

오프라는 거의 평생 동안 일기를 써왔다.

그렇다면 이제까지 필자가 만나본 성공한 서번트 리더들 가운데 자기 삶의 일부를 적어본 적이 없는 사람은 한 명도 없었다는 사실은 전혀 놀랄 일이 아닐 것이다. 그들이 누리고 있는 성공은 일기를 쓰는 매일매일의 행위 속에 뿌리를 두고 있다고 할 수 있다.

리듬을 느껴라!

가능한 최선을 다하여 생활의 속도, 즉 하루의 리듬을 느끼기 위해 노력해야 한다. 여기에서 말하는 리듬은 필자가 '생활 리듬'이라고 즐겨 부르는 것으로서, 내면 깊숙한 곳이나 주위에서 일어나는 자연스러운 리듬이다. 이러한 생활 리듬, 또는 '바이오리듬'의 효과는 우리의 행동 표면에서는 발견되지 않는다. 그 리듬은 좀더 깊은 수준에서 일어난다. 이를테면 인생이 빠르게 지나가고 있다거나, 인생이 어느 결에 자기 곁을 지나가고 있다고 느껴질 때 감정이나 기분 속에서 일어나는 미묘한 변화이다.

하루 일과를 요약하여 기록하고 나면, 그날 일을 한 번 더 더듬어 보고 어떤 행동과 사건들이 또 다른 사건이나 행동과 연결되는지 살펴보라. 하루에 대한 분석이 끝나면, 다시 한 번 몇 분 동안 조용히 차분하게 앉아 있으라.

이 훈련을 매일 성실하게 되풀이하면 괄목할 만한 성과를 볼 것이다. 이렇게 하는 데 드는 시간은 하루 평균 14분 정도이지만,

당신은 이 시간을 천 배로 다시 보답받을 것이다.

자신의 특별함을 인식하고, 받아들이고, 찬양하라

이 세상에 똑같은 사람은 한 명도 없다. 같은 능력·재능·꿈·성격·욕망·희망·바람을 가진 사람도 없다. 심지어 일란성 쌍둥이조차 기본적 욕구, 꿈 또는 성격이 같지 않다. 복제 기술의 발달, 그리고 현대의 과학으로 인간 복제가 가능한지 여부를 둘러싸고 최근에 여러 가지 논쟁이 떠들썩하게 진행되지만, 한 가지 단순한 사실은 늘 분명하게 남아 있다. 과학은 절대로 나를 나로서 독특하게 만드는 것, 즉 정신 또는 영혼을 복제할 수 없다는 점이다. 진실하고 영원히 존재하는 것은 바로 인간의 영혼이다.

자신의 독자성을 축복하는 첫 번째 단계는 자신이 특별한 존재이며, 자신의 삶이 특별한 목적을 갖고 있음을 이해하는 것이다. 다음 단계는 자신을 아는 데 필요한 모든 것을 배우고 자신의 모든 부분을 무조건 받아들이는 것이다. 우리의 정신 능력 계발에 있어서 그 다음 단계는 운명이 우리 인생 드라마의 행간에 써놓았다는 불가사의와 비밀스런 보물을 밝혀내는 것이다. 이에 대해서는 다음 장에서 다룰 것이다.

좋은 것, 나쁜 것, 추악한 것

　　　　　　　　　　우리의 인생은 갖가지 경험으로
가득 차 있다. 거기에는 좋은 경험도 있고 그다지 좋지 않은 경험도
있으며, 어떤 것은 너무나 불쾌해서 자신이나 다른 사람에게 숨겨
두기도 한다. 대부분의 사람들에게 좋은 경험은 인생의 경이와 즐
거움을 상징하는 구실을 한다. 또한 우리들 대부분은 시간의 흐름
이라는 마술을 이용해 실망스러운 경험을 부드럽게 만드는 묘책을
배워왔다. 시간의 흐름은 그 경험을 적당한 거리에서 다시 구성할
수 있게 해준다. 그 결과, 우리는 그 경험 속에 담긴 숨겨진 선물의
일말을 보게 되는 드문 기회를 잡을 수 있다. 어떤 사람들은 당황스
러워 세상에 숨겨두었던 삶의 단편들을 용감하게 드러낸다. 그렇
게 함으로써 그들은 부끄러움·고통·창피라는 잡동사니 속에 묻힌
자신의 가장 위대한 재능 가운데 하나를 발견했다.

　　필자의 동료 가운데, 필자가 늘 똑똑하다고 생각해 왔던 한 여
성은 오랫동안 비밀스럽게 간직해 왔던 공포감을 고백한 적이 있
다. 그녀의 공포감은 사람들에게 '멍청하다.'고 놀림받을지도 모른

다는 것이었다. 그녀는 어렸을 적에 겪은 한 사건을 자세하게 이야기했다. 그때 그녀는 선생님이 내준 숙제에 주말 내내 매달렸다. 그러나 나중에 알고 보니, 그녀는 선생님의 말을 잘못 이해했고 주말 내내 헛일을 한 셈이었다. 결과적으로 숙제를 안 한 것이 되어버렸다. 이유야 어쨌든, 다음 주 월요일에 선생님은 그녀의 잘못을 공개적으로 꾸짖었다. 그날 이후 그녀는 이 기억을 마음속 깊이 감추었고, 대신에 어떤 상황이 주어졌을 때 그 상황과 관계된 모든 사항을 공부하게 되었다. 그 결과 그녀는 광범위한 범위의 지식을 쌓을 수 있었다. 그녀는 습관적으로 사실을 점검하고 또 점검했다. 결코 자신의 추측대로 일하지 않았다. 그녀는 그 비밀스러운 공포심 때문에 열심히 일을 했고, 그 결과 뛰어난 협상가가 되었다. 그러나 그 공포심은 내면의 믿음에 심각한 영향을 미쳤고, 그것은 많은 문제를 일으켰다. 사업에서 또는 인생에서 커다란 성공을 거두었음에도 불구하고, 그녀는 지금도 주위 사람들보다 능력이 떨어진다고 느끼고 있다.

많은 사람들이 뛰어난 경험을 하면서도 그것을 즐길 기회를 갖지 못하고 있다. 인생의 즐거움이 틈새로 새어 나가도록 방치하고 있는 것이다. "인생은 과정이다. 목적지가 아니다."라는 단순한 진리를 잊고 있는 것이다.

필자는 최근에 그리스의 시인 콘스탄틴 카바피(Constantine Cavafy)가 쓴 「이타카」(*Ithaca*)를 다시 읽어보았는데, 거기에서 '가장 중요한 것은 목적지가 아니라 항해, 즉 도중에서 일어나는 모험'이라는 사실을 상기할 수 있었다.

얼마 전에 이 진리를 현실에서 다시 한 번 되새길 기회가 있었다. 그때 필자는 공항에서 올랜도(Orlando)로 가는 비행기가 출발하기를 기다리고 있었는데, 거기서 세 명의 아이를 데리고 가는 아버지를 보았다. 그의 부인은 스무 걸음쯤 뒤에서 그를 따라오고 있었다. 남자는 접수창구에서 시작된 긴 줄 끝에 멈추면서 소리를 질렀다.

그는 짐을 잔뜩 진 부인을 향해 돌아서면서 큰 소리로 외쳤다. "서둘러! 당신 때문에 비행기를 놓칠지 모른단 말이야!" 그것은 좀 과장된 말이었다. 왜냐하면 비행기는 최소한 20분 내에는 탑승을 시작하지 않을 예정이었기 때문이다. 필자는 그의 아이들을 힐끗 보았다. 사내아이가 둘이고 여자아이가 하나였는데, 각각 터울이 1, 2년쯤 되어 보였다. 여자아이는 네 살쯤으로 보였는데, 인형처럼 예뻤다. 머리는 길고 붉은빛이 도는 아름다운 금발이었고, 눈은 푸르게 반짝였다. 주차장에서부터 걸어오느라 힘들었던 그 꼬마 아가씨는 아버지의 다리를 붙잡고 부드럽게 한숨을 쉬면서 물었다. "아빠, 업어주시면 안 돼요?"

그러나 아버지는 대꾸조차 하지 않았다. 아버지가 자기 말을 잘 듣지 못했다고 생각한 꼬마 아가씨는 재차 업어달라고 말했다. 이번에는 아버지의 양복바지를 세게 잡아당기면서 한마디 한마디 분명하게, 불만 섞인 목소리를 높여서 말했다. "아-빠-업-어-주-시-면-안-돼-요?" 덕분에 이번에는 관심을 끌 수 있었다. 그러나 아버지는 고함쳤다. "지금은 안 돼! 지금 무척 급하다는 것을 모르겠니?"

반면에 두 사내아이들은 바빴다. 그야말로 바쁜 아이들이었다. 그들은 복도에서 비행기놀이를 하면서 부웅 소리를 내며 뛰어다녔다. 두 팔을 날개처럼 펼치고 입으로는 비행기 소리를 내면서 창밖의 비행장 모습을 흉내 내고 있었다.

두 사내아이 가운데 동생은 밝은 붉은색 머리에 주근깨가 좀 있고 앞니가 빠진 귀여운 아이였는데, 쓰레기통 근처에 동체 착륙을 했다. 이 요란한 행동은 바쁜 아버지의 주의를 끌었다. 그는 이를 악물고 '쉿' 하며 꾸짖었다. "이 말썽쟁이들아, 얌전히 있지 못하겠니? 여기는 뛰어노는 곳이 아니란 말이야. 우리가 급하다는 것을 모르겠니?"

그들을 물끄러미 쳐다보던 필자의 눈에 다른 장면이 들어왔다. 얼핏 칠십대 중반으로 보이는 노부부 한 쌍이 근처에 와서 앉았다. 그들은 서로 손을 잡고 여행 팸플릿으로 보이는 책자를 넘기고 있었다. 그 책자는 그들이 정한 목적지의 흥미로운 사진들로 메워져 있었다. 필자는 기분 좋게 그 모습을 보고 있었다. 그들은 디즈니월드(Disney World)로 가는 것이 분명했기 때문이었다. 그들은 온화한 사랑의 표정으로 서로를 바라보며, 유쾌하고 흐뭇한 미소를 띠고 있었다.

필자는 100평쯤 되는 지구의 한 구역에서, 한 사람이 삶이라는 동전의 양면을 동시에 모두 볼 수 있다는 사실이 퍽 재미있었다. 한쪽에서는 인생을 아주 바쁘게 살아가고 있었고, 또 다른 한쪽에서는 항해의 모험을 즐기고 있었다.

필자는 다시 세 아이의 아버지에게 눈길을 돌렸다. 그는 접수 창구 근처에서 아직도 줄을 서고 있었다. 입은 꽉 다물어져 있고,

눈은 줄 앞쪽에 고정되어 있었다. 그리고 오른쪽 다리를 일정한 리듬으로 떨고 있었는데, 이것은 신경쇠약이나 과도한 긴장 또는 관상동맥혈전증에 걸린 사람에게 잘 나타나는 증상이다. 이 불행한 사람은 이십대 중반인 듯했으나, 그의 얼굴에 나타난 지친 표정 때문에 훨씬 더 나이 들어 보였다. 반면에 노부부는 밝은 젊음의 빛을 발산하고 있었다.

인생에서 어디로 가느냐의 문제는, 그곳으로 어떻게 가느냐의 문제보다는 중요하지 않다. 빌딩이라는 건축물 자체는 그것을 짓는 방법만큼 중요하지 않다. 신이 주신 재능을 손동작으로 실현하는 장인의 즐거움은, 자기가 짓는 건물에 그 건물만의 독특한 아름다움을 부여하여 다른 건물과 구별되게 하는 데 있다. 마찬가지로 사는 것 자체는 어떻게 사느냐 만큼 중요하지 않다.

앞에서 언급했던 의사 앙리 로카는, 위에서 말한 세 아이의 아버지의 경우처럼 지친 생활을 하지 않도록 도움을 줄 수 있는 재미있는 몇 가지 충고를 하고 있다. "우리는 쾌감을 느끼면서 세상과 관계 맺는 법을 배워야 한다. 우리가 매일매일을 그날과 사랑에 빠진 것처럼 보낸다면, 말할 수 없을 정도의 에너지, 기쁨, 그리고 개인적인 만족을 만들어 낼 수 있을 것이다. 사랑에 빠졌을 때, 하다못해 무엇에 열중했을 때의 행동을 생각해 보라. 사랑에 빠진 사람들은 열정을 갖고 있다. 그들은 인생과 삶의 보편적인 근원과 연결된다. 그들은 무한한 에너지를 가진 근원과 연결되고, 그 연결을 통해서 근원과 재결합된다. 신성한 성적 결합으로 연결된 매일매일의 삶은 우리를 서로서로 연결시켜 주며, 신과 연결시켜 준다."

위에서 말한 세 아이의 아버지와 같은 사람들이 늘 걱정과 불행의 상태에 놓이는 것은 바로 삶에 대한 이런 기본적인 개념을 알지 못하기 때문이다. 그들은 순간을 충실하게 즐기지 못하며, 근시안적인 생각 때문에 삶의 진실한 즐거움을 경험하지 못하고 있다. 바삐 움직이는 생활 속에서, 그들은 가까운 곳에 분명하게 있는 부귀를 간과하고 멀리서 희미하게 반짝이는 것에 초점을 맞추고 있다.

여기서 말하는 메시지는 간단하다. 현재에 충실하고 현재를 즐기라는 것이다. 그런 경험은 돈으로 살 수 없는 아주 귀중한 것이다.

어둠 속에 감춰진 빛에 초점을 맞춰라

악어에게 죽을 둥 살 둥 쫓길 때에는 호수의 아름다움이 눈에 들어오지 않는다. 마찬가지로 여러 가지 문제에 시달리다 보면 그 속에 담긴 의미들을 발견하리라는 희망조차 갖기 어렵다. 따라서 끈질기게 주의를 끄는 문제들로부터 거리를 둘 필요가 있다. 자연은 시간의 흐름을 통해 우리에게 그런 수단을 제공한다. 시간의 흐름이 우리에게 주는 치료 효과는 고마운 것이다. 덕분에 우리는 상처를 치유할 수 있고, 이를 통해 그림자 속에 묻힌 진실을 볼 수 있기 때문이다.

필자의 친구 매그너스(Magnus)는 전문 사진작가이다. 필자는 그와 함께 시간 보내기를 즐기는데, 거기에는 두 가지 이유가 있다. 먼저, 그는 함께 대화를 나누기에 더없이 재미있는 사람이다. 두 번째, 필자가 졸라대면 그의 비싼 사진장비를 갖고 놀 수 있도록 허락한다.

언젠가 그의 작업실을 방문했을 때, 매그너스는 전에 했던 작업에 대해 이야기해 주었다. 근처에 있는 어떤 제조업자가 비행기 조종사에게 비행법을 교육시키기 위해 사용되는 컴퓨터 장치인 새로운 모의비행 실험 장치를 촬영해 달라고 의뢰했다. 그러나 어떤 이유 때문에 매그너스는 그 일을 하면서 무척이나 어려운 지경에 빠져 있었다.

"조명이 완전히 잘못됐어." "나는 갖고 있는 모든 전구를 이용하여 이 물건을 찍었거든." 그는 사진 한 무더기를 필자에게 넘겨주면서 말했다. 그 사진은 눈보라가 맹렬하게 몰아치는 가운데 눈더미 꼭대기에 앉아 있는 거대한 국자와 아주 비슷한 모양이었다.

"재미있네. 사람들은 이것을 무엇이라고 생각할까?" 필자는 그에게 사진을 돌려주면서 말했다. "고민이 바로 그거야." 그가 대답했다. 그의 목소리에는 낭패감이 배어 있었다. "그런데, 문제가 뭐지?" 필자가 물었다. "그걸 알고 싶어." 그가 말했다. "그걸 알고 싶단 말야……."

한 달쯤 뒤에, 필자는 다시 매그너스의 작업실에 갔다. "괜히 깨뜨리기 전에 그걸 내려놓고 이리 오게. 자네한테 보여줄 게 있어." 귀에 익은 목소리가 들려왔다.

필자는 조심스럽게 몸을 돌렸다. 매그너스는 손에 사진 뭉치를 잔뜩 들고 서 있었다. "내가 말했던 모의비행 장치 기억하지?" 필자는 고개를 끄덕였다. "그러면 이것들 좀 봐." 그는 사진들을 넘겨주며 말했다.

이번 사진들은 처음 사진과 많이 달랐다. 각각의 사진들은 피사체의 복잡한 모양들을 아주 멋지게 보여주었다. 그것은 정말 아름다웠다.

그렇다면 전에는 무엇이 문제였을까? "그림자, 말하자면 대조였지." 그가 대답했다. "전의 사진에서는 대조가 전혀 없었어." 그의 말에 따르면 빛의 과다 사용이 문제였다. 매그너스는 이렇게 설명했다. "사진에서 피사체는 인생 그 자체와 같아. 아름다움이란 어느 정도의 어둠이 드리워졌을 때만 나타나는 것이지."

매그너스가 어디에서 그런 삶의 지혜를 배웠는지 모르지만, 그는 늘 그런 태도를 유지하고 있었다. 성공과 대비되는 실패가 없다면 성공의 충만한 기쁨을 절대로 알지 못한다. 고통을 먼저 알지 못하면 기쁨을 제대로 감상할 수 없다. 공기에 노출된 쇠처럼, 정신은 고통스러운 경험을 통해 아름다움이 충만한 존재로 단련된다.

인류 역사상 이제까지 발명되었던 것들을 모두 생각해 보라. 한때 문제라고 생각되었던 것들이 수많은 발명을 낳지 않았는가? 문제와 위기는 창조적 불길에 기름을 붓는다. 기름의 양이 많을수록 불꽃은 더욱 밝아진다. 위기는 서번트 리더에게 영감을 제공하여 인생을 변화시킬 수 있다.

이블린 글레니(Evelyn Glennie)를 처음 만났을 때, 필자는 그녀에게 뭔가 특별한 것이 있다는 것을 알았다. 필자는 그녀가 교향악단과 연습할 때 무대 옆에서 지켜보고 있었다. 그날 저녁에 그녀와 교향악단은 같이 공연하기로 예정되어 있었다. 그녀는 무대 앞쪽 가운데에 서서 105명의 악단 단원들과 지휘자에게 자신이 마지막 곡을 마칠 때 관객에게 전하고 싶은 느낌을 설명하고 있었다. 무대 위에 있는 모든 사람들, 그리고 그녀의 말이 들리는 곳에 있는 사람들은 그녀의 말 한마디 한마디에 귀를 기울이고 있는 듯했다. 그녀에게는 카리스마가 있었다. 아니, 이블린은 가수가 아니다. 그녀는 독주자다. 그것도 타악기 독주자다.

여기에서 고전음악 애호가가 아닌 사람을 위해 해둘 말이 있다. 일반적으로 타악기 연주자가 독주자 역할을 맡는 경우는 없다. 이런 점에서, 이블린은 자신의 분야에서 뛰어난 연주자 정도가 아니라 제일인자의 지위를 차지하고 있었다.

스코틀랜드 태생의 이 재능 있는 작곡가 겸 연주자는 평범한 타악기 연주자가 아니다. 이블린은 고전음악 역사상 최초의 전임 타악기 독주자라는 영예를 얻었으며 세계의 유명 관현악단, 실내악 연주단, 그리고 가수들과 협연했다. 어떤 연주회에서는 그녀가 개인적으로 한국·일본·인도·브라질·인도네시아 등지에서 모은 500여 가지 전통 악기 중에서 고른 10여 가지 다른 악기를 연주하기도 했다.

그녀의 맨발 연주는 스타일이 독특하다. 『뉴욕 타임스』(New York Times)의 비평가 존 록웰(John Rockwell)은 1993년 10월 3일자 리뷰에서 그녀의 공연을 다음과 같이 묘사했다. "이블린은 마치 체육과 음악을 합쳐서 공연하듯…… 장난꾸러기 요정처럼 무대 위에서 이리저리 뛰어다녔다." 영국의 『인디펜던트』(Independent) 지는 "거의…… 새로운 형태의 악극"을 창조했다면서 이블린의 독특한 연주를 평가했다.

1996년 그녀가 뉴욕 필하모닉(New York Philharmonic)과 협연한 뒤에, 『뉴욕 타임스』의 음악 비평가 제임스 외스트라이히(James R. Oestreich)는 "(그녀의 공연은) 뉴욕 필하모닉의 시즌 공연 중에서 가장 짜릿한 순간이라고 하기에 손색이 없다."고 쓰고, 이블린 글레니를 "연주자로서 정말로 뛰어난 사람"이라고 칭찬했다.

이블린 글레니는 역시 재능 있는 사람인 남편 그레그(Greg)와 함께 영화, 극장, 그리고 텔레비전용 음악을 작곡했다. 또한 여덟 장의 솔로 앨범을 녹음했고, 스물네 살의 나이에 자서전『호감』(Good Vibrations)을 출간했으며, 지금까지 최소한 세 개 텔레비전 다큐멘터리의 주인공으로 소개되었다. 그녀는 영예로운 훈장과 상장을 많이 받았다. 또한 서번트 리더로서의 역할을 이루기 위해서, 자신이 후원하는 대학의 상급 음악 세미나를 통해서 자신의 음악적 재능을 전 세계의 유망한 새내기 타악기 연주자들에게 전해 주고 있다. 남편 그레그의 뛰어난 첨단 과학기술 실력의 지원에 힘입어 인터넷에서 처음으로 '가상 타악기 연주 상급 음악 세미나'를 열기도 했다.

이블린은 삼십대 초반에 여성으로서 엄청난 업적을 이루었다. 그러나 그녀의 음악적 업적을 한층 더 위대하게 만드는 것은 유명한 라디오 방송인인 폴 하비(Paul Harvey)가 들려주는 '나머지 이야기'이다. 이블린 글레니는 열두 살이라는 어린 나이에 병으로 청각을 잃은 뒤에 지금까지 중증 청각장애인으로 살아왔다.

어렸을 적에 청각을 잃지 않았다면 이블린은 얼마나 큰 업적을 이룰 수 있었을까? 누군가 이렇게 묻는다면, 이블린은 이렇게 대답할 것이다. "전혀 그렇지 않다!"

이블린은 자서전에서 다음과 같이 썼다. "나는 수술이나 현재 이용할 수 있는 어떤 보청기로도 청력을 향상시킬 수 없다는 사실에 실망하지 않았다. 나는 침묵의 세계에서 살아가는 방법을 배웠으며, 한편으로 나 자신만의 듣기 방법 때문에 내가 아주 어렸을 때 경험했던 '정상적인' 듣기 방법보다 훨씬 더 좋은 감성을 얻을 수 있었다. 나는 몸과 정신의 모든 신경을 집중해야 했기 때문에, 음악을 아주 깊이 있게 들을 수 있었다. 나는 그것이 신께서 주신 고귀한 선물이라고 생각한다. 나는 그 특별한 선물을 잃고 싶지 않다."

필자는 언젠가 이블린에게 이렇게 물어본 적이 있다. "언젠가 획기적인 의술이 개발되어 다시 들을 수 있다면, 치료받을 생각이 있습니까?" "아니요. 청각장애는 나의 독특한 특성입니다. 나는 그것을 소중히 생각하며 버리고 싶지 않습니다. 나는 지금 이 상태로 있고 싶습니다."

이블린의 심오한 음악적 재능과 시각적으로 '정상적인' 대화를 수행할 수 있는 능력 덕택에, 대부분의 사람들은 아직도 그녀가 청각장애인이라는 사실을 전혀 눈치채지 못하고 있다. 그것은 이블린의 노력 덕택이었다. 그녀는 '어느 정도 용기가 있는 청각장애 소녀'로 기억되기보다는, 혼자 힘으로 고전음악의 역사를 바꾸어 가는 여인으로 알려지고 싶어 한다. 필자는 대부분의 사람들과는 다른 측면에서 이블린을 알고 있다. 그녀는 진정한 서번트 리더의 화신이다. 그녀는 자신만이 할 수 있는 방법으로 다른 사람들의 욕구에 봉사하기 위하여 온화한 마음과 동정심을 발휘하고 있다.

최근에 이블린을 보았을 때, 필자는 자신의 예술적 재능을 표현하는 방법으로 음악을 선택한 까닭을 물어보았다. 그녀는 음악을 선택함으로써, 어린 시절에 엄청난 개인적인 고통과 조롱과 무시를 받았을 것이다. 그녀의 대답은 필자의 예상대로였다. 그러나 많은 사람들은 그 대답의 의미를 잘 이해하지 못할 것이다. 서번트 리더의 특성 가운데 하나는 대부분의 사람들이 잘 이해하지 못하는 길을 선택한다는 것이다. 그러나 서번트 리더가 마음속으로 분명히 알고 있는 것은 그 길이 옳다는 것이다. 이블린의 경우에, 그녀의 운명은 화가, 조각가, 또는 한 친척이 순수한 마음으로 권했던 회계사가 되는 대신에 음악가가 되는 것이었다.

필자의 질문에 대한 이블린의 대답은 간단했다. "음악은 어린 나에게 매우 큰 기쁨과 평화를 안겨주었습니다. 기분이 우울할 때는 언제나 음악이 상처를 달래주었습니다. 나는 똑같은 선물을 다른 사람들에게 주고 싶었습니다. 그렇게 하는 것이 아무리 힘들더라도 말이지요."

이블린이 훌륭한 점은, 자신의 청각장애를 '특별한 선물'로 바라보기로 결정한 점이다. 그녀가 그런 관점을 선택했기 때문에 많은 사람들이 혜택을 얻을 수 있는 것이다.

이블린은 다른 사람들의 욕구에 봉사하는 데 초점을 맞춤으로써, 갑자기 찾아온 청각장애가 자기 인생에 미칠 참담한 영향을 없애버릴 수 있었다.

당신도 자신의 삶에서 문제처럼 보이는 축복은 없는지 한번 생각해 보라. 필자의 사진작가 친구처럼 자신이 장점이라고 생각하는 것을 비추는 데 너무 많은 에너지를 사용하느라고, 인생의 그림자 속에 숨은 경이로운 힘을 깎아내리고 있지는 않은가? 필자의 직장 동료가 어렸을 적에 당한 창피 때문에 그랬던 것처럼, 자신을 뛰어난 사람으로 만드는 데 활용할 수 있는 고통스러운 경험을 갖고 있지는 않은가? 이블린 글레니의 경우처럼, 위대한 업적을 이루는 데 이용할 수 있는 당신이 받은 **특별한 선물**은 무엇인가?

좋은 사람에게도 나쁜 일은 얼마든지 일어날 수 있다. 그것은 두말할 나위 없는 분명한 사실이다. 그리고 위기에 봉착했을 때 우리는 그 위기에 발목이 잡혀 추락할 수도 있고, 위기를 이용하여 한층 도약할 수도 있다.

평화를 찾으려면 지옥으로 가라

우리가 아주 오래 산다면 온갖 종류의 선과 악, 그리고 추악함을 경험할 수 있을 것이다. 여기에서 말하는 추악함이란, 스스로 생각하기에 너무도 곤란하고 불편하여 주변 사람들의 눈에 띄지 않게 하려는 성격·행동·결정·형편·사건 등을 말한다. 우리는 다른 사람들이 알면 곤란하다고 생각되는, 자신에 대한 부끄러운 정보들을 감추는 데 많은 에너지를 소모한다. 솔직히 말하자면, 너무 많이 소모한다.

필자는 그것이 비치볼을 물속에 잡아두려는 시도와 같다고 생각한다. 공의 크기에 따라서는 표면으로 떠오르지 못하도록 막기 위해, 혹은 다른 사람들의 눈에 쉽게 띄지 않게 하기 위해 있는 힘을 모두 동원해야 할 수도 있다.

우리가 자신에 대해 몹시 추하다고 느끼는 것도, 따지고 보면 그렇게 나쁘지 않은 경우가 대부분이다. 우리의 가장 큰 힘은 가장 고통스럽고 창피한 경험에서 나오기도 한다. 그러나 그런 힘은 자신에 대한 모든 것을 표면화시킬 때만 드러난다. 공을 놓을 때 비로소 공을 억누르기 위해 썼던 힘을 되찾는 것이다. 우리의 성장을—때로는 수년 동안—제한해 왔던 장애물로부터 벗어날 때, 우리는 새롭게 발견한 여분의 힘을 다른 사람들의 욕구에 봉사하기 위해 쓸 수 있다. 우리는 단순히 에너지를 악한 쪽에서 선한 쪽으로 옮기기만 하면 된다. 여기서 악이란, 자신을 나쁘게 느끼도록 만들어서 정당하게 주어진 재능을 발견하지 못하게 하는 것을 말한다.

필자는 우리의 인생에서 그러한 비치볼을 세상이 볼 수 있도록 밖으로 내보이는 것이 얼마나 힘든 일인지 잘 알고 있다. 필자조차도 아주 최근까지 과거의 일부분을 가슴속 깊은 곳에 감추고 있었다. 그것이 세상에 알려져서 엄청난 수치심을 느끼게 될까 봐 두려웠기 때문이다. 비록 그 기간은 짧았지만, 그것과 관련된 사건들은 필자의 성격 형성과 오늘날 필자의 생활을 제한하는 데 큰 영향을 미치곤 했다. 그 시기를 되돌아보면서 필자는 축복과 저주를 동시에 느낀다. 필자가 얻었던 지식과 필자가 교육을 위해 지불한 대가는 뇌리에서 벗어나지 않는 집요한 유령이 되기도 하고, 가장 강력한 동맹군이 되기도 했다.

필자가 지금 말하고 있는 사건은 스무 살이 조금 안 되었을 때 일어났다. 그때, 필자는 10년 된 암녹색 포드 선더버드의 뒷좌석에서 살고 있었다. 휠캡은 세 개뿐이며, 타이어는 낡았고 브레이크는 불량이었다. 필자는 그 속에서 살았다. 일하던 직장의 주차장에서 모든 소지품과 함께 차를 도둑맞을 때까지.

모든 것이 무너져 내리던 날

살을 에듯 차가운 겨울비가 내리던 날, 몸을 겨우 덮고 있는 얇고 낡은 진 재킷이 흠뻑 젖은 상태에서 필자는 아무 감정 없이 빈 주차장을 응시하며 서 있었다. 야간 근무가 시작되기 불과 8시간 전에, 거기에 차를 두었었다. 완전히 맥이 풀린 필자는 길바닥에 주저 앉고 말았다. 바닥에서 흐르는 차가운 빗물이 신발에 스며들어 발을 찌르는 듯했으나, 넋이 나가버린 필자는 거기에 신경 쓸 여유가 없었다. 눈은 멍청하게 땅에 고정되어 있었고, 감각은 절망의 구렁텅이로 빠져들면서 마비되었다. 필자의 세계는 이음매가 갈기갈기 찢겨 나가고 있었다.

길가에 있는 신문판매기의 먼지 낀 창을 통해 조간신문의 머리기사가 보였다. "경기 후퇴, 끝이 보이지 않는다." 머리기사 바로 아래에는 다른 제목이 경고하고 있었다. "휴일 쇼핑이 단 이틀 남았습니다." 어느 것도 필자에게는 중요한 문제가 아니었다. 그 순간에는 전혀 중요하지 않았다. 필자는 절망과 자기연민의 바다에 빠져 허우적거리고 있었다.

필자는 건강이 좋지 않았다. 격심한 복부 경련과 통증, 시도 때도 없는 설사 등을 일으키는 궤양성 대장염과 눈을 뜰 수 없을 정도의 편두통으로 고통받고 있었다. 필자가 잡역부로 일하고 있던 병원의 의사는 필자의 병이 스트레스 때문일 가능성이 아주 높다고 말했다. 고용자 건강상담소의 한 의사는 이렇게 말했다. "이봐, 자네는 아직 십대야. 젊은 사람이 무슨 스트레스를 그렇게 많이 받았나?" 필자는 맺힌 눈물을 삼키기 위해서 눈을 감고 이를 악물었다. 이것이 마지막 일격이었다. 필자는 인생의 바닥으로 내동댕이쳐졌다. 그리고 모든 것이 무너져 내렸다.

부정적인 생각과 감정들이 밀물처럼 몰려들었다. '도대체 무슨 소용이란 말인가. 나는 결코 성공할 수 없을 것이다. 더 이상 낼 힘도 없다. 이 저주받은 인생은 좋은 일을 받아들일 자격이 없는가 보다.' 필자는 자기연민에 빠져서, 마치 눈 뒤에 있는 비밀 스크린에 영화를 상영하듯 지나온 인생 이야기를 펼쳐보았다.

즐거웠던 지난날의 크리스마스가 떠올랐다. 휴일 축제의 기대감, 여러 가지 모습들, 소리들, 냄새들, 그리고 가정의 편안하고 따뜻한 기운으로 가득 찬 분위기였다.

아버지는 필자가 어렸을 적에 돌아가셨다. 아버지가 생전에 붓던 보잘것없는 보험 증서로는 장례비용으로 쓰기에 넉넉할 정도의 돈밖에 지불되지 않았다. 간호사였던 어머니에게 남은 것이라고는 세 자식들, 새로운 양도 저당 증서, 지불해야 할 청구서 더미, 그리고 상한 심장뿐이었다.

아버지가 돌아가신 후, 필자는 닥치는 대로 생활했고 어디에서든 말썽을 일으켰다. 필자가 제대로 할 수 있는 것은 거의 없어 보였다. 곧게 뻗은 좁은 길을 따라 영원히 빗나가는 일만 남은 듯했다. 필자가 열네 살이 되자 어머니는 아는 사람을 통해서 필자를 근처 병원의 잡역부로 취직시켰다. 필자는 학교가 끝나면 병원으로 가야 했다. 거기에서 필자는 앞으로의 인생에 큰 영향을 미칠 서번트 리더들을 많이 만났다.

제임스 갈로(James Gallo) 박사는 키가 비록 170센티미터도 안 되었지만 거인이었다. 세계적으로 유명한 암 전문의인 갈로 박사는 그때 은퇴했지만 응급실에서 비상근으로 활동을 계속하고 있었다. 필자가 일하게 된 곳이 바로 응급실이었다. 갈로 박사는 성공한 사람이었다. 그와 그의 아내는 뉴욕 턱시도 공원의 고급 주택가에 있는 방 52개짜리 대저택에서 살고 있었다. 컬럼비아 대학 의과대학을 졸업한 최초의 이탈리아계 미국인 가운데 한 사람인 그는, 미국에서 아주 일찍이 종양 클리닉을 개설했다. 그는 동료들과 환자들 모두에게 따뜻한 칭찬과 존경을 받았다. 그는 자기 일 속에서 인생·사랑·희망·행복을 찾았으며, 일을 통해서 그 선물을 수천 명의 다른 사람들에게 나누어주었다.

정신없이 움직이는 응급실이 잠시 한가해질 때면 그와 필자는 긴 대화를 나누었다. 그는 가난한 집에서 태어난 이야기, 뉴욕의 유태인 거주 지역에서 어렵게 자란 이야기, 이탈리아에서 이민 온 사람들을 향한 적대감이나 증오심과 맞서 싸운 이야기, 1930년대에 세계를 강타했던 공황 시기에 어렵게 대학을 마쳤던 이야기 등 살아오면서 겪었던 수많은 일들을 들려주었다.

자신의 이야기와 행동을 통해서, 갈로 박사는 필자에게 자신의 인생을 다른 사람들에게 헌신하며 살아가는 사람들에게 주어지는 선물들을 보여주었다. 그는 필자의 인생에서 가장 가치 있는 교훈을 가르쳐 주었다. 바로 **다른 사람에게 봉사하는 것에서 자신의 길을 찾아낸 사람에게는 불가능이란 없다**는 것이었다.

고등학교를 졸업하고 나서 필자는 세 군데의 직장에서 일을 했다. 하나는 종일 근무였고, 나머지 두 가지는 시간제 근무였다. 그러면서도 대학에서 모든 과목을 이수했다. 그리고 직장에서 멀지 않은 작은 아파트에 살았으며, 중고 소파식 침대와 비싸지 않은 전축을 장만했다. 필자 자신의 힘으로 자랑스럽게 살아간 것이다. 일도 잘 되어 갔다. 그런데 그때, 행복이라는 퍼즐의 조각들이 허물어지기 시작했다.

1970년대의 경기 후퇴 바람이 무섭게 몰아치기 시작했다. 박사 학위를 가진 사람이 택시를 몰고 식당 종업원으로 일했다. 기업들은 오로지 살아남기 위해 너나 할 것 없이 직원들을 수천 명씩 해고했으며, 필자도 그런 통계 수치 속의 한 사람이 되었다.

필자가 종일 근무로 일하던 유일한 직장을 잃고 2주일이 지난 뒤에는 아파트에 도둑이 들어서 새 가재도구들이 몽땅 없어졌다. 하는 수 없이 다시 바닥에서 자야 했다. 그리고 기분 전환을 위해 음악을 들으려면, 필자의 방과 건물 관리인의 방 사이의 얇은 벽을 통해 희미하게 들려오는 자니 캐시(Johnny Cash)의 목소리에 귀를 기울여야 했다. 관리인은 짐(Jim)이라는 사십대 중반의 친절하고 홀쭉한 사람이었다.

비교적 많은 임금을 받던 공장의 일자리를 잃고 두 달이 지나자 돈이 빠른 속도로 떨어져 갔다. 필자는 필자가 할 수 있는 유일한 일, 즉 병원 잡역부로 다시 돌아갔다. 그러나 거기에서는 야간 근무밖에 할 일이 없었으며, 그것도 시간제였다.

대학의 수업료, 책값, 그리고 주전부리와 같이 몸에 붙어버린 몇 가지 나쁜 습관들 때문에, 얼마 되지는 않지만 겨우겨우 모아놓았던 저축금이 빠른 속도로 없어졌다. 시간제로 일해서 받은 최소한의 임금은 집세 내는 날이 돌아오기 전에 늘 바닥이 났다.

이런저런 임대료와 집주인 때문에 필자는 '다른 주거 공간'을 마련해야 했다. 그때가 바로 차로 이사한 때이다. 그리고 차를 도둑맞을 때까지 개인 소지품과 함께 그 춥고 쓸쓸한 12월의 밤들을 거기서 '살았다.' 느닷없이 불어온 강풍에 필자는 집을 잃고, 차를 잃고, 소지품까지 잃었다. 세 가지 '잃음'은 필자에게 강타를 휘두르고는 '너는 끝장이야.'라고 외쳤다!

어머니가 계신 집으로 달려가는 것은 생각할 수 없었다. 친구도, 가족도, 아무도 필자의 어려운 처지를 몰랐다. 그것은 필자의 의도였다. 당시에 필자의 자존심은 합리적인 사고보다 훨씬 더 강했다. 모든 사람들이 필자는 일을 잘 해낸다고 믿도록 유도했다. 게다가 어머니는 필자에 대한 걱정 말고도 걱정해야 할 일이 너무 많았다.

필자는 청춘 시절에 최악의 수준으로 떨어졌다. 필자가 앉아 있는 곳은 길바닥이었으며 춥고, 배고프고, 구역질나고, 지긋지긋한 편두통으로 인한 고통에 몸부림쳤다. 남은 것이라고는 등에 걸친 낡은 옷가지뿐이었다.

거리 생활은 특히, 순진하고 교외 지역에서 거의 살아본 적이 없는 소년에게는 쉽지 않았다. 살기 위해서 필자는 전혀 새로운 교육을 받고, 전혀 새로운 기술들을 익혀야 했다. 공짜로 안전하게 자고 목욕할 수 있는 곳을 찾아야 했고, 공짜나 아주 싸게 밥 먹을 수 있는 방법도 알아야 했고 폭행이나 강도, 심지어 살해의 위험으로부터 벗어나는 방법도 알아야 했다. 그 중에서 가장 힘든 일은 거짓말이었다. 필자는 비용이 얼마가 들든 현재의 모습을 유지해야 했다. '뜨내기 부랑자'를 종업원으로 쓰고 싶어 하는 고용주는 많지 않았다. 당시에 만나던 몇 안 되는 친구들과도 서서히 멀어졌다. 같은 사람들과 늘 같이 지내는 것은 너무 위험하다고 생각했다. 누군가 덜컥 필자의 아파트에 오겠다고 할지 모른다는 두려움 때문이었다. 전에 살았던 낡은 건물의 관리인은 아주 친절했다. 그는 필자에게 온 우편물을 보관하고 있다가 필자가 가면 건네주곤 했다.

필자는 그때 인생에 대해 많이 배웠다. 대부분의 사람들이 인생의 특정한 시기에 깨닫게 되듯이, 필자는 스스로 생각해 왔던 것보다 훨씬 더 회복력이 빠르고 많은 일을 할 수 있음을 알았다. 또한 사람에 대한 일종의 육감을 계발했다. 누가 믿을 수 있는 사람이고, 믿을 수 없는 사람인지 알게 된 것이다. 어두운 골목에서 낯선 사람이 필자를 향해 걸어올 때, 그가 도움을 줄 사람인지 해를 끼칠 사람인지 찰나의 순간에 파악해야 했다. 그것은 전적으로 교육이었다. 결코 자의로 선택한 것이 아니었으며, 다른 사람에게 절대로 말하고 싶지 않은 교육이었다. 그것이 필자가 평생 동안 이 시기에 대해 다른 사람, 심지어 가장 가까운 사람에게도 알려지지 않도록 무척 노력한 까닭이다.

자기 아내에게, 그녀가 결혼한 남자가 한때 쓰레기통을 뒤져서 음식을 먹고 목욕도 하지 않은 채 며칠을 지냈다는 사실을 말하기는 어렵다. 게다가 파란만장한 필자의 인생 역정이 회사 동료들이나 고객들—그들 대부분은 아이비리그(Ivy League) 학위 소지자이며, 그에 걸맞은 사회 경력을 갖고 있다—과 발전시켜 온, 잘 가꾸어진 인간관계에 미칠 충격에 대해서는 꿈에라도 생각하고 싶지 않았다. 필자의 과거는 혼자서 간직해야 하는 고통스러운 비밀일 뿐이었다.

불행하게도, 이 중요한 비밀을 유지하는 데 드는 압박감은 나이가 들수록 더 무거워졌다. 우리의 과거를 비밀에 묻어두고 그것을 철저하게 지켜야 할 때의 문제점은, 그것을 공개하여 효과적이고 객관적으로 처리할 수 있는 기회를 절대로 가질 수 없다는 것이다. 문제를 숨기는 것, 특히 자신으로부터 숨기는 행위는 문제 자체, 그리고 그 문제가 삶과 인간관계에 미치는 영향을 비판적으로 분석할 수 있는 자신의 능력을 무시하는 짓이다. 거리 생활에 많은 도움을 주었던 생존 중심의 사고방식은 서번트 리더로서의 필자의 잠재력을 발견하는 데 큰 장해물이 되었다.

고통스런 과거 속에 숨겨진 놀라운 선물

생존 중심으로 일을 할 때는 어떤 대가를 치르든, 가능한 모든 것을 축적하는 데 관심이 모아진다. 필자는 찾아오는 모든 기회를 이용한다는 생각으로 다른 사람들을 대했다. 지금 생각하면 구역질나는 짓이었지만, 그것이 필자의 주위 사람들에게 미치는 영향 따위는 상관하지 않았다. 오직 필자에게만 이익이 되는 방법으로 사업을 했다. 그 때문에 다른 사람들이 손해를 보더라도 그것은 그들 문제일 뿐이라고 치부했다. 필자가 이익을 줄 수 있는 사람은 찾지 않고, 필자에게 이익을 줄 수 있는 사람을 찾았다. 그 결과 필자는 서번트 리더의 지도력과는 정반대인 삶을 살아왔다. 그리고 불행했다.

삶에 대한 이런 자기중심적이고 생존 중심적인 접근 방법은, 필자가 수년 동안 고통받았던 수많은 육체적·감정적·정신적 질병의 근원이었다. 과거의 어두운 세월들이 공개된 후에야 필자는 비로소 필자 자신의 행동이 얼마나 이기적이고 무자비했는지 알 수 있었다. 자신이 누구이고 어떻게 살아왔는지 그 일부를 숨기는 과정에서, 필자 자신은 서번트 리더로서의 역할을 추구하는 데 최악의 장해물이 되었다.

자신의 과거를 계속 숨겨야 한다는 스스로 부과한 짐은 당연히 일, 인간관계, 자아상, 내부 평화에 대한 감각, 그리고 그 이상의 모든 것에 해로운 영향을 미쳐왔다. 그러면서도 필자는 억누르는 것을 포기하고 공이 올라가도록 내버려 둬야 한다는 당위성과 몇 번씩 필사적으로 싸웠다.

마침내 필자가 수년 동안 필자의 발목을 잡고 있던 멍에에서 벗어날 수 있었던 것은 바로 서번트 리더십의 개발을 통해서였다. 일단 해내고 나자, 필자의 모든 세계는 이전에는 가능하다고 생각 조차 하지 않았던 방향으로 바뀌기 시작했다.

필자가 고통스러운 과거의 일부를 밝히는 이유는 딱 한 가지다. 우리는 모두 각자의 삶에서, 너무 추악해서 세상에 드러낼 수 없다고 생각하는 부분을 하나씩은 갖고 있기 때문이다. 무엇인가를 세상 사람들의 눈에 띄지 않게 하려는 노력은 우리의 발목을 잡는다. 비록 추악한 부분이 필자가 위에서 말한 경우와 같이 평범한 경우가 아닐지라도 결과는 마찬가지다. 좋은 일에 쓸 수 있는 고귀한 에너지를 자신과 주위 사람들에게 해를 끼치는 데 쓰고 있는 것이다.

공이 올라가도록 해야 한다. 다시 말해서, 텍사스 주의 댈러스 출신인 필자의 친구 주아넬 티그(Juanell Teague)가 즐겨 말하듯이 "이봐, 진실을 말해야 해. 한시라도 빨리 말이야." 그렇게 할 때, 당신을 둘러싼 모든 세계는 더욱 좋게 변할 수 있다.

영혼의 안내에 따르라

인간의 속성을 구성하는 모든 특질 중에서 정신적 측면이 가장 강력하다는 주장에 논란의 여지가 있는 것은 사실이다. 또한 정신적 측면이란 분명하게 이야기하기 힘든 부분이기도 하다. 그러나 우리는 정신적 측면이 어떻게 작동되는지는 잘 모르지만, 정신이 삶에 가져다주는 풍요로움에 대해서는 어느 정도 알고 있다.

우리는 정신 수준의 고양과 침체, 증대와 상실을 모두 경험해 봤다. 또한 우리는 승리의 달콤함을 맛보며 성취라는 귀중한 경험을 공유하기도 하고, 패배로 인한 절망과 쓰라린 고통도 느껴보았다. 다른 사람들과 '연결'될 때는 일체감을 느끼기도 하지만, 그 반대일 때는 깊고 따분한 고독의 아픔을 겪기도 했다. 비록 찰나의 순간이기는 하지만—폭풍우 직후의 바람 냄새나 서늘한 여름밤의 감미로운 평화와 같은—삶에서 누구나 얻을 수 있는 정신적인 경이로움을 경험해 보기도 했다. 우리들 각자는 일생에 최소한 한 번쯤은 자신과 우주 사이에서, 오르가즘에 가까운 정신적 일체감을 경험한다. 예를 들어, 차를 몰고 집으로 가는데 길에 있는 신호등이 당신이 접근하기만 하면 녹색으로 바뀔 때와 같이, 우주가 마치 마술처럼 우리를 위해 일하는 듯한 느낌을 받는 때가 있다.

우리는 또한 왠지 모르게 거북하거나, 지금 가고 있는 길에서 이탈하여 새롭고 조금 낯선 곳으로 가고 싶은 내면적 충동을 느끼는 경우도 있다. 즐겁고 평화로운 느낌과 마찬가지로 이 불편한 느낌은 주변에서, 그리고 우리 내부의 깊은 곳에서 동시에 발산되는 것 같다.

평안과 불안, 즐거움과 고통, 일치와 불일치 등의 이러한 느낌들은 동일한 근원, 즉 우리의 영혼에서 비롯된다. 영혼은 인성을 정신적 측면과 연결해 주는 결합체이자, 우리가 삶의 목표로 향하는 길에서 벗어나지 않도록 설계된 내적 안내 시스템이다.

삶의 목표는 무엇인가? 우리들 각자가 선택하는 인생의 목표는 저마다 다를지라도 우주의 욕구라는 관점에서 본다면, 인성의 궁극적인 목적은 각자의 삶을 서로의 욕구를 충족시켜 주는 데 투여하는 것이다. 그 증거로 필자가 이제까지 관찰한 바를 제시한다. 필자는 가능하면 평이하게 서술하고자 한다. 필자가 다른 사람의 욕구를 충족시키는 데 집중할 때, 필자의 인생은 활기에 가득 차 있다. 반면에 필자가 이기심, 즉 본능적 자아의 '생존' 욕구가 필자의 삶을 지배하도록 방치할 때 필자의 인생은 난장판으로 변한다.

다른 사람의 욕구를 충족시켜 줄 수 있을 때, 우리는 다른 방법으로는 얻을 수 없는 인간적 성취감을 경험한다. 다른 사람들에게 봉사함으로써 얻는 느낌은, **삶의 의미**라는 말로 표현될 수 있다. 다른 사람들의 욕구를 충족시켜 주는 것이 우리 삶에 의미를 가져다 준다는 뜻이다.

생활에 **활력**을 불어넣는 것이 바로 삶의 **의미**이다. 삶에 대한 의미를 가질 때 우리는 성취감·즐거움·만족감·보람을 느낀다. 의미는 우리의 삶과 일에 목적을 가져다준다. 의미가 없다면, 우리는 내적 공허감을 느끼게 된다.

나치 치하에서 죽음의 수용소에 수감된 적이 있는, 실존 분석적 정신 요법(Logotherapy) 분야의 선구자인 프랭클 박사의 이야기를 상기해 보자. 지옥에 수용되어 있는 동안, 프랭클은 비인간적인 상황을 감내하도록 강요당하는 인간들의 모습을 직접 관찰할 수 있는 기회를 가졌다.

이들 비참한 영혼들 가운데 일부는 살아남았으나, 대부분은 살아남지 못했다. 왜? 프랭클은 이 질문에 부닥쳐, 인간 정신의 내면 깊숙이 자리 잡고 있는 '그것'이 인간의 생명에서 얼마나 중요한지 밝히기 위해 매진했다. '그것'은 '의미'였다. 프랭클은 생존이 육체적인 체력과 거의 관계없다는 것을 알았다. 오히려, 생존에 큰 영향을 미치는 것은 정신적인 측면이라고 할 수 있다. 그가 발견한 바에 따르면, 생존은 다른 어떤 요인보다도 '의미와 목적을 발견할 수 있는 인간의 능력'에 의해 더 많이 결정되었다.

의미 속의 인생, 인생 속의 의미

프랭클의 작업은 '의미'가 인간의 삶에서 가장 중요하다는 것을 보여주고 있다. 삶의 의미를 잃었을 때, 우리는 삶의 기쁨과 살아가는 흥미를 잃게 된다. 목적과 의미, 심지어 그에 대한 가능성마저도 잃는다면, 우리는 죽음의 수용소에 갇혀 있던 사람들이 그랬던 것처럼, 삶 자체를 포기할 수도 있다.

투쟁과 생존에만 관심을 집중한다면, 삶의 의미를 찾기 어렵다. 프랭클은 자신이 겪는 고난의 의미를 찾고, 자신뿐만 아니라 주위 사람이 필요로 하는 것에까지 관심을 넓힐 수 있는 자신의 능력 속에서 의미를 발견했기 때문에 목숨을 부지할 수 있었다고 했다. 프랭클은 다른 사람들의 욕구를 충족시켜 주겠다고 굳게 결심한 뒤, 일신의 고통을 제쳐두고 인간에 대한 연구에 착수했으며, 그 결과 의미 없이 지나칠 수도 있었던 주변의 잔혹 행위 뒤에 감춰진 보물을 발견할 수 있었다. 그가 연구를 통해 도출해 낸 의미는 광기·절망·죽음의 바다에서 그에게 구명보트와 같은 역할을 했다.

우리가 진정으로 다른 사람들의 욕구를 충족시켜 준다면, 그 일을 통해 얻는 의미는 평범한 일상에 새로운 활기를 불어넣을 수 있다. 자신이 어떤 일을 하는 진정한 이유를 알지 못한다면, 의미는 우리가 눈치채기도 전에 어느덧 우리의 삶에서 떨어져 나가게 된다. 우리가 본능적인 성향에 따라 자기 이익에만 급급하고, 자신에게 일어나는 문제에만 신경 쓸 때 바로 그런 일이 일어난다.

얼마 전에, 필자는 고객 가운데 한 사람인 완다 펄먼(Wanda

Pearlman)의 사무실에 있었다. 완다는 가정 건강관리 센터의 관리자였으며, 그 방면에서는 뛰어난 능력을 발휘하고 있었다. 우리는 바로 이 주제에 대해 이야기하고 있었는데, 그녀는 필자에게 자신이 겪은 이야기를 들려주었다.

완다는 얼마 전에 기분이 무척 가라앉은 적이 있었다. 거의 최악의 상태였다. 그날 출근하고 나서 한참이 지날 때까지 그녀는 책상 위에 놓인 새 결재 서류들을 들춰 보지도 않았다. 오전 내내 울리는 전화에서는 골치 아픈 문제들만 들려왔다. 이쯤이면 그녀의 상태가 얼마나 심각했는지 짐작할 수 있을 것이다.

한때 그녀가 좋아했던 일이, 목적 없이 무한 반복되는 의미 없는 일처럼 보이기 시작한 것이다. 일은 쌓여갔고, 의욕은 밑바닥이었다. 처리할 일은 쌓여가는 반면, 처리되는 일의 양은 점점 줄어들었다. 그녀는 더 이상 참을 수 없게 되었다. 햇빛이 사무실 창문을 통해 들어오는 정오에, 어제까지 생동감 넘치는 유능한 관리자였던 그녀는 의자에 앉아서 손으로 얼굴을 감싸고 흐느끼고 있었다. '도대체 무엇 때문에 나는 스스로를 죽이고 있단 말인가?' 완다는 생각했다.

혼자만의 슬픈 행사를 치르고 있을 때, 인터폰이 울렸다. 예상치 못했던 손님이 그녀를 보기 위해 기다리고 있었다. 완다는 사무실 문을 열었다. 대기실에는 이십대 중반의 남자가 어린 사내아이와 함께 앉아 있었다. 완다가 자신을 소개하자 그 남자는 느닷없이 의자에서 일어나 그녀를 안았다. 젊은 남자는 눈에 눈물을 잔뜩 머금은 채 설명했다. "당신이 우리 가족에게 베풀어 준 은혜에 대해 뭐라 감사의 말씀을 드려야 할지 모르겠습니다." 그는 자기 이름을 말했다.

그의 이름을 듣자 완다는 모든 것이 기억났다. 그들은 전에 만난 적은 없었지만, 전화로 통화한 적은 있었다. 2년 전에 그의 아내는 뇌종양으로 죽어가고 있었다. 그의 아내는 당시 스물세 살에 불과했다. 아내가 종양 말기라는 진단을 통고받았을 때 막 아들이 태어났다.

완다는 가장 기본적인 가정 건강관리가 이루어질 수 있도록 그 남자가 가입한 보험회사와 싸워야 했던 사실이 기억났다. 그런 일은 이전에 다루었던 수천 가지 사안과 크게 다르지 않은 평범한 일이었다.

그 젊은 남자는 완다에게 말했다. "당신의 노력 덕분에 우리 부부는 이승에서 얼마 남지 않은 몇 달 동안 사랑과 평화를 나누며 살 수 있었습니다. 아내는 병원 무균실이 아닌, 집에서 사랑하는 사람들에게 둘러싸여 편안하게 이승을 떠날 수 있었습니다."

젊은 남자의 이야기를 들으면서 완다는 흐느끼기 시작했다. 순간적으로 자신의 일에서 삶의 의미와 목표를 발견한 것이다. 평화의 물결이 밀려들어 왔고, 갑자기 마음의 고통이 치료되는 것을 느꼈다.

완다가 말했다. "그 이후 그날은 하루 종일 구름 위로 떠다니는 기분이었습니다. 나는 그 젊은 남자의 말을 간호 직원들에게도 들려주었습니다. 나와 마찬가지로, 그들의 눈에서도 의미라는 빛이 반짝이는 것을 보았습니다. 우리는 모두 삶의 의미를 느끼며 살 필요가 있습니다. 우리의 투쟁과 노력이 자신이 아니라 다른 누군가에게 아주 중요하다는 사실을 느껴야 합니다."

"당신은 오늘 뭔가 특별한 일을 할 것이다"

자신의 직업에서 진지한 의미를 찾는 것은 건강관리를 해주는 사람이나 남을 돕는 일에 종사하는 사람들에게만 한정되지 않는다. 필자는 바쁜 와중에도 고속도로 톨게이트를 지나가는 모든 사람들에게 따뜻한 미소로 진심어린 격려의 말을 건네는 요금 징수원을 알고 있다. 이를테면, 그는 바로 오늘 아침에 필자에게 "오늘 선생님은 뭔가 특별한 일을 하실 것 같은데요."라고 말해 주었다.

필자는 차를 멈추고, 그에게 대부분의 사람들이 평범한 일이라고 말할 법한 자신의 직업에 대해 어떻게 생각하는지 물어보았다. 그는 이렇게 대답했다. "우리 할아버지께서는 제게 늘 '서니(Sonny), 네가 만나는 사람마다 그들이 마음의 상처를 안고 있다고 생각하고 대한다면, 너는 대부분의 시간을 헛되지 않게 보낼 수 있을 것이다.'라고 말씀하셨습니다. 나는 그 말씀을 절대로 잊지 않았습니다. 그것이 내가 지금 이 일을 하는 이유입니다. 우리는 다른 사람에게 어떤 일이 일어나고 있는지 절대로 알 수 없습니다. 다만 제가 알고 있는 것은, 적절한 때에 듣게 되는 뜻밖의 몇 마디 격려가 저를 오랫동안 기분 좋게 만들 수 있다는 것입니다. 그리고 제가 다른 사람들에게 그런 기쁨을 주었을 때, 저도 아주 뿌듯한 기쁨을 느낍니다."

서니는 참으로 훌륭한 사람이자 서번트 리더의 본보기이다. 그의 친구 가운데 한 명이 덧붙였다. "서니는 비번인 날에는 빈민가에 가서 어린아이들에게 글 읽는 방법을 가르쳐 줍니다. 심지어 자기 집 근처에 사는 낯선 은퇴 노인들의 집을 방문하기도 합니다." 그러나 서니 같은 만성적인 낙천주의자들도 보통 사람들처럼 우울할 때가 있을 것이다.

인정하고 싶든 그렇지 않든, 우리들은 때때로 삶의 의미를 잃어버린다. 우리는 본능의 힘, 그리고 끊임없이 변하는 세계의 힘에 이끌려 어느덧 자기 길에서 벗어나게 된다. 변화의 바람과 끊임없이 이어지는 인생 문제라는 자욱한 안개는 우리의 생존 본능을 자극한다. 그리고 우리 내부에 침입하여, 다른 사람들에게 봉사하려는 욕망을 밀어내고 자기만을 위한 길로 나서게 한다. 본능과 우발적인 사건이 이끄는 방향으로 계속 나아간다면, 우리는 마치 어두운 바위투성이 해안에서 길을 잃은, 선장 없는 배처럼 파멸로 향할 것이다.

헛다리 짚기

인생에서 의미를 찾고자 할 때 우리들이 저지르기 쉬운 실수는, 잘못된 방법으로 잘못된 장소에서 그것을 찾으려고 한다는 점이다. 우리는 익숙한 것—즉 권력, 사회적 지위, 역할, 그리고 우리의 목표와 성취, 또는 우리가 끔찍할 정도로 소중하게 간직하고 있는 물질적 소유물—속에서 삶에 대한 의미를 찾는다. 이렇게 잘못된 곳에서 삶의 의미를 찾게 될 때, 우리는 무의미·낙심·절망으로 가는 지름길로 접어들게 된다.

우리가 아무 의심 없이 삶의 의미라고 몰아갔던 이런 것들은 곧 변할 뿐만 아니라 갑자기 사라질 수도 있다. 변화는 필연이다. 우주는 늘, 그리고 갖가지 방법으로 변한다. 우리는 그것을 멈출 수 있었으면 하고 바라기도 하지만, 우리가 할 수 있는 것은 아무것도 없다.

자기 삶의 모든 의미를 자식 양육에 두는 어머니들은 그 아이들이 갑자기 자신을 더 이상 필요로 하지 않는다는 것을 알게 된 순간에 고통을 느낀다. 직업이나 인간관계에서 삶의 의미를 찾는 사람의 경우도 마찬가지다.

그러다가 절망에 빠진 나머지, 수없이 많은 '성공학' 박사들에게 잘못 빠져드는 사람들도 있다. 이 성공학 박사들은 섣부른 지식을 바탕으로, 인생 전체의 의미를 성공과 연관시키라고 가르친다. 그러나 성공이란, 일단 이루고 나면 목적과 의미를 위한 수단으로써는 아무 효과를 발휘하지 못한다. 의미와 목적은 목표에 이르기 위해 애쓰는 과정에서만 발견될 수 있다.

필자는 뛰어난 전략가인 어떤 육군 장군의 이야기를 들은 적이 있다. 그는 평생을 자기가 얼마나 똑똑하고 훌륭한 지휘관인지 증명하는 데 몰두했다. 그는 탁월하게 계획한 공격을 완벽하게 실행하여 전쟁을 승리로 이끌었으며, 동료들 사이에서 영웅이 되었다.

그는 전쟁에서 이겼다. 그러나 평생의 임무를 완수한 순간, 그는 살아갈 목적을 잃고 말았다. 그는 결국 절벽 꼭대기로 올라가서는 몸을 던졌다고 한다.

절대로 삶의 모든 의미를 고정된 사물이나 이상에 연결시켜서는 안 된다. 인생의 목표는 비전, 즉 변화하는 우주에 유연하게 적응할 수 있는 것에 두어야 한다.

그렇다면 매우 강력한 목표가 있어서, 그로 인해 무의미라는 검은 심연으로 다시 가라앉는 일이 없도록 한다면 어떨까? 또한 우리가 길을 벗어날 때 그 사실을 일러주고 다시 제자리로 돌아가도록 안내할 수 있는, 일종의 경고 장치를 갖고 있다면 좋지 않을까? 우리는 사실상 이 두 가지를 모두 갖고 있다.

인생이 퍼즐이고, 우리가 퍼즐 조각이라면

우주의 모든 것들은 나름대로 존재의 목적, 존재의 이유를 갖고 있다(어쩌면 편도선과 정치가들은 예외일지도 모르겠다). 인생이 퍼즐 맞추기이며 우리들은 그 퍼즐의 조각이라고 생각해 보자. 퍼즐 조각들 가운데 형태나 크기, 또는 색깔이 똑같은 것은 하나도 없다. 각각의 조각들은 독특하다. 우리의 경우도 마찬가지다. 이제까지 지구상에 태어난 사람들 가운데 완전히 똑같은 사람은 없었다. 우리들은 겉으로 보이는 것보다 훨씬 더 복잡하다.

우리를 특별하게 만드는 것은 우리의 겉모습 아래에 깊이 감춰져 있다. 다른 사람들과 구별되는 우리만의 독특한 점은 눈에 보이지 않으며, 우리 자신조차도 그것을 제대로 볼 수 없다.

퍼즐 맞추기의 한 조각은 독립적으로 존재하도록 만들어지지 않는다. 각 조각들은 전체 그림에서 특정한 자리를 갖고 있다. 조각들이 제자리를 찾지 못하면 전체 그림은 미완성으로 남는다. 각각의 조각들이 서로 잘 맞물릴 때만 실체를 가진, 의미 있는 통일체가 탄생된다. 인간의 경우도 마찬가지다. 우리가 서로의 차이점을 맞물릴 때—이를테면, 당신의 힘이 필자의 연약함을 채워줌으로써—우리는 전체로 융합되어 어떤 단일한 부분보다도 견고하고 강력하며 쓸모 있는 역할을 하게 된다.

다음으로, 시각의 문제를 고려해야 한다. 퍼즐에 가까이 가면 갈수록, 우리는 전체를 볼 수 없게 된다. 좀더 가까이 가면, 아무것도 분간할 수 없게 된다. 적당한 거리를 두고 봐야지 완전한 전체 그림이 눈에 들어온다. 이것은 인생이라는 큰 그림 속에서의 우리 각자의 역할과도 같다.

우리의 제한된 시각으로는 우리를 둘러싸고 있는 우주의 큰 구조를 볼 수 없다. 우리는 현상의 대질서, 즉 얼핏 별개의 사건과 사람들 같지만 실제로는 특정 목적을 수행하기 위해 서로 어울려 작동하는 구조에 대해 알지 못한다. 우리의 존재 자체가 갖고 있는 근시안적 시야 때문에 멀리 있는 것을 보지 못하는 것이다. 이것이 바로 우리가 곧잘 넘어지고 길을 잃고, 끊임없이 좌절하는 이유이다.

영혼의 안내에 따르라

삶, 그리고 그 속에서 맡은 자신의 역할에 대한 근시안적인 시각 때문에, 우리에게 예정된 목적을 제대로 이룰 수 있는 방법은 한 가지뿐이다. 예정된 목적이란 우리에게 숙명적으로 부여된 재능·힘·경험·자원들을 이용하여 자기만의 방법으로 서로의 욕구를 충족시켜 주는 것이며, 그것을 성취할 수 있는 유일한 방법은 우리보다 훨씬 더 고차원적인 시각을 지닌 근원적 존재로부터 안내를 받는 것이다.

그렇다면 우주를 지배하고, 만물을 꿰뚫는 이 전지적인 힘에 어떻게 접속할 수 있을까? 도움을 얻으려면 영혼으로 눈길을 돌려야 한다. 영혼은 우리 삶의 목적에 대한 해답을 볼 수 있다. 다른 시각에서 우리 삶을 보고 있기 때문이다.

우리가 정해진 코스를 벗어날 때, 그 행동이 양심의 눈길은 피할 수 있지만 영혼의 눈까지 피할 수는 없다. 우리가 흔히 느끼는, 설명할 수 없는 불편함이 바로 영혼의 부름이다. 그것은 바위투성이 해안에서 멀어지라고 경고하는 등대의 불빛과도 같다. 달도 없는 밤에 선장 없이 표류하는 배처럼, 우리가 길을 잃었을 때 영혼이 우리를 안전지대로 안내하기 위해 큰 소리로 부르는 것이다.

인생이라는 이 커다란 퍼즐에서 올바른 자리를 찾고자 한다면, 영혼의 안내와 연결되는 방법, 그리고 영혼의 소리를 듣고 수용하는 법을 배워야 한다. 슬프게도, 더 좋은 방법이 있다는 것을 알지 못하는 사람들은, 자기 삶은 자기가 지배하고 있다고 생각하면서 그 부름을 무시한다. 우리가 한때 그랬듯이, 그런 사람들은 자기중심적인 확신에 매달려 변화를 깨닫지 못하고 오래 된 지도책을 들고 맹목적으로 돌진한다.

대부분의 사람들은 등대를 잃어버리는 것을 심각하게 생각하지 않는다. 왜 그럴까? 아마도 스스로 선택한 길에 대해 너무 자부심을 갖고 있기 때문일 것이다. 그래서 그들은 기존의 길을 계속 가면서 내부의 경고음을 막아버린다. 그런 내부의 경고는 애초부터 없는 것으로 무시하지만, 그동안에 경고음은 점점 더 커진다.

이런 악순환에 빠져들게 되면, 우리는 이전에 경고를 무시했던 사람들처럼 끝내 좌초하고 만다. 들쭉날쭉한 바위를 저주하고, 자신이 자초한 결과를 놓고 신이나 운명을 원망한다. 우리가 빠지는 곤경 이면에 있는 합리적인 사고, 또는 우리가 곤경에 빠지지 않기 위해 취해야 할 조치들이 일부러 우리를 완벽하게 피해 가는 것은 아닐 것이다. 대부분의 경우에 우리는 자신이 해야 할 일이 무엇인지 처음부터 알고 있다. 단지 그것을 선택하지 않을 뿐이다. 그때가 바로 영혼이 우리를 가장 소리 높여 부르는 순간이다.

왜 우리는 우리가 해야 한다고 가슴과 영혼으로 알고 있는 일을 하지 못하는 것일까? 그 이유는 간단하다. 우리가 해야 한다고 알고 있는 것을 하기 위해서는 '변화'가 있어야 한다. 변화는 사람이 하기에 가장 어려운 일이다. 왜 그런가? 그것은 우리가 부적당한 믿음, 그리고 이제까지 해온 선택에 바탕을 두고 삶의 의미를 생각하기 때문일 것이다.

변화를 꾀한다는 것은 현재 자신을 이루고 있는 일부분을 포기하는 것과 같아서, 의미에 대한 우리의 인식 전체를 바꿔버릴 수도 있다. 그렇다고 주변 만물의 변화를 인정하지 않고 현재의 결정과 선택을 계속 고집한다면, 어떤 형태로든 이 귀중한 의미를 잃을 것이 분명하다. 그렇다면 서번트 리더의 지도력을 추구하는 우리의 노력은 희망 없는 모순 덩어리인가? 아니다. 그렇지만 우리의 노력이 성공을 거두려면, 우리 내부에 있는 것보다 더 높은 차원의 존재로부터 안내를 받아야 한다.

인간이 다른 동물과 구별되는 능력이 두 가지 있는데, 그것은 이성적 능력과 자신을 객관적으로 볼 수 있는 능력이다. 이런 능력에는 본질적으로 그것을 활용할 수 있는 필요성도 포함되어 있다. 어리석게도, 많은 사람들이 '외부' 근원의 도움 없이 인생이라는 미로를 헤쳐 나갈 수 있다고 믿고 싶어 한다. 그것은 과거에 자신을 끈질기게 괴롭혔던 함정이나 장애물로 다시 돌진하라고 스스로에게 강요하는 것이나 다름없다. 혹은 그것이 아니더라도, 최소한 과감하게 봉사의 길로 가는 모든 사람들에게 주어지는 진실한 보답을 받지 못할 것은 확실하다. 우리는 우리 인생의 보답을 받을 수 있는 좀더 쉬운 길을 발견하기 위해서 외부로 눈을 돌리고, 제한된 경험과 통제의 영역 밖으로 나갈 수 있는 방법을 배워야 한다. 그런데 어디로 눈을 돌리는가?

안내자와 함께 여행을 한다면, 지도가 필요 없다. 좀더 높고 정신적인 차원으로부터의 안내를 받아들이는 방법을 배운다면, 길을 떠나기 전에 여행길에 만나는 모든 갈림길을 알아두어야 한다는 속세의 관념을 버릴 수 있다. 인간의 속성 가운데 정신적인 측면에 접속함으로써, 우리는 생존 인물이든 과거 인물이든 다른 사람과 연결될 수 있고, 우주의 움직임을 통제하는 힘과 연결될 수 있다. 무한한 지성의 근원과 자신을 연결시키기 위해 우리의 영혼을 이용하는 방법을 배울 때, 우리는 더 이상 다른 어떤 형태의 안내도 필요하지 않게 된다.

무한한 지성의 근원과 연결되는 것은 특정 행위보다는 존재 양식과 더욱 관련이 있다. 우리가 경험을 덜 통제하려고 할수록, 그리고 많은 것을 경험하도록 좀더 자연스럽게 놓아둘수록, 그 연결은 더욱 효과적이고 규칙적으로 된다. 이런 존재 양식에 도달하고 지혜의 우주적 근원과 연결되려면, 자신을 통제하려는 마음을 버려야 한다. 그리고 고차원적인 힘이 자신의 인생을 이끌도록 맡겨야 한다. 지혜의 전능한 원천으로부터 안내받기를 희망한다면, 의사소통의 통로를 열고 그것을 유지할 수 있는 방법을 배워야 한다. 필자, 그리고 필자와 함께 일했던 많은 서번트 리더들이 그 의사소통의 통로를 열고 유지하는 데 도움이 되었던 몇 가지 방법을 뒤에서 소개할 것이다.

이런저런 방법들을 받아들이고 이용하기로 결정하는 것은 순전히 당신의 몫이다. 필자가 할 수 있는 것은 지혜와 안내에 자신을 개방하기 위한 몇 가지 방법을 써보라고 권하는 것뿐이다. 그 몇 가지 방법이 당신의 인생을 바꿀 수도 있다. 하지만 당신이 선택하지 않는 한, 또는 선택하기 전에는 아무런 변화도 없을 것이다.

흔히 말하기를, 우리는 정신적인 측면을 갖춘 육체적 존재가 아니라 육체적인 형태를 띤 정신적 존재라고 한다. 턱에 희끗희끗

한 수염이 한 올씩 생길 때마다 그 말의 의미가 필자에게 새록새록 다가온다.

우리는 영혼이 어떻게 인성을 정신적 측면으로 안내하는지 이야기했다. 영혼이 어떻게 우리를 찾아서 우리에게 가장 좋은 방향으로 안내하려고 하는지에 대해서도 알아보았다. 그러나 영혼에게 안내해 달라고 적극적으로 요청하는 방법은 아직 다루지 않았다. 도움을 요청하기 위해 영혼을 찾아 나서기 전에, 우리는 먼저 영혼이 어디에 살고 있는지, 영혼이 좀더 잘 이해할 수 있는 언어로 말하는 방법은 무엇인지 배워야 한다.

문명의 벽을 허물어라

산업화된 나라에서 사는 사람들은 일을 더 많이 하면 더 많은 이익을 얻을 수 있다고 믿고 있다. 이런 사고방식으로 잘못 접어들면, 성취를 위해 무엇을 해야 하는지 제대로 알기 어렵게 된다. 우리들 대부분이 무의식적으로 믿도록 습관화되기는 했지만, 그 두 가지가 절대적인 인과관계로 연결된 것은 아니다.

필자는 오늘 아침 사무실로 운전하고 오면서 어떤 젊은 여자를 관심 있게 지켜보았다. 그리고 그 여자를 보면서, 깨어 있는 동안 한순간도 쉬지 않고 갖가지 계획과 일을 생각하는 우리의 습관을 떠올렸다. 우리가 그렇게 하는 이유는 삶을 좀더 자기 뜻대로 영위하겠다는 희망을 갖고 있기 때문이다.

그 젊은 여자는 같은 차선에서 필자를 따라오고 있었다. 우리는 고속도로에서 내려가고 있었기 때문에 필자는 그녀를 보지 않을 수 없었다. 필자는 그때 시속 100킬로미터가 넘는 속도로 운전하면서, 아침을 먹고, 전화로 이야기하고, 눈 화장을 하고, 서류를 분류하는 사람을 처음 보았다.

멀티태스킹(multitasking)의 도사가 되고자 하는 사람은 그 여자뿐만이 아니었다. 그 여자 바로 뒤에서 운전하는 사람은 신문을 읽으면서, 커피를 마시고, 뒷좌석에 앉아서 서로 다투는 세 아이들에게 고함을 치고 있었다. 끊임없이 되풀이되는 이 멀티태스킹은 운전하는 동안에만 이루어지는 것이 아니다. 바로 오늘 아침 필자는 센트럴 파크의 200년 묵은 참나무 아래의 그늘에서 쉬다가, 조깅하면서 휴대전화로 이야기하고, 휴대용 개인정보 단말기인 PDA를 조작하는 사람을 우연히 보았다. 유럽과 아시아에 있는 지인들의 말을 들으면 거기에서도 비슷한 광경을 흔히 볼 수 있다고 하니, 이것은 미국인들만의 병은 아닌 것 같다. 아마 세계적인 현상이라고 할 수 있을 것이다.

우리 모두는 행복을 추구하느라 너무 바쁘다. 대부분의 사람들은 마치 최종 순간에, 얼마나 많은 일을 했느냐에 따라 심판이 달라진다고 생각하는 듯 바쁘게 살아간다. 합리적일 수도 있는 사람들이 더 열심히, 더 빠르게, 더 오래 일하면 모든 것을 해낼 수 있다고 생각하는 까닭이 무엇인지, 그리고 그들이 경험을 통해 그 정반대가 사실이라는 것을 언제쯤 알게 될지 필자로서는 알 수 없다.

일은 더 열심히, 더 빨리, 더 오래 하면 할수록 더 비효율적으로 된다. 그리고 대부분의 경우에 '모든 일을 해낸다'는 것은 인간으로서 불가능하다. 무엇보다도 우리는 지금처럼 빨리 움직이도록 만들어지지 않았다.

한때 생활을 좀더 편리하게 만들 것이라고 생각했던 기술은 실제로 반대의 효과를 낳고 있다. 휴대전화·PDA·음성우편·전자우편 등은 세계 곳곳을 연결해 주었다. 하지만 불행하게도 그런 기기들 때문에 우리는 세계 어디에 있어도 부처님 손바닥 안에 놓인 꼴이 되고 말았다.

우리의 예민한 감각들은 새롭고 시시각각 변하는 여러 가지 모습들, 소리, 냄새, 그 밖의 감각들에게 늘 공격받고 있다. 오늘날 우리의 머리에는 역사상 어느 때보다 많은 정보들이 몰려들어 오고 있다. 인간은 과부하에 부정적으로 반응한다. 신경 써야 하는 일이 끊임없이 증가하면, 그에 대응하여 주의를 기울일 수 있는 범위가 점점 좁아진다. 우리의 신경은 마모되어 상처가 나 있다. 그래서 우리는 잠시나마 온전한 정신을 유지하고 고독을 유지하기 위해, 중요하지 않다고 생각되는 대부분의 감각을 막는 방법을 배운다. 그 결과, 감각적이고 정신적인 것들은 중요하지 않다고 평가절하되어 우리 스스로 세운 불가침의 벽에 막혀 나온다.

그것은 또 다른 어리석은 짓이다. 지친 마음을 가라앉히고 영혼의 소리에 좀더 다가가려고 하지만 시작 자체가 잘못되었다. 그것은 오히려 우리가 추구하는 평화, 즐거움, 정신적 연결 등을 가져다줄 중요한 요소들을 걸러내 버린다. 여과 작용을 통해 평화를 성취하려고 할수록 더 어려워지는 것이다. 생활에서 아주 많은 것을 막아버린 다음에야 비로소 자신이 정말로 살아가는 것이 아니라 단지 생존하고 있을 뿐임을 깨닫는다.

영혼에 좀더 가까이 다가가기 위해서는 생활을 늘릴 것이 아니라 줄여야 한다. 비는 시간을 좀더 많은 활동으로 채우려고 서두르는 대신, 생활의 감각적인 측면과 정신적인 측면을 경험하기 위해 시간을 내야 한다. 우리는 정신과의 관계에 양분을 주어 그것을 육성해야 한다.

육감은 영혼과 관계가 깊다. 육감을 일생생활로 되돌려 놓을 필요가 있다. 갓 베어낸 싱싱한 풀 더미에 누워서 얼굴에 쏟아지는 따뜻한 햇볕과 살갗을 스치는 부드러운 바람을 마지막으로 느껴본 것이 언제인가? 가장 최근에 사랑하는 사람과 하루 종일 침대에서 보낸 적이 언제인지, 스파게티를 손으로 먹어본 적이 언제인지 기억할 수 있는가?

우리는 어떤 일을 위해서도 시간을 낼 수 있다. 그러나 우리에게 필요한 것은 감각적인 일에 시간을 내는 것이다. 바로 그것이 인생을 정말로 살아볼 가치가 있는 것으로 만든다. 우리는 아무것도 안 하기 위해 일부러 시간을 내야 한다. 그러면 평온의 기쁨을 다시한 번 경험할 수 있다. 조금만 더 속도를 늦춰야 한다. 그러면 자연과 일체감을 느낄 수 있다. 영혼에게 육감·고요·사색을 공급할 필요가 있다. 그래야 신과 좀더 잘 통할 수 있다.

보편적 경험을 통해 우주와 만나기

신은 우리 내부 깊은 곳에 살고 있다. 따라서 우리는 좀더 깊은 수준에서 서로를 경험할 수 있도록, 차이점보다는 같은 점을 보도록, 잡담을 흘려버리고 좀더 깊은 인간적 경험들을 공유하도록 시간을 낼 필요가 있다.

서로를 좀더 아는 데 도움이 되도록, 우리는 유머 감각 같은 것들을 서로 나눌 필요가 있다. 만나는 모든 사람들과 솔직한 칭찬과 간단한 포옹을 나누기 위해 시간을 내야 한다. 필자는 이런 방식을 통해 신의 위로가 우리의 영혼에서 다른 사람들의 영혼으로 전달된다고 믿고 있다. 우리는 이제까지 자신의 영혼과 다른 사람의 영혼 사이에 세워왔던 벽을 허물 필요가 있다. 그렇게 할 때만이 우리 모두의 내부에 신이 살고 있다는 증거를 보기 시작할 것이다.

자연의 리듬에 맞춰 걷기

우리는 녹초가 되도록 인생에 대한 해답을 찾아 달리고 있다. 안타까운 것은 그 대답이 내내 우리 코앞에 있었다는 점이다. 대답 찾기를 멈추고 오히려 그 대답들이 우리를 찾도록 할 때만이, 대답은 우리 눈에 띌 것이다. 그런 상황을 만들기 위해서는 브레이크를 밟고 속도를 늦춰야 한다. 자연의 리듬에 좀더 가까이 다가설 필요가 있다.

인간의 삶을 포함하여 우주에 있는 모든 것에는 일정한 리듬이 있다. 지금 형이상학적인 이야기를 하는 것이 아니다. 과학적 사실을 이야기하고 있을 뿐이다. 모든 생물들은 일정한 자연 리듬에 따라 살아간다. 우리가 자연이 의도한 것보다 억지로 빠른 속도로 살아간다면, 부조화를 낳게 된다.

채워지지 못한 욕구는 예상치 못한 방법으로 우리에게 모습을 드러낸다. 생활 리듬을 좀더 늦춰야 하는 것도 예외가 아니다. 누구나 한 번쯤 좋았던 옛날에 대한 이야기를 들었을 것이다. 그때는 시간이 좀더 느리게 흘렀고, 생활도 훨씬 더 단순했다.

요즘 추억을 불러일으키는 상품과 서비스가 대중의 인기를 얻으며 기하급수적으로 증가하고 있다. 예를 들어, '우유 배달'과 식료품 배달 서비스가 부활되고 있다. 그 중에는 첨단 기술을 이용한 것들이 많은데, 웹을 기반으로 하는 배달 서비스가 그 예다. 이 배달 서비스는 비디오·음료수·맥주·피자 등을 고객이 전자우편으로 주문한 지 1시간 이내에 집까지 배달해 준다. 그러면서도 또한 전자우편과 PDA의 시대에 만년필이 엄청나게 팔리고 있다.

이탈리아 피렌체의 비스콘티 펜스(Visconti Pens) 사의 사장인 단테 델 베키오(Dante Del Vecchio)는 속도를 늦추라고 우리 영혼을 끌어당기는 인력의 작용을 재빨리 간파했다. 필자는 단테에게 추억을 되살리려는 소비자의 움직임에 대한 견해를 물어보았다. "대부분의 사람들 입장에서 보면 세계는 너무 빨리 움직이고 있습니다. 옛날 같으면 개발에 몇 주, 심지어 몇 년 걸리던 일들이 지금은 몇 초밖에 걸리지 않습니다. 자연은 정상으로 돌아가려는 경향이 있습니다. 그래서 만년필 같은 오래 된 도구로 글을 쓰는 단순한 행위가 많은 사람들에게 속도를 조금 늦추는 기분을 느끼게 해주는 것입니다."

대중에게 봉사할 운명이었던 단테는 1988년에 비스콘티 펜스를 세우기 위해 정치적 야망을 포기했다. 봉사에 대한 단테의 독특한 소명에 얽힌 뒷이야기는 그 사람 자체만큼이나 흥미롭다. 그는 대학에서 정치학을 공부할 만한 학자금을 마련하기 위해 부모가 졸업 선물로 준 중고 자동차를 팔고 그 돈으로 피렌체에 있는 문구점의 첫 할부금을 냈다.

"나는 원래 문구점에는 별 매력을 못 느꼈습니다. 단지 그 가게가 매물로 나왔고, 나는 첫 할부금을 낼 돈을 갖고 있었던 것뿐입니다. 사람들은 언제나 문구를 필요로 하기 때문에, 웬만큼 장사는 될 것이라고 생각했던 겁니다. 복잡할 게 전혀 없었습니다."

반은 발명가이고, 반은 기술자이고, 반은 사업가이며, 반은 정치가인 이 사람이 간단한 것을 원하는 소비자들의 욕구를 처음으로 알아차린 때가 바로 이 가게 주인으로 일하는 동안이었다. 젊고 혁신적이었던 단테는 상점에다 최신 전자제품을 들여놓았다. 물건은 제법 잘 팔려나갔다. 그러나 단테는 고객들 사이에서 일기 시작하는 유행을 알아차렸다. "점점 더 많은 고객들이 만년필을 달라고 했습니다. 그것도 비싼 제품으로 말입니다."

고객들의 이 특이한 요구를 자세히 살펴보면 볼수록 단테는 고객들의 충족되지 않은 욕구, 즉 생활 속도를 좀더 늦추고자 하는 욕구와 만년필 간의 연관성을 더욱 확실하게 알 수 있었다. 학생 시절에 써본 적은 있지만, 그는 만년필에 대해 아는 것이 거의 없었다. 교사들은 글씨를 잘 쓰게 하기 위해서 학생들에게 만년필을 쓰게 했었다. 이런 기억에서 그는 자기의 운명을 보았다.

단테는 문구점을 팔고 나서 정치학 학위를 선반 위에 놓고, 펜을 만들기 시작했다. 오늘날 비스콘티 펜스는 좋은 필기구 생산업체로서 세계에서 유명한 업체로 이름이 나 있다.

필자가 만난 사람들 중에는 단테 외에도 다른 사람들을 그들 자신의 영혼과 연결되도록 도와줌으로써 수지맞는 사업을 일구어 낸 사업가가 많다. 그 중에 한 사람이 존 코노버(John Conover)이다. 3대째 농사를 짓던 그는 15년 전에 더 이상 청구서의 돈을 지불할 수 없다는 것을 알았다. 그는 가족 농장을 잃을 위기에 직면했다.

"모든 비용은 자꾸 올라가는 반면에, 거둬들일 수 있는 농작물의 값은 자꾸 떨어졌습니다. 우리는 3대째 물려 내려온 이 땅을 잃을 위험에 처했습니다. 남들에게는 대수롭지 않게 보이겠지만, 나에게는 매우 심각한 문제였습니다. 그 일만은 막아야 했지만, 내가 무엇을 할 수 있을지는 몰랐습니다.

그러던 어느 날, 어떤 사람이 지나가다가 들러 옥수수 밭 바깥에 줄지어 서 있는 가문비나무 한 그루를 팔 수 있는지 물었습니다. 크리스마스트리로 쓰면 안성맞춤이라는 것이었습니다. 그는 그 값으로 30달러를 내겠다고 말했습니다. 그것은 옥수수를 한 트럭 팔아야 만질 수 있는 돈과 맞먹는 액수였습니다. 나는 얼른 트랙터에 올라타, 도끼를 가지러 헛간으로 달려갔습니다."

이듬해 봄, 존과 그의 아들은 옥수수 대신에 크리스마스트리를 심기 시작했다. 오늘날 코노버 농장은 뉴욕 인근에서 이름난 맞춤 나무 재배 농장으로 성장했다. 존은 15년 전의 고객들이 지금도 찾아오는데, 이제 손자들도 데리고 온다고 했다. "어떻게 보면, 우리는 일종의 전통을 판다고 할 수 있습니다. 사람들은 아주 단순한 행동이라도 직접 크리스마스트리를 고르고, 잘라서 집으로 가져가는 식으로 생활 속에서 몇 가지 지속적으로 하는 관습을 갖고자 합니다. 그들은 그것을 무척 좋아합니다. 농장을 개방하는 날 한번 와 보십시오. 사람들은 정해진 시간보다 몇 시간씩 일찍 옵니다. 그러면 가장 좋은 것을 선택할 수 있기 때문입니다. 그리고 아이들의 얼굴을 보고 있으면 천국이 따로 없습니다."

자연의 리듬에 비해 너무 빨리 움직이는 것—너무 바쁜 것도 포함해서—은 살아가는 데 건강하지도, 만족스럽지도 않은 방법이다. 또한 그것은 모든 문제에 대한 해결책을 발견하는 데 필요한 마음 상태에도 도움이 안 된다.

몇 달 전, 필자는 중요한 출장을 가기 위해 공항 체크인 라인에 서 있었다. 그때 필자는 예기치 못한 여러 가지 사업상의 어려움과 개인적인 문제들을 처리해야 했다. 마치 인생의 시련이 한꺼번에 밀어닥치는 듯했다. 그 여행은 이미 오래 전에 예정되어 있었지만, 공교롭게도 필자가 자리를 비우기 아주 힘든 때와 겹쳤다.

필자는 보통 꽤 시간적 여유를 두고 공항으로 간다. 그러면 여유 있게 움직일 수 있고, 그날 일에 대해 생각을 정리해 볼 수도 있기 때문이다. 그러나 그날 고속도로에서 트럭 전복 사고가 일어났고, 그 결과 극심한 교통 정체가 빚어져 시간이 지체되었기 때문에 급히 서둘러야 했다. 필자는 어쩌면 늦었을지도 모른다는 걱정을 하며 공항에 도착했다.

체크인 라인에 서 있으면서, 필자는 마지막으로 개인 소지품을 챙겨보았다. '지갑? 있군. 열쇠, 서류 봉투, 비행기 표? 다 있군. 선글라스? 어, 선글라스? 이런, 선글라스를 빠뜨렸잖아!'

의사의 지시에 따라 마련한 선글라스가 안경집에 들어 있지 않았다. 서류 가방에도 없었고, 양복 주머니에도 없었다. '큰일 났군! 이건 정말 큰일이야!' 자신이 미워지면서 속으로 중얼거렸다. '선글라스 없이 2주일 동안 거리에서 지내야 한다.' 필자를 치료하던 안과 의사는 자외선으로부터 눈을 보호하는 장치를 하지 않고서는 절대로 밝은 햇빛이 비치는 곳에 가지 말라고 몇 번이나 되풀이해서 말했다. 필자의 눈이, 불길한 느낌을 자아내는 긴 이름의 무슨 상태라는 것이었다.

필자는 선글라스를 차에 두고 온 게 틀림없다고 생각했다. 흘끗 손목시계를 보았다. 탑승 시간까지 19분이 남아 있었다. 시간은 빠듯했다. 그러나 달리 방법이 없었다. 얼른 셔틀버스를 타고 장기 주차장으로 간 다음, 차에서 선글라스를 꺼내 들고 다른 버스를 타고 터미널로 와서 비행기가 이륙하기 전에 탑승해야 했다.

다행히 그날은 운이 무척 좋았다. 공항 터미널 문을 나서자마자 주차장으로 가는 셔틀버스가 보였다. 필자는 얼른 뛰어올라, 차에 중요한 물건을 두고 왔는데 그걸 가져와야 한다고 운전사에게 설명했다.

무하마드(Muhammad)라는 이름의 버스 운전사는 필자에게 기막힌 제안을 했다. '그가 일단 필자를 주차장까지 데려다 주고, 그는 정상적인 노선으로 돌아간다. 거기서 승객들을 태우기 시작한다. 필자는 그동안 필자의 차로 가서 선글라스를 꺼내 들고, 약 150미터 떨어진 가장 가까운 버스 정류장으로 간다. 거기서 무하마드가 필자를 태우고 터미널로 돌아온다. 그렇게 되면 필자는 여유 있게 비행기를 탈 수 있다.' 버스에서 내려 선글라스를 갖고 가까운 버스 정류장으로 가기까지 부여된 시간은 2분 30초였지만, 필자는 아무 문제 없다고 생각했다.

필자는 선글라스를 자동차 시트에 두었다고 생각했기 때문에, 쉽게 찾을 수 있으리라 짐작하면서 자동차 문을 열었다. 그러나 시트에는 선글라스가 없었다. 바닥에 떨어졌나? 바닥을 뒤져보았다. 바닥에도 보이지 않았다. 힐끗 손목시계를 보았다. 60초밖에 남지 않았다. 조바심이 일면서, 이마에 작은 땀방울이 맺히기 시작했다. 심장은 마치 마라톤을 하고 있는 것처럼 뛰기 시작했고, 물속에 있는 것처럼 숨이 막혀왔다. 끝 모를 불안감이 엄습해 오면서 필자는 벼랑 끝으로 몰렸다.

'도대체 내가 어떻게 한 거지?' 필자는 이런 상황에 처했을 때 사람이 할 수 있는, 가장 논리적일 것 같은 일을 했다. 미친 사람처럼 고래고래 소리를 지르며 쌍소리를 해댄 것이다. "정말 잘 되어가는군! 빌어먹을 선글라스를 어디에 두었는지 기억 못해서, 빌어먹을 비행기를 놓치기 직전이야."(여기서는 '빌어먹을'이라고 썼지만, 실제로는 훨씬 더 상스러운 용어를 썼다.)

필자는 다시 한 번 차 바닥을 휘저으며 찾아보았다. 그래도 보이지 않았다. 한편으로 울화가 치밀고, 한편으로는 맥이 풀려서 운전석에 털썩 주저앉았다. 그리고 새 양복바지 무릎에 묻은 흙먼지를 쳐다보면서 "잊어버리자.…… 선글라스 없이 출장 가야 해."라고 중얼거렸다.

바로 그때, 필자는 백미러를 통해 불쌍한 자신의 모습을 보았다. 거기에 선글라스가 있었다. 필자는 선글라스를 쓰고 있었던 것이다!

물론 모든 사람이 이런 실수를 저지르지는 않을 것이다. 그러나 자동차 열쇠를 누가 치웠다고 주위의 모든 사람에게 욕을 퍼부으면서 장광설을 늘어놓다가 자기 손에 쥐어져 있다는 것을 뒤늦게 알아차리는 경우가 흔히 있지 않은가?

어쨌든 여기서 중요한 것은 무엇인가? 우리가 그렇게 필사적으로 찾는 해답은 흔히 뻔히 보이는 곳에 '숨어' 있지만, 마음이 급할 때에는 그것을 절대로 찾지 못한다는 것이다. 해답은 오직 평정(平靜) 속에서 온다. 왜냐하면 그것은 영혼이 사는 곳에 있기 때문이다.

평정은 지친 몸과 마음을 위로해 줄 뿐만 아니라 우주의 지성으로 들어가는 통로이기도 하다. 평정은 우리의 육체적, 지적·정서적, 정신적 존재를 우주적인 조화의 상태로 결합시키는 접착제이다. 우리는 그 조화된 상태에서만이 흐트러진 마음을 효과적으로 정리할 수 있고, 영혼과의 소통에 필요한 높은 차원의 의식에 닿을 수 있다.

우리는 필요할 때 언제든지 이끌어 낼 수 있도록 평정을 넉넉하게 계발해 두어야 한다. 그렇게 하기 위해서는 매일 시간을 내어 평정에 잠기는 실습을 해야 한다.

자신만의 놀라운 장소 찾기

사람들이 평정과 사색에 잠길 시간을 내지 못하는 주된 이유는 그것을 할 수 있는 장소가 없기 때문이다. 사람들에게는 필자의 친구 폴 브라이어(Paul Breier)가 말하는 '놀라운 장소'가 없다.

명상과 사색을 아무리 간절히 열망하더라도, 그것을 실행하는 데 필요한 시간을 얼마든지 갖더라도, 명상과 사색에 도움이 될 만한 이용 가능한 장소가 없는 한 여전히 명상과 사색은 요원할 것이다.

생활에 필요한 모든 것에는 그에 알맞은 장소가 있다. 배움을 위해 도서관이 있고, 기도를 위해 교회나 절이 있다. 그렇다면 '놀라운 장소' 즉, 명상과 사색을 위한 장소는 왜 없는가?

우리는 주변 세계로부터 멀어져서 자신의 인생과 그 속에서 맡은 역할에 대해 사색할 장소가 필요하다. 모든 사람들은 특별한 은둔처를 만들어야 한다. 다락방의 한쪽 구석, 정원의 숨겨진 장소, 공원의 바위, 심지어 차고나 지하실의 한쪽 구석이라도 좋다. 그 안에서 자신만의 시간을 가지며 생각에 잠길 필요가 있다. 그런 장소에서 영혼과 교통할 수 있다.

만약 한 번이라도 의미 있는 명상과 사색을 하고자 한다면, 자신만의 놀라운 장소를 만들어 두라.

정신과의 연결

자신을 위해 시간을 내는 단순한 행위만으로도 정신에 평정을 가져다주고, 생활에서 자연의 리듬을 되살리는 데 필요한 많은 일을 할 수 있다. 기도, 명상, 사색, 그 밖에 어떤 이름으로 부르든, 하루의 일부를 영혼과의 교감에 바칠 필요가 있다. 이런 행위에 쓰는 시간이 굳이 길어야 할 필요는 없다. 일단 시작하는 데에는 하루 5분쯤이면 충분하다. 중요한 것은 이러한 행위를 생활의 일부로 만드는 것이다.

오늘 당장 시작하자. 먼저 아무 일도 하지 않고 자연의 리듬과 접하기 위한 시간을 최소한 5분 마련하라. 예를 들어 집에서 5분 일찍 출발하여, 공원이나 그 밖의 조용한 장소에 들른다.

일단 도착하면, 조용히 앉는다. 만약 차 안이라면, 엔진과 라디오를 끈다. 코를 통해 숨을 깊고 크게 들이쉬고 나서, 입으로 숨을 천천히 내쉬면서 긴장을 푸는 것으로 시작한다. 이렇게 깊은 숨쉬기를 대여섯 번 반복하라. 그 다음에는 그저 조용히 앉아서 주변 세계의 리듬을 느껴보라.

그리고 다시 한 번, 코를 통해 천천히 숨을 쉬기 시작한다. 그리고 신선한 공기를 들이마실 때마다 마음속으로 '편하게'라고 말한다. 천천히 숨을 내쉴 때에는 '깊게'라는 말을 되풀이한다(들이쉴 때—편하게, 내쉴 때—깊게). 숨을 내쉴 때마다 몸에서 긴장이 흘러나오는 듯한 느낌을 받을 때까지 몇 차례 되풀이한다. 숨을 쉴 때에는 눈을 감고 몸을 감싸는 따뜻하고 상서로운 빛을 그려보라. 그 빛을 쬐면서 자연의 소리에 귀를 기울여라. 새들의 지저귐과 나무 사이를 스치는 바람의 바스락 소리를 들어보라. 이들 소리에 내재되어 있는 리듬을 찾아보라.

호흡과 내면의 시간을 좀더 느리고 규칙적인 자연의 속도에 맞춰 조절하라. 그저 조용히 앉아서 가능한 길게 우주의 리듬에 맞추어 보라. 시간이 지나면 자신이 꽤 오랫동안 가만히 있을 수 있다는 것을 알게 될 것이다.

이것은 물론 최상의 상황을 가정한 것이며, 다른 차선책도 얼마든지 있다. 공원에 가는 것이 여의치 않으면 욕실 문을 잠그거나 샤워기에서 떨어지는 물에 몸을 맡긴 채, 평소보다 조금 길게 5분쯤 있어보라. 이것도 시간과 장소보다는 매일 실행하는 것이 더 중요하다.

이 수련을 30일 동안 성실하게 해보라. 그러면 생활에서 어느 정도 흥미로운 변화가 일기 시작할 것이다. 먼저, 정신적 측면과의 좀더 깊은 연관 관계가 드러나면서, 일상생활 속에서 평화의 순간을 좀더 많이 느끼기 시작할 것이다. 일상생활에서 느닷없이 발생하는 문제들에 대해 새롭고 창조적으로 해결할 수 있게 되고, 스트레스를 건강하게 처리할 수 있을 것이다. 시간이 지나면, 과거보다 좀더 명확하게 생각할 수 있다는 것을 알게 될 것이다. 그래서 한 달에 한두 번쯤 열쇠를 찾아 허둥대던 약간의 시간을 절약하게 될 수도 있다.

매일의 명상이나 기도는 자연적인 생활 리듬을 재정립하고, 필요할 때 언제든지 평정 속에 빠질 수 있는 능력을 계발하기 위한 소중한 도구이다. 또한 신과의 지속적인 관계를 가질 수 있는 열쇠이기도 하다. 신과의 지속적인 관계는 바로 우리가 정신적 측면을 계발하는 제일의 목표이다.

서번트 리더의 삶은 울퉁불퉁한 바위에 이리저리 부닥치는 성난 강물이 되어서는 안 된다. 자신이 닿는 모든 것에 유머와 격려라는, 삶을 향상시킬 수 있는 선물을 전달하는 평화로운 흐름이 되어야 한다.

부유 의식을 가꾸라

사람들은 흔히 말한다. "인생에는 돈만 있는 것이 아니다." 맞는 말이다. 주식도 있고, 채권도 있고, 양도성 증권도 있고, 귀금속도 있고, 보석도 있고, 소장 가치가 있는 예술품도 있고, 부동산도 있다!

필자는 돈을 가져본 적도 있고, 가져보지 못했던 적도 있었다. 그러므로 확신을 갖고 말할 수 있다. 돈은 갖고 있지 않은 것보다 갖고 있는 것이 더 좋다. 사실 돈으로 할 수 있는 것에 관한 한, 돈을 대신할 수 있는 것은 아무것도 없다. 그러나 돈이 부족한 사람들이 생각하는 것처럼 만병통치약은 아니다.

많은 사람들이 생각하는 것처럼 돈이 궁극적인 문제 해결사도 아니다. 한 상자의 돈으로 해결될 수 있는 문제라고는 해결하는 데 한 상자의 돈이 필요한 문제뿐이다.

사람들이 끊임없이 여러 가지 문제에 부닥치는 이유는, 부자면서도 흔히 부자가 아니라고 생각하기 때문이다. 부자들은 돈이 없어 생기는 문제들을 갖고 있지 않은 반면에 돈이 많아서 생기는 문제들을 안고 있다.

돈이 없어서 많은 문제가 일어날 수 있듯이, 돈이 있어도 해로울 수 있다. 부정 때문에 일어나는 이혼보다는 금전적인 문제 때문에 일어나는 이혼이 더 많다. 돈 문제는 건강을 돌보지 않게 할 수 있고, 정서적·감정적 스트레스를 일으킬 수 있으며, 마음의 평화를 파괴할 수도 있다.

안타깝게도 돈 때문에 겪는 고통의 주요 원인들은 돈의 적절한 사용과 관리에 대한 기본적인 교육만으로도 쉽게 피할 수 있다. 돈이란 우리에게 꼭 필요한 것이고, 현대 생활에서 매일 사용된다. 그러나 우리들 대부분에게 돈은 알 수 없는 존재이다.

금융 컨설턴트인 안젤로 파치폰티(Angelo Facciponti)는 돈에 대해서 다음과 같이 말한다. "일생 동안 매일 쓰는 물건에 대해 사람들이 얼마나 무지한지 놀랄 정도입니다. 대부분의 사람들은 재산 관리에 대한 정보를 갖고 있지 않습니다. 학교에서 가르쳐 주지도 않으며, 그에 대한 지식이 부모로부터 자식에게 전달되는 일도 드뭅니다. 오히려 우연이나 실험, 또는 잘못된 생각에 맡겨집니다. 연일 최고 주가지수를 기록하는 세계 주식시장에서 개인 파산이 늘 높은 기록을 유지하는 이유가 그것 때문입니다. 사람들은 자기 능력을 너무 활용하지 못하고 있습니다."

부의 축적에 대한 개념도, 필자가 만났던 대부분의 사람들의 머릿속에 존재하지 않았던 것 같다. 파치폰티에 따르면, 대부분의 사람들은 사십대 후반에 이르기까지 자신의 미래 재산 상태에 대해 생각조차 하지 않는다. 필자가 만나는 또 다른 위험한 사람들은, 월

급으로 받은 수표를 현금으로 바꾸기도 전에 뭉텅뭉텅 써버린다. 그들은 위급한 상황이나 저축을 위해 전혀 돈을 떼어놓지 않는다. 그들이 저축 계획을 한 가지라도 세워놓았더라면, 은행 잔고에는 늘 천 달러에 육박하는 돈이 들어 있을 것이다. 이런 사람들은 강력한 바람을 한 번만 맞으면 파산하고 만다. 파치폰티는 우리에게 다음과 같이 되새겨 준다. "돈을 버는 것은 시작에 불과합니다. 대부분의 사람들은 자신이 번 돈을 저축하지 않습니다. 상황이 얼마든지 쉽게 바뀔 수 있다는 것을 그들이 안다면……."

파치폰티의 말이 맞다. 돈 벌기는 쉽다. 특히 자유 시장경제를 지향하는 사회에서는 어려운 일이 아니다. 돈을 벌기 위해 일하는 것은, 사실 방정식의 한쪽 항이다. 번 돈을 효과적으로 이용하는 것은 방정식의 다른 쪽 항이다. 그리고 파치폰티가 제시하는 바와 같이, 그것이 그토록 어려운 일도 아니다. 그러나 많은 경우에, 그것은 몇 가지 변화를 일으킨다는 것을 뜻한다. 변화시켜야 할 첫 번째 일은 돈과 관련된 태도이다.

돈을 부르는 습관

방정식의 양쪽 면을 다 겪어보았기 때문에, 필자는 말할 수 있다. **돈을 갖고 있는 사람과 갖고 있지 않은 사람 사이의 유일한 차이는 돈에 대한 태도와 그 태도에 바탕을 둔 습관이다.**

부자—'최근에 부자가 된 사람'을 말하는 것이 아니다—는 돈을 단순한 도구로 본다. 즉 돈이 자신을 위해 무엇을 해줄 수 있느냐에 관점을 둔다. 반면에, 가난한 사람은 돈을 문제에 대한 해결책으로 본다. 경험에 비추어 이야기하면, 돈이 모든 문제를 해결할 것이라고 생각하는 사람은 돈을 갖고 있지 않은 사람이다.

부자들은 조심스러운 존중, 그리고 일종의 경외심으로 돈을 대한다. 아마 당신은 빠듯하게 살아가는 사람들이나 그런 태도를 보일 것이라고 생각할 것이다. 하지만 부자 동네에서 쇼핑해 보면 쿠폰 쪽지를 들고, 가격을 비교하면서, 할인 판매를 찾아다니는 모습을 많이 볼 수 있다.

또한 사람들이 어디에 돈을 쓰는지 살펴보면 돈에 대한 그들의 태도, 그리고 부의 축적 가능성에 대해 많은 것을 알 수 있다. 그 차이는 투자와 소비 사이의 차이만큼이나 간단하다. 부자들은 부동산, 주식이나 채권, 귀금속, 또는 소장 가치가 있는 예술품이나 골동품 등에 투자하는 경향이 있다. 가난한 사람들은 아름다운 차나 옷, 멋진 휴가, 온갖 케이블 방송이나 위성방송 장비가 갖춰진 대형 텔레비전 등과 같은 소비재에 돈을 쓴다.

흔히 부자들이 많이 투자하는 자산은 시간이 지나면 값이 오르고, 그것은 다시 소유자에게 좀더 많은 돈을 벌어준다. 한마디로 투자 가치가 있는 자산에 투자하는 것이다. 반대로, 마지막에는 쓰레기가 되어버리는 소비재를 산 소유자는 그것을 새 것으로 바꾸기 위해 다시 상점으로 향해야 한다.

부자들은 절대로 기본적인 순수 재산, 즉 그들이 벌어서 저축하거나 투자한 돈에는 결코 손을 대지 않는다. 대신에 투자 수익만으로 살아간다. 그들은 재산 규모보다 훨씬 더 검소한 수준으로 살아간다. 이것은 그들이 대부분의 경우에 빚을 지지 않고 살아갈 수 있음을 뜻한다. 하지만 돈이 부족한 사람들은 버는 돈을 남김없이 써버린다. "돈은 쓰라고 있는 것입니다. 돈은 갖고 있을 때 써야 합니다." 그들이 흔히 하는 말이다.

필자는 수년 동안 여러 명의 자수성가 백만장자들을 만나보았는데, 그들 중에 해마다 차를 바꾸는 사람은 그리 많지 않았다. 오히려 그들은 평균 10년 정도 된 차를 몰고 다닌다. 그들은 편안한 집에서 살지, 멋지게 보이는 집에서 살지 않는다. 또한 그들은 자신들과 비슷한 환경의 사람과 결혼한다. 그들은 신에 대한 깊은 믿음을 갖고 있으며, 대부분 종교 예배에 정기적으로 참석한다. 전부는 아니지만, 필자가 알고 있는 대부분의 사람들은 자신이 중요하게 생각하는 사안에 대해서는 정기적으로 재산의 일부를 기부한다. 그들은 얻으려면 주어야 하고, 더 많이 줄수록 더 많이 얻는다는 서번트 리더의 기본적인 원칙을 이해하고 실행하고 있다. 그들은 모두 자신의 재산을 중요하게 생각하지만, 거기에 얽매여 살지는 않는다. 만나는 사람마다 붙잡고 자기가 얼마나 많은 돈을 가지고 있는지 이야기하지는 않는다는 것이다.

반대로, 돈이 얼마 없는 사람들은 그 사실을 모든 사람들에게 알린다. 그들은 늘 돈에, 또는 돈이 부족하다는 생각에 사로잡혀 있다. 살면서 어떤 일이 일어나든, 그것은 돈이 없기 때문이라고 생각한다. "돈만 있었다면," 하고 그들은 말한다. 슬픈 사실은, 그들은 한때 돈이 있었으나 그것을 소비재에 대한 탐욕스러운 열망을 만족시키는 데 낭비했다는 것이다.

　자수성가한 사람들과 달리, 돈이 부족한 사람들은 행복을 돈의 보유, 그리고 돈으로 살 수 있는 물질과 연결시키려 한다. "나에게는 절망만 남았어. 파산했거든." 또는 "내게 조금만 돈이 더 있었더라면 행복했을 텐데." 그들이 흔히 하는 말이다. 돈과 재물의 축적에 대한 집착 때문에, 그들은 재산의 일부를 가치 있는 일에 정기적으로 기부한다는 생각은 꿈도 못 꾼다. 그들의 욕심에 대해 기대할 수 있는 유일한 대가는 더 많은 욕심이다. 덧붙여서, 이러한 집착과 자신의 가치를 물질과 연관시키는 잘못된 성향은 그들을 빚으로, 더 나아가 가난으로 내모는 데 일조할 뿐이다. 부자들은 단번에 돈벼락을 맞을 수 있는 계획이나 투기성이 강한 사업에는 섣불리 투자하려고 하지 않으며, 도박에도 손을 대지 않는다. 반대로, 돈이 없는 사람들은 이 모든 것을 시도한다. 여기서 알 수 있듯이, 돈이 있는 사람과 그렇지 않은 사람 사이에는 돈을 대하는 습관과 태도에 차이가 있다.

　돈에 대한 태도는 돈을 관리하는 습관에 직접 영향을 미치기 때문에, 돈에 대해 건강하고 서번트 리더적인 태도를 가지는 것은 아주 중요하다. 충분한 건강을 유지하기 위해 건강한 태도를 가져야 하듯이, 경제적 풍요라는 목적을 위해서는 그에 도움이 되는 태도를 가져야 한다. **빈곤 의식**이 아니라 **부유 의식**을 가꾸어야 한다. **부족의 습관**이 아닌 **풍요의 습관**을 계발해야 하는 것이다.

　왜 이렇게 온통 돈 이야기를 하는가? 유능한 서번트 리더가 되려면 육체적으로, 지적·정서적으로, 그리고 정신적으로 강해져야 하는 것처럼 금전적으로도 강해져야 하기 때문이다.

언젠가 이러한 사항을 충분히 이해하게 되면, 당신은 '봉사적 비전'을 부여받을 것이다. 이 '봉사적 비전'은 당신에게만 주어진 임무이며, 혼자서는 결코 생각해 보지 않았을 임무이다. 그 임무를 수행하기 위해서는 강력하고 풍부한 경제적 기반이 있어야 한다는 것은 의심의 여지가 없다. 강력한 경제적 기반이 없으면 그런 중요한 비전을 이룰 수 있는 가능성이 적어지고, 그 결과 전 인류적인 규모의 계획에 참여할 수 있는 기회를 놓치게 될 수 있다.

필자가 알고 있는 어떤 여인은 최근에 자식 잃은 부모들을 위한 안식처로 제공하기 위해 수양원을 열겠다고 생각했다. 그녀는 자동차 사고로 젖먹이 아이를 잃은 비극적 경험을 했기 때문에, 부모들이 느끼는 슬픔과 그 슬픔이 부부 생활에 어떤 심각한 영향을 미치는지 잘 알고 있었다.

그런데 일단 마음은 먹었으나 그녀는 제 뜻을 실현하지 못하고 있었다. 원인은 그녀의 생활방식이었다. 그녀가 기존의 생활방식을 유지하려면 끊임없이 돈이 들어가야 했다. 그녀는 수입 수준을 훨씬 상회하는 고급 주택가에 살고 있었다. 그 동네에서 그녀는 '체면을 유지해야' 했다. 그래서 돈이라는 덫에 빠진 비슷한 상황의 많은 사람들이 그렇게 하듯, 여유도 없으면서 고급 승용차를 빌려 쓰고, 갚을 여유가 없는 돈을 썼다. 본질적으로 그녀는 자기 생활방식의 노예가 되어버렸다. 그래서 그녀가 할 수 있는 유일한 일이자 세상에 영향을 미칠 수 있는 일에 대한 가능성은 맥없이 흘러갔다. 그에 따라 비탄에 빠진 수많은 부모들에게 줄 수 있었던 혜택도 함께 흘러가 버렸다.

우리는 자신의 욕구나 다른 사람의 욕구 가운데 한 가지에만 초점을 맞춰야 한다. 양쪽 모두에 초점을 맞출 수는 없다. 다른 사람들에게 봉사하겠다는, 단지 생각뿐인 꿈과 비전에서 활기를 얻고자 한다면 그 누구에게도, 심지어 자신에게도 봉사하지 못한다.

우리 주위에는 돈을 잘 벌도록 자신을 채찍질하는 방편으로 분수에 맞지 않는 생활을 하는 것이 좋다고 강변하는, 이른바 '성공학 박사'들이 수도 없이 많다. 미래에 서번트 리더가 될 수도 있었던 많은 사람들이 이런 성공학 박사들에게 오도되고 있다. 그러나 진실은 이렇다. 분수에 넘치는 생활은 자신을 파멸로 이끌 뿐이다.

탐욕은 더 큰 기회를 놓치는 지름길이다

분수에 넘치는 생활은 이용 가능한 자원을 갉아먹고, 자유 시간을 빼앗고, 에너지를 고갈시키고, 뜻을 실현할 능력을 파괴할 뿐 아니라 우리를 탐욕스럽게 만든다. 탐욕은, 월스트리트(Wall Street)의 큰손들이 후회하면서 흔히 말하듯, 그들이 전에 자랑스럽게 떠벌렸던 것만큼 좋지는 않다. 탐욕은 인간의 건전한 판단을 가로막는다. 우리의 모든 에너지를 잡아먹는 블랙홀처럼 우리의 영혼을 소진시키기 때문이다. 또한 탐욕은 올바른 사업 감각을 흐린다.

필자에게는 토니(Tony)와 J.R.이란 친구가 있다. 두 사람은 공통점이 많았다. 둘 다 성공한 사업가이며, 부유하고 영향력 있는 사람들과 광범위한 교제를 나누고 있으며, 새롭고 모험적인 사업을 끊임없이 찾아다니고 있다. 두 사람은 모두 사람을 읽는 날카로운 눈을 갖고 있다. 두 사람의 공통점이 한 가지 더 있다. 최근에 아름다운 새 집을 장만한 것이다. 그러나 두 사람의 공통점은 여기에서 끝이 났다.

두 사람의 차이점은 그들이 선택한 건축업자, 각각의 건축업자에 대한 경험, 그리고 그 결과에서 나타났다. 토니의 집을 지은 건축업자는 건축업계에 뛰어든 지 얼마 안 되는, 붙임성 있고 재능 있는 젊은이였다. 그는 약 5년 동안 고객들의 집을 지어주고 있었다. J.R.의 집 건축을 맡은 건축업자도 재능 있고 붙임성이 있었으나, 주택 건축업계에서 20년 동안 잔뼈가 굵은 사람이었다. 그는 건축업 외에도 다른 여러 가지 사업과 부동산 투기에도 손을 대고 있었다.

토니는 주택 건축을 시작한 초기부터 건축업자와 거래하기가 수월하다고 느꼈다. 그 건축업자는 이익을 최대한 많이 남기려고 하기는 했지만 서로 이해관계가 맞아떨어지는 적당한 선에서 타협할 줄 아는 사람이었다. 반대로 J.R.은 첫 만남에서 건축업자, 그리고 건축업자와의 관계에 대해 다른 느낌을 가졌다. "나는 그와 만날 때마다 지갑을 잘 간수해야겠다는 느낌을 받았습니다. 그가 일을 잘한다는 것은 분명히 말할 수 있지만, 한편으로 경계할 필요가 있다는 것도 알았습니다." 역시 토니와 J.R.은 사람 보는 날카로운 안목이 있었다. 또한 두 사람 모두 거래의 본질을 파악하고 거기에서 손해를 보지 않는 탁월한 능력을 발휘했다.

토니의 주택 건축 과정에서 구조적 문제가 발생하자, 건축업자는 즉각 그 문제를 토니에게 알리고 두말없이 문제점을 시정했다. 건축업자는 손실을 생각하여 문제를 덮어버리거나 추가 비용을 토니에게 떠넘길 수도 있었지만, 그렇게 하지 않았다. J.R.도 비슷한 상황에 처했지만, 그의 건축업자는 토니의 건축업자와 같은 배려를 보이지 않았다. 명백한 설계상의 결함을 고치려고 하지 않고 얼렁뚱땅 핑계만 대려고 했다. 말로 해결이 안 되자, 이번에는 잘못을 하청업자에게 돌리려고 했다. 갈등은 해결되지 않고 계속 커졌다. 그 문제는 J.R.의 변호사가 건축업체의 사장을 상대로 소송을 제기하여 만족할 만한 결과를 끌어낸 다음에야 결말이 났다. 그 사건 뒤에 J.R.은 건축업자의 행동에서 사소한 특징을 알아챘다. "그는 아주 약았어요. 좋은 자재를 쓰고 숙련된 일꾼을 고용했지만, 한편으로는 일을 건성으로 하고 터무니없는 일로 사기를 쳤습니다. 이를테면 중고 조명 설비를 새 제품이라고 속이려고 하는 겁니다. 그의 눈을 보면 그런 행동 배경에 깔린 탐욕을 볼 수 있습니다."

최종적인 결과는 다음과 같았다. 토니는 자기 집을 지어준 건축업자와 함께 상호 독립적인 동업으로 주택 건설업을 하고 있다. 사업적 재능을 발휘해 토니가 투자한 100만 달러의 자금과 건축업자의 기술과 비전을 결합하여, 두 사람은 1억 달러가 넘는 가치를 지닌 꽤 큰 규모의 개발회사를 세우기 위해 노력했다. 그리고 불과 몇 년 지나지 않아서 그렇게 했다. J.R.도 새 집을 퍽 마음에 들어 했지만, 열 명이 넘는 자기 친구들을 통해 자기 집을 지은 사람이 아닌 다른 건축업자들에 대해 이것저것 알아보았다. 최근에 들은 바에 의하면, J.R.은 부동산 투자 회사에 거액의 돈을 투자했지만, 자기 집을 지어준 사람에게는 투자하지 않았다.

탐욕은 숨길 수 없다. 그것은 행동·동기·말을 통해 드러나기 때문이다. 탐욕은 인간관계를 해치는 가장 큰 방해요소이다. 탐욕은 사람을 끌어들이기는커녕 쫓아버린다. 좋은 성장 환경, 높은 교육, 사회적 지위, 권위, 돈 따위는 욕심을 자제하는 능력과는 거의 관계가 없다. 욕심은 이기심으로부터 나오는 자연적인 부산물이다. 앞에서 이미 살펴보았듯이, 이기심은 모든 인간에게 자연적이고 기본적인 충동이다. 이기심과 탐욕은 '생존을 위한 충동'에 의해 촉진된다. 우리가 적정한 범위를 넘어 과도하게 살아간다면, 즉 경제적으로, 지적·정서적으로, 육체적으로, 정신적으로 지나치게 팽창된다면, 자연적인 생존 본능이 발동한다.

아마도 J.R.의 건축업자는 이들 가운데 한 분야, 또는 모든 분야에서 일시적으로 지나치게 팽창되었을 것이다. 그 지나친 팽창이 자기중심적인 행동으로 표출된 것이다. 원인이 무엇이든 결과는 같다. 그것은 자기중심적인 생각과 탐욕 성향이다. 그리고 그 결과는 기회의 상실로 이어진다. **눈앞의 이익을 위해 기본적인 본능에 따르면, 기본적인 것만 얻을 수 있다.** 얻기 위해서는 주어야 하며, 많이 줄수록 많이 얻는다. 언제나 다른 사람에게 준 것과 같은 것으로 받게 된다는 것을 명심하라. 자기 보존은 또 다른 자기 보존을 낳는다. 만약 당신이 사랑·믿음·정직·헌신—심지어 돈일지라도—을 얻고 싶으면, 먼저 그것을 주어야 한다. 그러면 다음에 그것이 당신에게 되돌아올 것이다.

서번트 리더의 재정 계획

서번트 리더들은 다른 사람들에게 봉사할 기반이 되는 넉넉한 경제적 기반을 확실하게 갖추기 위해서 세 단계의 접근 방법을 거친다. 그 세 단계는 다음과 같다.

첫째, 빚 청산.
둘째, 자금 개발 계획.
셋째, 십일조 실행.

이제 이 단계들을 나누어 살펴보면서, 어떻게 우리의 상황에 적용할 수 있는지 알아보자.

재정 계획의 출발: 빚 청산

감당할 수만 있다면 빚은 사업에서 효과적인 수단이 될 수 있다. 그러나 빚을 효과적으로 감당하기 위해서는 금융 산업을 현실적으로 잘 알아야 한다. 안젤로 파치폰티가 앞에서 지적한 바와 같이, 보통 사람들은 돈을 어떻게 적절하게 사용해야 할지 잘 모르고 있다.

통계에 따르면, 매년 생기는 신생 업체 열 개 가운데 여덟 개가 5년 이내에 도산한다. 신생 '닷컴' 기업의 경우 그 비율이 훨씬 더 높다. 이들 실패한 기업들을 잘 살펴보면, 빚을 적절하게 이용하는 데 대한 관심이 생태적으로 부족하다는 것을 알 수 있다. 회사 소유자들이 회사를 빚더미에 묻어버린 것이다.

가질 여유도 없는 물건을 사기 위해 자금을 빌리고 차용 증서를 쓴다는 것은 이미 어느 정도의 위험 부담을 안게 되는 것을 의미한다. 이것은 우리가 신용카드를 상점 점원에게 넘겨줄 때의 상황과 정확하게 일치한다.

외상으로 살 때, 우리는 사는 물건의 가치에 비해 너무 많은 돈을 지불한다. 전액 현금으로 지불할 때보다 400퍼센트쯤 더 높은 가격을 지불하는 것이다. 하지만 빌리는 돈에 대한 이자 형태로 추가의 돈을 더 지불한다는 것을 잊고 있는 사람들이 너무 많다. 경제부 기자인 폴 솔먼(Paul Solman)에 따르면 1988년에 미국의 소비자 부채는 1조 4,000억 달러에 이르고, 그 가운데 반쯤이 신용카드 빚이라고 한다. 미국 사람은 평균적으로 18.9퍼센트의 이자로 7,000달러의 지불 잔고를 카드에 남기고 있다고 한다.

대부분의 사람들은 지불해야 하는 최소한의 액수만 지불하는데, 그 액수의 대부분은 이자로 충당되며 원금으로 지불되는 것은 전체 금액 가운데 몇 퍼센트에 지나지 않는다. 만약 당신이 이런 사람들 가운데 한 명이라면, 이것은 주말에 흥청망청 쇼핑한 금액을 전부 갚는 데 43년이 걸릴 수 있다는 뜻이다! 게다가 그것은 다시 한 번 다른 물건을 외상으로 사지 않는다는 것을 가정했을 때 얘기다.

위의 예를 참고하면, 미국 사람은 평균적으로 7,000달러짜리 물건을 사기 위해서 2만 8,845달러 31센트를 지불한다. 그리고 우리가 흔히 사는 물건들을 생각해 보면, 지금으로부터 43년 뒤에, 그때까지 돈을 들여 산 것이 무엇인지 기억할 수나 있을지 의문이다.

그렇다면 이제 매달 250달러로 다른 무엇을 할 수 있을지 생각해 보자. 매달 250달러를 신용카드 회사에, 당신이 할 수 있는 가장 보장성이 강한 형태의 투자 가운데 하나인 양도성 정기 예금으로 투자를 한다고 하자. 그리고 당신이 원래 외상 빚을 다 갚는 데 걸리는 기간만큼 송금을 했다고 하자. 당신은 정확하게 82만 9,117달러를 벌 것이다. 그림이 그려지기 시작하는가?

건전한 재정을 만들기 위한 자금 개발 계획

필자가 수년 동안 알아온 많은 서번트 리더들 가운데, 세계에 큰 영향을 미친 사람들은 한 가지 공통점을 갖고 있다. 그들이 봉사적 비전을 갖게 될 당시에 사실상 빚이 없는 상태로 살고 있었다는 점이다.

재정 계획을 짜고 유지하는 데는, 언뜻 생각하는 것처럼 그렇게 엄청난 비법이 필요하지 않다. 사실, 온라인으로든 오프라인으로든 자격 있는 금융 회사를 선택하는 데 도움을 줄 수 있는 정보는 얼마든지 깔려 있다.

뛰어난 기능을 가진 전자 금융 관리를 이용할 수도 있다. 필자가 이용하는 것은 '머니 매터스'(Money Matters)인데, 금융 전문가이자 저술가이며 라디오 진행자인 래리 버켓(Larry Burkett)이 개발한 것이다. 종이와 펜을 이용하는 '옛날' 방식으로 자금 계획을 짜겠다면, 약간의 도움이 필요하다. 공공 도서관은 자금 계획을 짜는 기법이나 돈 관리 기법에 대한 정보를 얻을 수 있는 좋은 곳이다. 또한 수입과 지출을 분석하고 자금 계획을 짜도록 도움을 줄 수 있는 염가의 예산 상담소도 이용해 볼 만하다. 전화번호부에서 찾아보거나 거래 은행, 신용협동조합에 문의하는 것도 하나의 방법이 될 수 있고, 소비자 보호원에 가서 해당 업체들에 대해 문의해 보는 것도 좋을 것이다. 그 밖에, 여러 가지 각종 단체에서 비영리 상담 프로그램을 운영하기도 한다. 만약 인터넷에 접속해 있다면, 다음의 사이트(www.money.com)를 방문해 보기 바란다. 거기에는 예산안 짜는 과정을 단계별로 도와주는 훌륭한 지침서가 있다.

자금 계획을 짜는 것이 재미없거나 끌리는 요인이 전혀 없다고 하더라도, 지루한 초기 과정이 일단 끝나고 나면 나머지 과정이 아주 재미있다는 점이 그나마 다행이다. 특히 재정상의 목적을 얼마나 달성했는지 점검할 때의 재미는 만점이다.

편한 방법은 수익도 적다

더욱 열심히 일하고, 돈을 갚기 위해 자신을 더 희생하는 것이 빚을 없애는 가장 쉬운 길이 아닐 수도 있다. 사실, 그것은 이제까지 해온 가장 어려운 방법일 수도 있다. 그러나 그 과정에서 얻는 경험은 미래의 성공에 엄청난 도움이 된다. 필자의 친구 빌이 개인 파산 선언을 거부하고 시간이 얼마가 걸리든 빚을 모두 갚겠다고 맹세했을 때, 그는 엄청난 개인적인 행운의 근원뿐만 아니라 자신의 봉사적 비전의 성립도 보았다.

1985년 초여름, 빌은 성공 가도를 달리고 있었다. 오클라호마 주 머스코기(Muskogee)에 있는 그의 작은 회사 '호크아이 파이프 서비스'(Hawkeye Pipe Services)는 석유업계 최고의 굴착 파이프 생산 업체 가운데 하나로 성장했다. 호크아이는 또한 그 작은 도시에서 종업원을 가장 많이 거느린 회사 가운데 하나였다. 빌은 그 점을 자랑스러워했다.

빌과 그의 아내 캐시(Kathy), 그리고 어린 두 딸은 머스코기에서 환경이 좋은 동네에 있는 아름다운 집에서 살았다. 빌은 지역의 행정적인 일에 적극적으로 참여했고, 누가 봐도 안락한 생활을 하고 있었다.

햇빛이 밝게 내리쬐던 7월 초 어느 날, 빌은 얼굴에 웃음을 띤 '고용 사장' 제이 존스(Jay Jones)와 탁자에 마주 앉아 있었다. "아주 잘 되어가는 듯합니다." 제이는 가장 최근의 순익 명세서를 보면서 말했다. 빌이 대답했다. "물론 그렇지. 돈이 물처럼 흐르고 있는데, 끝이 보이지 않는군." 2주일 뒤에 그 끝이 왔다.

"마치 40리 밖에 있는 손이 뻗어와서 꼭지를 막는 것 같았습니다." 빌이 필자에게 말했다. 빌은 1985년 7월 25일 저녁의 사건을 말하고 있었다. 그날 석유수출국기구(OPEC)가 와해되었다. 강력한 국제 석유 카르텔에서 일어난 뜻밖의 사태가 원유 가격의 폭락을 가져왔으며, 그 결과 나타난 충격파가 지구를 반 바퀴 돌아서 몰려왔다.

오클라호마 주에서 석유 굴착이 급브레이크에 밟힌 듯 끽 소리를 내며 멈추었고, 덩달아 굴착 파이프에 대한 주문도 갑자기 끊겼다. 그해, 바로 7월 말까지의 매달 평균 매상은 100만 달러에 달했다. "하지만, 8월 매상은 정확하게 0달러였습니다." 빌은 생생하게 회상했다. "호크아이는 말 그대로 하룻밤 사이에 파산했습니다." 미국의 석유업계에 줄줄이 엄청난 케이오(K.O.) 펀치를 먹일 사태가 이렇듯 갑작스럽게 닥쳐올 줄은 아무도 예측하지 못했다. 탁월한 사업 수완, 고된 작업, 불굴의 결심, 최후까지 버틴 노력에도 불구하고 빌은 회사를 잃었고, 그와 함께 안락한 생활도 날아가 버렸다.

빌은 70여 명의 남녀 직원에게 둘러싸인 채 공장 바닥에 서 있었다. 그들은 피고용자라기보다는 차라리 가족에 가까운 사람들이었다. 빌은 하염없이 눈물을 흘리며 그들에게 소식을 전해 주었다. "그것은 제 일생에서 가장 끔찍한 경험이었습니다." 그는 악몽 같은 그날을 회상하면서 말했다. "그날 오후보다 충격적인 때는 없었습니다." 그러나 그것은 시작에 지나지 않았다.

빌은 호크아이 파이프 서비스의 자산이 최고 입찰자 경락 방식으로 경매되는 것을 지켜보았다. 입찰자들이 응찰한 형편없는 액수는 거의 죽어가는 회사의 빚을 청산하기에 턱없이 부족했다.

빌은 이제 모든 기업가들이 최악의 악몽으로 꼽는 상황에 직면했다. 그는 거미줄처럼 얽힌 개인 보증의 수렁에 빠지고 말았다. 그가 보증 선 것을 액수로 따지면 100만 달러가 넘었다. 일반적으로 채권자들이 중소기업에 대출해 줄 때는 기업뿐만 아니라 기업 소유주에게도 보증 설 것을 요구한다. 어떤 이유로든 회사가 파산하면

회사 빚은 고스란히 보증인에게 전가되는데, 이 경우에는 그 보증인이 필자의 친구 빌이었다.

그는 손으로 머리를 감싸며 앉아 있었다. 100만 달러가 넘는 빚은 식탁 건너편에 앉아서 그에게 배고프다고 아우성치고 있었으나, 빌에게는 건넬 돈이 단 한 푼도 남아 있지 않았다.

"그때부터 지옥 같은 나날이 시작되었습니다. 소송, 지긋지긋한 수금원으로부터 밤이건 낮이건 시도 때도 없이 걸려오는 협박 전화, 가족의 식료품비까지도 빚 갚는 데 쓰지 않으면 상상할 수 없을 정도로 엄청난 보복을 하겠다는 협박 전화가 끊이지 않았습니다. 빚을 갚고 싶지만 그렇게 할 수단이 전혀 없다는 나의 처지를 털어놓을 때마다, 엄청난 인간적 모멸을 감수해야 했습니다."

그런 모욕과 인신공격이 빌에게만 국한되지 않았다. 전화받는 사람이 누구건 협박은 똑같았다. 그때 겨우 일곱 살이었던 빌의 딸 제시카(Jessica)도 예외는 아니었다. "딸이 전화를 받으면 천진난만하게 아빠는 집에 안 계신다고 말합니다. 그러면 전화를 건 상대방은 거친 목소리로 말합니다. '내 돈 떼어먹는 네 아버지에게 말해라. 돈을 갚지 않으면 자동차를 가져가겠다고 말이야.'"

개인 파산 선언은 어떨까? 파산 과정이 빌에게는 전혀 낯설지만은 않았다. 호크아이를 시작하기 전에, 빌은 수년 동안 변호사 생활을 했기 때문에 파산 관련법에 대해 잘 알고 있었다. 그러나 빌에게 있어서 개인 파산은 절대로 선택할 수 없는 대안이었다. 도덕적으로 그것을 용납할 수 없었다. 그는 자신의 명예를 위해서라도 빚을 다 갚기 전까지는 마음 편히 지낼 수가 없었다. "문제는 내가 빚을 지고 있는 사람들이었습니다. 파산 선고는 그들에게 가혹한 처사가 될 게 뻔했습니다. 나는 그들에게 갚을 방법을 찾아야 했습니다."

빌은 위로를 받고자 친구와 동료들을 찾았다. 그러나 대부분의 사람들이 보이지 않았다. "그들 모두 바람 앞의 한줌 연기 같았습니다. 금요일 밤이면 카드놀이하거나 야구하러 우리 집에 자주 들르곤 했던 사람들이 갑자기 나를 피하고 있었습니다. 마치 나의 사업 실패가 전염병이라도 된 것 같았습니다. 내 주변에 사람이 있다면 그것이 그들에게도 전염되는 모양입니다."

어느 날, 빌은 신문을 넘기다가 우연히 특이한 광고를 보았다. 미국 연방예금보험공사(Federal Deposit Insurance Corporation, FDIC)에서 '비생산적 대출금'을 경매에 올린 것이다. 그것은 털사(Tulsa)에 있는 어떤 파산한 은행으로부터 인수받은 것이었다.

처음 광고를 읽어보고 나서 빌은 머리를 흔들었다. "괜히 잃은 돈 건지려다 더 손해 보겠네." 그는 그 광고를 쓰레기통에 던져버렸다. 다음 날 똑같은 광고가 또 나왔다. 이번에는 잠깐 생각해 보았지만, 그 광고는 다시 한 번 쓰레기통으로 던져졌다. 그 광고가 세 번째로 그의 관심을 끌고 나서야, 빌은 좀더 심각하게 생각했다. "그 광고는 오로지 나를 위해 그 신문에 나타난 것 같았습니다."

빌은 자신의 곤경에 대해 생각했다. 그가 자기 의무를 다하려고 하지 않는 것이 아니었다. 그는 빚을 갚고 싶었다. 다만 빚쟁이들이 요구하는 이상한 요구를 들어주지 못할 뿐이었다. 그는 생각했다. 만약에 채무자들이 자기와 같은 사람, 즉 빚쟁이들이 부르는 것처럼 '배 째라' 식이 아니라 자기와 같은 정직한 사람인데, 지금 어려운 상황에 빠져 있는 사람이라면 어떨까? 그런 사람들은 시간과 수단만 주어진다면 빚을 갚으려고 할 것이다. 혹시 이 대출금이 전혀 '악성'이 아니라면……. 혹시 대출금을 회수하려고 했던 사람들이 단지 잘못된 방법을 선택했을 뿐이라면……. 그렇다면 그가 그 선량한 사람들과 머리를 맞대고 고민하면서 그들이 계획을 갖고 빚을 갚을 수 있는 방법을 찾는 데 도움을 줄 수도 있을 것이다. 그래서 그들이 명예를 회복할 수 있도록 도울 수 있을 것이다.

빌은 가족 외에 믿을 수 있는 유일한 사람으로서 전에 같이 일했던 제이와 상의했다. 그도 찬성했다. "제이는 이 도시에서 여전히 나와 연락하고 지내던 몇 안 되는 사람 가운데 한 명이었습니다."

두 사람은 빌의 트럭에 올라타고 털사로 향했다. 그들은 통행료 40센트도 없었다. 그래서 먼지가 풀풀 날리는 이면 도로를 타고 경매장으로 차를 몰았다.

그들이 도착했을 때, 사람은 거의 없었다. "우리 외에 한 사람이 더 있었는데, 그는 경매가 시작되기도 전에 떠나 버렸습니다. 300만 명이라는 사람들이 그 광고를 보았는데, 기회를 포착한 사람은 나와 제이 딱 두 사람이었습니다. 아니, 어쩌면 우리 두 사람은 그것도 기회라고 생각하고 찾아왔을 만큼 멍청한 사람들이었는지도 모르죠."

빌은 이 일에 성공하려면 전혀 다른 사고방식이 필요하다는 것을 알게 되었다. 그가 초기에 썼던 대출금 회수 방법은 전혀 생산적이지 않았다.

과거에는 회수 불능의 악성 채무, 즉 흔히 말하는 '대손'을 수금 회사에 맡겼다. 수금 회사는 흔히 수단과 방법을 가리지 않고 채무를 회수하려고 했고, 성공적으로 회수된 부채에 대해서 30퍼센트를 수수료로 공제했다. 회수하지 못한 부채는 손실로 포기하고 회사의 장부에 완전 손실로 기록되었다.

빌의 생각은 혁명적이었다. 그는 딱 잘라서 달러당 2센트에 부채를 사들였다. 이전에는 전혀 시도되지 않았던 방법이었다. 일단 부채에 대한 소유권을 갖고 나면, 달러 당 3센트씩이라도 회수할 수 있다면 원래 투자자에게 지불하고 50퍼센트의 이익을 남길 수 있다는 것이 빌의 생각이었다. 생각할 수 있는 최악의 상황은 분명했다. 단 1센트조차 회수하지 못할 수도 있는 것이다. 그렇게 되면 모든 것을 잃고 그의 개인적 빚은 더욱 불어난다.

빌이나 제이나 부채 회수 사업에 대해서는 전혀 알지 못했다. 그러나 그야말로 '무식하면 용감하다.'는 말 그대로 그들은 빚이라는 웅덩이에 머리부터 집어넣었다. 그런데 문제가 한 가지 있었다. 일을 하기 위해서는 1만 3,000달러가 필요한데, 그들에게는 단돈 13달러도 없었다. 어디서 돈을 구한단 말인가?

빌은 은행으로 갔다. 그리고 사정 이야기를 했다. 필자는 그 말을 듣고 나서 은행의 담당자가 어떤 표정을 지었을지 정말로 보고 싶었다. 빌은 이렇게 말했다고 한다. "나는 당신에게 이미 100만 달러가 넘는 빚을 지고 있습니다. 게다가 나에게는 그 돈을 갚을 방법이 전혀 없다는 것을 당신이 알고 있다는 것도 명심하고 있습니다. 그러나 나는 지금 당신에게 1만 3,000달러를 더 빌려야 합니다.

그러면 그 돈으로 다른 사람들의 악성 부채를 얼마쯤 살 수 있습니다." 이미 100만 달러가 넘는 빚을 지고 있고, 그것을 갚을 만한 뚜렷한 수단도 갖고 있지 않은 사람에게 은행이 위험을 무릅쓰고 1만 3,000달러를 더 꿔줄 이유는 전혀 없었다. 논리적으로나 합리적으로 보았을 때 빌에게 유리한 것은 전혀 없었다. 그러나 어쨌든, 빌은 그날 필요한 돈을 갖고 그 은행에서 걸어 나왔다.

식탁에 혼자 앉아서 오로지 전화와 어려운 시기에 빠졌다는 동병상련의 공감대만을 무기로, 빌은 첫 번째 악성 부채 처리 사업에서 6만 4,000달러가 넘는 돈을 모았다. 동그란 숫자를 좋아하는 사람들을 위해 말한다면, 빌은 빌려서 투자한 돈의 400퍼센트가 넘는 수입을 올린 것이다! 빌은 작업을 계속하여 전체 액수를 좀더 큰 규모로 재투자했다. 그 과정은 몇 번이고 반복되었고, 그 결과에 대해서는 당신도 짐작할 수 있을 것이다.

『아이엔시』(INC) 지에서, 빌은 '미국에서 최고 부자 가운데 한 사람'으로 소개되었다. 빌이 세계에서도 손꼽히는 자수성가 억만장자라는 사실이 비밀은 아니지만, 필자는 그의 진정한 부는 비전을 향해 흔들림 없이 전진하는 자세에 있다고 생각한다. 그 비전은 절대로 자진해서 맡은 것은 아니었지만, 그렇다고 거절할 수도 없는 것이었다.

그로부터 거의 15년 뒤에 필자는 미래 계획에 대해 빌과 이야기했다. "그렇다면 다음 단계는?" 필자가 물었다. 그는 서번트 리더 특유의 확신에 찬 어조로 미래에 대한 비전을 이야기했다. 그의 이야기를 들으면서, 필자는 그가 신의 눈을 통해 미래를 꿰뚫어 보고 있다고 느꼈다.

빌이 실천하고 있는 임무는 엄청난 인간적 고통을 통해 시련을 극복할 수 있도록 특별히 자격을 부여받은 사람에게서 탄생하는 것이며, 나아가 빌과 같은 숙련된 서번트 리더의 안내를 필요로 하는 수천만 사람들의 삶을 어루만질 것이다.

경제적 여유를 위한 서번트 리더의 공식: 십일조

경제적 여유를 위한 서번트 리더의 계획은 다른 대부분의 예산 및 금융 계획과는 다르다. 여기서 중요한 것은 십일조 개념이다.

'십일조'는 '10분의 1'이라는 뜻이다. 따라서 십일조의 개념은, 경제적 여유를 위한 서번트 리더의 계획이라는 측면에서 본다면 **자신의 순이익 가운데 10분의 1을 특정한 목적에 쓰기 위해 떼어두는 것이다.**

십일조의 원칙은 세 가지 핵심 영역에서 서번트 리더의 예산 및 금융 계획에 적용된다. 그 세 가지 영역은 다음과 같다. 첫째, 재정적으로 건전한 미래의 개발. 둘째, 봉사적 비전이나 임무에 투자하기 위한 종잣돈. 셋째, 불균형적이고 불안정한 세계에서 개인적인 균형과 안정 유지.

비전을 가진 리더들은 자신의 기본적 욕구가 언제라도 충족될 수 있도록 자신의 미래에 투자해야 한다. 이것을 성취하기 위한 가장 좋은 방법은 예산 조항에 **'자기 십일조'**를 포함시키는 것이다. 자기 십일조란 필자가 이름 붙인 것인데, 자신에게 십일조를 낸다는 뜻이다. 즉, 실수입의 10퍼센트를 제일 먼저 떼어 수익이 생기는 투자 수단, 예를 들어 주식·채권·뮤추얼펀드 등에 넣는 것이다. 이렇게 함으로써, 이제까지는 돈을 위해 일해 왔지만 지금부터는 **돈이 자신을 위해 일하도록 하는 것**이다.

월급으로 받는 돈의 10퍼센트를 제일 먼저 투자함으로써 재정적으로 건전한 미래를 설계해 가는 것이다. 그것은 다른 사람들의 욕구에 봉사하려는 자신의 능력을 키우기 위해 취할 수 있는 가장 강력한 행동 가운데 하나이다.

다음 단계의 십일조는 자신이 강력하게 필요성을 느끼는 특정 비전이나 임무에 직접 자금을 조달하는 방법이다. 필자는 이것을 '비전 십일조'라고 부른다.

이제까지 필자는 봉사적 비전 또는 봉사적 임무에 대해 자주 언급해 왔다. 필자는 두 용어를 거의 같은 뜻으로 사용한다. 그것은 대의명분을 지키고, 잘못을 바로잡고, 자신이 동조하는 특정 개인이나 집단의 욕구에 봉사하며, 새롭고 중요한 산업이나 자신이 해보겠다고 생각해 보지도 않았던 일을 탄생시키기 위한 강제적인 동인이다.

이 문제에 대해서는 뒤에 좀더 자세하게 다루겠지만, 현재로서 이 비전에 대해 알아야 할 것은 다음과 같다. **이 비전을 확실하게 알기 위해 준비해야 할 것 가운데 하나는 돈이며, 이 비전은 언제, 얼마나 여러 가지 방법으로, 또는 어떤 형태로 모습을 드러낼지 모르기 때문에, 그것의 필연적인 출현에 늘 대비해야 한다.**

봉사적 비전은 경제적으로 탄탄한 미래를 위한 준비, 즉 십일조와 투자를 통해 성취된다. 여기에서 할 수 있는 투자는 두 가지 과정으로 이루어진다. 첫 번째로, 자신의 비전 십일조의 수익을 단기 투자 수단·금융 시장·뮤추얼펀드 등에 투자한다. 그리고 두 번째로, 적절한 시점이 되거나 소명을 받으면, 자신의 봉사적 비전이나 다른 서번트 리더의 임무에 그 돈을 투자한다.

십일조의 다음 단계는, 자기 자신에게 투자하는 것이다. 필자는 이것을 '본질적 십일조'라고 부른다. 다음과 같은 일에 투자할 경우에 필요한 자금은 바로 이 십일조로부터 나온다. 자기계발과 지속적인 교육을 위해 투자하거나, 위기나 응급 상황에 대비한 울타리—이것은 마음의 평화를 준다—를 만들어 놓기 위해, 혹은 앞으로 필요할 활력을 항상 갖추어 놓기 위해 건강과 레크리에이션 활동에 투자해야 할 경우 등이 이러한 경우에 해당된다.

자신과 가족을 충분히 부양할 수 있으면서도 인생에서 새로운 목표를 추구할 때 필요한 돈을 충분히 준비하기 위해서는, 지금부터 계획을 세워야 한다. 또한 피할 수 없고 대개 긴 시간을 요구하는 서번트 리더의 경제적 의무를 충족시키기 위해서는, 돈에 대한 건전한 태도를 길러야 한다. 그리고 지금까지 경험해 보지 못했던 비전을 실현하는 데, 돈이 궁극적으로 어떻게 기여할 수 있는지 충분히 이해하고 있어야 한다. 돈과 관련된 자신의 현재 행동과 태도가 '가진 사람'의 유형인지 '못 가진 사람'의 유형인지 평가하여 긍정적인 태도, 부를 축적하는 태도를 지녀야 한다. 반대로 자신의 발목을 잡고 있는 태도는 버려야 한다. 서번트 리더의 십일조 형식을 이용하여 자신에 대해, 자신의 비전에 대해, 자신의 미래에 대해 투자를 함으로써 재정 관리를 시작해야 한다.

지금까지 우리는 다른 사람이 필요로 하는 것을 파악하고 거기에 봉사하기 위해 육체적, 지적·정서적, 정신적, 경제적으로 무엇을 어떻게 준비해야 하는지 알아보았다. 이제는 다음 단계로 넘어가 지금까지 배운 모든 것을 행동으로 옮기는 방법을 배워보자.

사람들의 욕구를 충족시킨 서번트 리더, 스펜서

제2차 세계대전이 끝나고 얼마 안 있어, 스펜서는 레이시온 사의 자기 연구실 가운데 한 곳으로 걸어가고 있었다. 그가 자전관(magnetron, 레이더 장치의 한가운데에 있는 출력관) 앞에 섰을 때, 문득 자기 셔츠 주머니에 있는 사탕이 녹기 시작하는 것을 보았다. 대부분의 다른 과학자들은 아마도 우연히 그런 일이 생겼다거나, 체온에 의해 초콜릿이 녹는 것과 같은 현상이라고 그냥 넘겼을 것이다. 그러나 스펜서는 달랐다.

스펜서는 자신이 알고 있는 유일한 합리적인 방법으로 그 우연한 사건에 접근했다. 그는 밖으로 뛰어나가서 팝콘용 옥수수를 한 통 사왔다. 옥수수 알이 담긴 접시를 들고 레이저 장치 앞에 서 있던 스펜서는 옥수수 알이 튀겨지기 시작하는 모습을 흥분된 표정으로 지켜보았다.

실험은 거기에서 멈추지 않았다. 다음 날 아침 스펜서는 주전자 양쪽에 구멍을 뚫어 안을 들여다볼 수 있게 한 다음, 주전자 안에 달걀을 넣어 자전관 옆에 두었다. 얼마 후 폭발이 일어났고, 스펜서는 얼굴에 달걀을 뒤집어쓰고 말았다. 아마도 기록상으로는 스펜서가 얼굴에 달걀을 뒤집어쓴 최초의 과학자일 것이다.

그 장치에 관심을 가진 레이시온이 자금을 투자하고 1953년에 특허를 획득했다. 퍼시 스펜서는 전자레인지를 최초로 발명한 사람으로 기억되고 있다.

보편적
욕구
발견하기

누구에게 봉사하는가?

　　　　　　　실제적인 관점으로 보면, 다른 사람들의 욕구를 파악하고 거기에 봉사한다는 것은 예술과 과학의 행복한 결합이다. 그것을 가장 기본적인 원칙에까지 파고들어 가면, 다음 세 가지 질문만 남을 것이다.

- 누구에게 봉사하는가?
- 그들은 무엇을 필요로 하는가?
- 그들이 필요로 하는 것을 어떻게 줄 것인가?

중심 잡기

　　필자가 집 근처의 작고 멋진 인도 음식점에서 점심을 먹고 있을 때였다. 그 식당은 가족이 모두 일정한 역할을 하면서 성공적으로 운영되고 있었다. 아버지는 주방장, 아들은 식탁 청소와 배치,

어머니는 금전등록기 관리, 그리고 아홉 살 가량의 막내딸은 스케치북에 크레용으로 그림을 그려서 고객들을 즐겁게 해주었다. "이 그림은 뿡뿡 방석을 안고 있는 외계인을 그린 거예요." 필자는 그 그림이 꽤 그럴듯하다고 생각했다. 하지만 안타깝게도 그때 필자는 카레를 한 입 먹으려는 순간이었다. "이것은 내가 좋아하는 그림이에요. 이 세상 사람들을 그렸어요." 필자는 다시 꼬마 아가씨의 그림을 내려다보았다. 그림에는 주름잡힌 옷을 입은 사람이 네 명 있었는데, 그들의 상대적 크기는 아시아 대륙의 지도만큼 제각각이었다. 사람들은 지구 꼭대기에 서 있었다. "그것도 정말 멋지구나." 필자는 음식을 겨우 삼키면서 말했다.

"그래요, 그런데 사람들을 제대로 그리지 못했어요. 사람이 너무 크고 지구도 이렇게 생기지 않았어요. 내 동생이 나와 내 친구 패티(Patty)만 참가하는 미술 대회를 열 거예요. 그래서 이 그림을 내려고 했는데, 지금 보니 아무래도 다시 그려야겠어요. 아저씨 생각은 어떠세요?"

"이 그림도 멋진걸. 하지만 원근법에 신경을 좀 써야 할 것 같구나."

그러자 꼬마는 머리를 치켜들고 얼굴을 찡그리면서 소리쳤다. "아저씨, 바보." 그리고 꼬마는 식당 내실로 들어갔다. 꼬마가 걸어가면서 스케치북이 앞뒤로 크게 흔들렸다.

식사가 끝날 즈음, 꼬마 아가씨가 새 그림을 들고 다시 나타났다. 꼬마는 필자에게 보라는 듯 식탁 위에 그림을 툭 내려놓았다. "와! 이것은 정말 멋진걸." 사실 그랬다. 꼬마는 그림을 다시 그린

3부 보편적 욕구 발견하기

것이다. 이번에는 사람들이 해변에 서서 바다를 바라보고 있었다. 사람들은 모두 손을 맞잡고 있었다. 게다가 꼬마는 웃고 있는 불가사리 한 마리와 행복한 표정의 돌고래도 몇 마리 그려 넣었다. 원근법도 완벽했다.

꼬마가 말했다. "어떻게 하면 그림을 더 잘 그릴 수 있을까 생각했어요. 세계를 바꿀까, 아니면 사람들을 바꿀까? 저는 사람들을 바꾸기로 했어요. 사람들을 올바르게 그리면 세계는 저절로 올바르게 될 거니까요."

아홉 살짜리 꼬마가 크레용 그림에서 원근법은 잘못 표현했을지라도, 인생에 대해서는 무시무시할 정도의 통찰력을 갖고 있었다.

사람을 올바르게 하면, 세계는 저절로 올바르게 된다. 우리가 자신만의 독특한 경험을 통해 세상 사람들의 욕구를 알아내고 그것을 충족시키고자 할 때, 제일 먼저 해야 할 일은 대상이 되는 집단이나 개인에 대한 완벽한 이해일 것이다. 이것이 제대로 이루어지지 않을 때, 많은 사업가들의 경우와 마찬가지로 실패하고 만다.

이제 핵심 질문들을 하나씩 살펴보자.

누구에게 봉사할 것인가?

앞에서 보았듯이, 이 질문은 하고자 하는 일의 방향을 정해 준다. 당신은 이 질문을 통해 관심 있게 지켜보아야 할 대상이 어떤 사람들인지 알 수 있다. 또한 이 질문은 자신의 결정과 행동이 본능에 따라 이루어지지 않도록 상기시켜, 당신이 잘못된 방향으로 빠지는 것을 막아준다. 다른 사람들의 욕구보다 자신의 욕구를 우선시하는 순간, 그리고 다른 사람들의 욕구와 자신의 욕구를 혼동하는 순간 본능이 주도권을 잡기 시작한다. 그때가 서번트 리더로서 중심을 잃는 순간이기도 하다.

이 질문은 너무 단순 명료해서 복잡할 게 없다. 물론 초기에는 자신에게 봉사하려 하는 본능적 성향을 정당화하지 않도록 세심하게 신경 쓸 필요가 있다. 예를 들어, 당신은 이렇게 생각할 수도 있다. "나는 진정으로 제인(Jane)을 생각해서 이 고객을 빼돌리는 거야. 왜냐하면 제인은 이미 일을 너무 많이 하고 있으니까. 그녀의 일을 가중시키는 또 다른 고객은 필요하지 않아."

자신의 욕구보다는 다른 사람들의 욕구를 위한 효과적인 해결책인지 고려하지 않고, 이미 내린 결정을 정당화하려고 하는 경우도 있을 수 있다. 예를 들어, 당신이 영화 관람을 무척 좋아한다고 하자. 당신은 하루 종일 영화에 파묻혀 영화를 보고 영화에 대해 이야기하고 싶다. 그래서 이 희망을 이룰 수 있는 유일한 길은 직장을 그만두고 비디오 대여점을 열어서 운영하는 것뿐이라고 결론 내렸다. 당신은 번화가에 있는 상점을 임대하고 비디오를 사는 데 필요한 창업 자금을 마련하기 위해 차를 팔고 집을 저당 잡혔다. 당신은 무의식중에 흔히 말하는 '설치하기만 하면 와서 덫에 걸려줄 것이다.'라는 함정에 빠지고 말았다. 이런 태도는 다른 50가지 이유를 합친 것보다도 더 큰 사업 실패의 요인이다.

이 소박한 시나리오를 보면, 다른 사람들의 욕구에 봉사하는지 여부는 생각하지 않고 그저 자신의 욕구에 충실하려 한 것임을 알 수 있다. 자신이 직업을 바꿀 정도로 영화를 좋아하니까 다른 사람들도 그럴 것이라고 생각한 것이다. 또한 많은 사람이 영화를 좋아하기 때문에, 그 지역에 이미 열네 개의 비디오 대여점이 있어도 문제가 되지 않는다고 생각했다.

무엇보다 먼저 비디오 대여점으로 어떤 사람에게 봉사하려는지 신중하게 생각하여 결정한다면 성공 확률을 좀더 높일 수 있을 것이다. 위의 예를 좀더 확대시켜 생각하면, '대머리에게 빗을 권하는 것'과 같은 불필요하고 어쩌면 모욕적일 수 있는 행위의 또 다른 예라 할 수 있다. **우리가 좋아한다고 해서 다른 사람들도 모두 좋아하는 것은 아니다.**

좋다. 당신이 필자에게 최선을 다해 이치에 맞게 설명했는데도 필자는 우리가 비디오 대여점을 열어야 한다고 고집하고 있다고 하자. 어떻게 우리의 계획을 실행할까? 2주일 동안 홍보하고 나서 무작정 대여점을 열기에 앞서, 먼저 미래의 고객들에 대해 알아볼 필요가 있다. 여기에는 가능한 고객들의 수효, 그들이 사는 곳, 그들이 일주일에 빌릴 만한 비디오의 수효, 그들이 비디오를 주로 빌리는 요일, 그들이 즐겨 보는 영화의 종류 등이 포함된다. 그 다음에는 겨우겨우 이어온 나머지 열네 군데 대여점과의 거래를 끊고 우리한테 오게 할 수 있는 고객 유치 방법을 알아야 한다.

고객을 끌어오기 위한 좋은 방법은 고객의 욕구를 만족시키는 것이다. 현재 충족되고 있지 않은 고객의 욕구를 만족시키고, 다른 어떤 경쟁자들보다 낫다는 인식을 심어주어야 한다. 여기까지는 거의 모든 사람들이 알고 있는 사실이다. 안 그런가? 그러나 그것은 쉬운 일이 아니다. 알다시피, 성공은 자신이 봉사하고자 하는 사람들에 대한 이해의 깊이와 관계가 있다. 그들에 대해서 많이 알면 알수록 더욱 좋다. 목표는 현재 또는 앞으로 봉사하려는 사람들에 대해 많이 아는 것이다. 그들이 자신에 대해 알고 있는 것보다 더 많이 알아야 한다.

그들은 무엇을 필요로 하는가?

이 질문은 여러 가지 이유로 좀더 까다롭다.

첫째, **실제로 사람들은 자신이 무엇을 필요로 하는지 반드시 알고 있는 것은 아니다.** 대부분의 사람들이 자기가 원하는 것에 좀더 초점을 맞추고 있기 때문이다. 더 정확하게 말하면, 사람들은 자신이 원하는 것에는 집착하는 반면, 자신에게 필요한 것에는 관심을 덜 기울인다. 필자 자신을 예로 들어보자. 필자는 허리둘레가 29인치가 되기를 원한다는 것을 알고 있다. 그러나 필자 자신이 그렇게 허리둘레를 줄일 수 있을지 확신이 서지 않는데다, 지금도 매일 밤마다 후식으로 아이스크림을 먹는다.

흔히 사람들은 **자기가 원한다고 말한 것**을 얻고 나면, **그것이 자기가 원했던 것이 전혀 아니었음**을 알게 된다. 필자가 아는 어떤 여성은, 최소한 필자가 그녀를 알고 지낸 동안에는 서부 해안에서 살고 싶다고 늘 이야기했다. 그리고 드디어 2년 전에 그녀는 생활을 정리하고 자기 꿈을 좇아갔다. 그러나 그녀가 발견한 것이라고는 악몽뿐이었다. 이제 그녀는 입만 열면 지금 자기가 살고 있는 곳을 얼마나 증오하는지, 얼마나 뉴욕을 그리워하는지에 대해 늘어놓는다.

사람이 무엇을 원한다고 이야기할 때, 그것은 환상이거나 즉흥적인 감정 표현에 지나지 않는 경우가 많다. 정말 필요로 하거나 원하는 것은 그런 환상이나 감상적 표현 이면에 숨어 있다. 필자의 친구 론 쿠비(Ron Kuby)는 미국에서 가장 실력 있고 유명한 변호사 가운데 한 명이다. 그의 말에 의하면, 고객이 원한다고 말하는 것과 실제로 할 수 있는 것, 또는 마음속으로 예상하는 것이 서로 맞아떨어지지 않는 때가 많다고 한다. 형사 사건과 관련된 그의 고객 가운데 많은 사람들, 특히 유죄가 명백한 사람들은 교도소에 가지 않고 무사히 넘어가기를 원한다. 론의 설명에 의하면, 그것은 순전한 환상이다. 민사 사건인 경우, 피해자 고객은 처음에는 복수하겠다고 이를 박박 간다. "그 자식이 내게 한 짓거리에 대해 앙갚음하고야 말겠어." 그러나 그런 사람들은 나중에 자신이 정말 원하는 것은 단순한 사과 정도뿐임을 깨닫는다고 한다. 피해자에겐 가해자의 사과의 말 한마디가 필요했던 것이다.

어떤 사람이 실제적으로 무엇을 필요로 하는지 알아내기 위해 해야 할 일은 질문, 그저 많이 질문하는 것뿐이다. 질문하고, 그 질문에 대하여 상대가 말하는 것과 말하지 않는 것에 귀를 기울이면 그 사람이 진정 필요로 하는 것에 대한 실마리를 잡을 수 있다. 우리는 첫 질문, 이를테면 '어떻게 도와드릴까요?'라고 묻고 나서 탐색을 멈추는 경우가 너무도 많다. 그 질문은 상대가 자신의 진정한 욕구를 알고 있다는 전제를 깔고 있다. 그 전제가 바로 함정이다. 자신의 진정한 욕구를 알고 있는 사람은 많지 않다. 알고 있다고 하더라도, 남에게 알리고 싶어 하지 않는다. 정말 필요로 하는 것을 알아내기 위해서는 진실이 모습을 드러낼 때까지 꾸준하게 탐색을 계속해야 한다. 뒤에 소개할 준거틀은 다른 사람이 정말 필요로 하는 것을 알아내는 데 도움이 될 것이다.

대개의 경우 **사람들은 이용 가능한 수단이 무엇인지 모르기 때문에 자신이 진정으로 무엇을 필요로 하는지 모른다.** 전기, 텔레비전, 개인용 컴퓨터, 심지어 바퀴에 이르기까지, 지금까지 이루어진 모든 위대한 발명이 그랬다. 사람들이 실내 화장실, 페니실린, 무선 데이터 통신 등을 경험해 보지 못했다면, 그런 것들이 어떻게 삶의 질을 향상시키는지 몰랐을 것이다. 사람들이 필요로 하는 것은 잘 보이지 않는 때가 많다. 시야가 한정되어 있기 때문이다. 그것은 좀 더 넓은 시야를 갖춘 숙련된 관찰자만이 볼 수 있다.

급변하는 건강관리 시스템에 직면하여, 휴렛팩커드(Hewlett-Packard)에서 분사한 애질런트 테크놀로지스(Agilent Technologies)의 경우가 좋은 예이다.[3] 한 잡지(*Fast Company Magazine*)에 실린 기사에 따르면, 건강관리는 병원 내부보다는 병원 바깥에서 더 많이 이루어지고 있다. 세계적으로 건강관리 서비스가 환자에게 직접 제공되고 있는 것이다. 가정에서는 숙련된 가정 건강관리사에 의해 이루어지고, 거리에서는 준 의료종사자 및 응급처치 요원에 의해 이루어지며, 시골과 도시 진료소에서는 숙련된 의사와 간호사에 의해 이루어진다.

애질런트는 건강관리 용품 사업을 새로운 조류에 맞춰 재편성하기 위해서는 기존 방식인 병원 의사 중심의 서비스 체계에서 벗어나 현장에서 건강관리를 담당하는 전문가들의 욕구에 초점을 맞추어야 한다고 판단했다. 애질런트가 해야 할 일은 현장 의료인의 욕구에 맞추어 여러 가지 형태와 다양한 수준의 의료 훈련을 할 수 있게 해주는 첨단 의료장비를 개발하는 것이었다. 이 목적을 위하여 해당 분야 전문가들을 면밀하게 관찰하던 애질런트의 연구원들은 곧 독특한 문제점을 발견했다. 간단히 설명하자면, 환자들의 몸 속에서 어떤 일이 일어나고 있는지 들을 수 없다는 것이 문제였다.

환자들은 사고 현장, 구급차 안, 헬리콥터, 환자의 집 등과 같은 곳에서 치료받는 경우가 많다. 이런 곳에서는 신경 자극성 소음을 비롯하여 갖가지 소음이 끊임없이 들려오기 때문에, 의사는 진료에 필요한 중요한 소리를 잘 들을 수 없다. 게다가 전문가들이 사용하는 청진기는 100년도 넘게 오래 전에 개발된 것이기 때문에, 소음 등의 주변 환경을 통제하는 데는 한계가 있었다. 그런데 재미있는 것은, 이제까지 새롭거나 더 좋은 형태의 청진기를 요구하는 의료인이 거의 없었다는 점이다.

의사들은 자기들에게 정말로 무엇이 필요한지 깨닫지 못하고 있었지만, 애질런트의 연구원들은 알고 있었다. 그들은 좀더 넓고 다양하게 볼 수 있었기 때문에 새로운 청진기의 시대가 왔다는 것을 알 수 있었다. 애질런트는 환자가 나타내는 중요한 신호를 제대로 읽을 수 없는, 100년도 넘은 전통적인 방법을 버리고 최첨단 기술을 채용하여 새로운 환자 진료 장치에 대한 아이디어를 생각해 냈다.

사람들은 자신이 무엇을 필요로 하는지 모르는 경우가 많다. 자신의 실상을 볼 수 있는 통찰력이 부족할 뿐만 아니라, 이용 가능한 수단이 무엇인지 모르기 때문이다. 자신이 무엇을 필요로 하는지 분명히 알지 못하기 때문에 그들에게 '어떻게 도와줄까요?' 하고 묻는 것은 별 의미가 없다. 그들을 돕기 위해서는, 먼저 그들이 무엇을 필요로 하는지 알아내야 한다. 그것은 그들이 어떤 난관에 봉착하여 그것을 해결하려고 애쓰는 모습을 보면 알 수 있다. 일단 그들이 필요로 하는 것을 파악하면, 그들이 자신의 욕구를 충족할 수 있도록 돕는 단계로 나아갈 수 있다.

필요로 하는 것을 어떻게 제공할 것인가?

이 질문에 대한 답은 매우 미묘하다. 그것은 바로 골치 아픈 인간의 본능 때문이다. 즉 **사람들은 자기에게 필요한 것을 사지 않는다. 원하는 것을 산다**는 사실 때문이다. 따라서 사람들이 필요로 하는 것을 알아내어 더 좋은 신제품을 만들었다고 하더라도, 판매 대상자들에게 그 제품이 꼭 필요하다는 확신을 심어주지 못한다면 성공할 가능성은 그리 많지 않다.

변호사인 론의 고객들의 경우와 마찬가지로, 무엇보다 우선해야 할 일은 봉사하려는 대상자들에게 실제 사실에 대해 재교육하는 일이다. 론은 다음과 같이 말했다. "때때로 당신은 그들에게 가능한 한 가장 평이하고 단순하게 삶의 실체를 설명해야 한다. 유죄임이 확실한 나의 고객이 여전히 교도소에 가지 않기를 원할 경우, 나는 이렇게 말해야 한다. '당신은 틀림없이 교도소에 가게 된다는 현실을 직시해야 한다. 지금 우리가 해야 할 일은 복역 기간을 줄이기 위해 노력하는 것이다.'" 이런 방식이 통할 때도 있지만, 어떤 때는 잠재 고객을 잃을 수도 있다. 고객에게 현실을 인식시키든지, 아니면 어떤 변호사도 도움을 줄 수 없는 고객을 맡지 않든지, 론은 고객의 실제적인 욕구에 부응함으로써 자신의 도움을 진정으로 원하고 또 필요로 하는 고객들에게 봉사하는 능력을 향상시키고 있다.

어떤 사람에게 충족되지 못한 욕구가 있을 때 그것을 당사자에게 깨우쳐 주려면, 일련의 질문을 통해서 그가 현실을 확실하게 이해할 수 있도록 유도해야 한다. 또 다른 방법으로는, 실제 사례를 통해 증명하는 것도 있다. 전화, 전등, 지퍼, 심지어 일회용 반창고와 같은 일반적인 제품이 바로 그런 경우이다.

얼 딕슨(Earl Dickson)의 발명품이 뿌리를 내리기 전까지, 자신의 손가락에 붕대를 감는 일은 남성다운 용기를 과시하는 자랑거리가 되기도 했지만, 그 일 자체는 매우 불편했다. 손가락에 붕대를 감으려면 먼저 의료 붕대를 풀어서 적당한 크기로 잘라놓고, 다시 접착테이프를 풀어 몇 센티미터 길이로 자른다. 그 다음에 다친 손가락을 소독한 상태에서 잘라놓은 붕대를 한 손으로 감고, 감은 붕대가 흐트러지지 않게 하면서 접착테이프로 단단하게 고정시켜야 했다. 그것은 절대로 쉽지 않았다. 1920년에 얼 딕슨은 작은 상처에 붕대 감는 방법을 영원히 바꾸었다.

존슨앤드존슨(Johnson & Johnson) 사에 전해 오는 일화에 의하면, 얼은 아내 조세핀(Josephine)이 필요로 하는 것을 만족시켜 주기 위해 일회용 반창고를 발명했다. 전업주부였던 조세핀은 손가락이 베이고 살갗이 벗겨지거나 데는 일이 많았기 때문에, 아버지가 의사였던 얼은 아내의 상처를 자주 치료해 주곤 했다. 하지만 조세핀은 매번 존슨앤드존슨에서 약솜 구매자로 일하는 남편이 퇴근해서 돌아올 때까지 기다려야 했다. 그래서 두 사람은 혼자서 자기 손가락에 붕대를 감을 수 있는 방법이 있으면 좋겠다고 생각했다. 어느 날 밤, 얼은 붕대·접착테이프·가위·크리놀린(crinoline, 말총과 아마포로 만든 딱딱한 헝겊으로 흔히 옷 안감으로 쓰인다) 조각이 담긴 상자를 앞에 두고 식탁에 앉아 있었다. 얼은 접착테이프를 접착 면이 위를 향하게 하여 식탁에 길게 깔았다. 다음에, 붕대를 작은 사각형으로 몇 개 잘라 몇 센티미터 간격으로 테이프 위에 놓았다. 그리고 크리놀린을 접착테이프의 길이와 폭에 맞게 잘라서 테이프의 접착 면 위에 덮고 그 띠를 감았다.

이제, 그의 아내는 부엌에서 손을 다치면 언제라도 작고 멋진 붕대를 잘라서 스스로 자기 손가락에 붙일 수 있었다. 그의 발명품은 효과가 아주 좋았으며, 얼은 그것을 회사 상관에게 보여주었다. 상관도 그 아이디어의 우수성을 알아보았다. 존슨앤드존슨은 1921년에 최초의 수제품을 대량 생산하기 시작했다. 그러나 사람들의 반응은 기대에 훨씬 못 미쳤다. 회사에서 푸줏간 주인이나 보이스카우트와 같이 그 제품을 정말로 유용하게 쓸 수 있는 사람들에게 대량으로 시제품을 나누어주기 시작한 후에야, 마침내 인기를 얻기 시작했다. 이제 일회용 반창고는 모든 가정에서 중요한 구급용품이 되었으며, 최근 집계에 따르면 그 회사는 1조 개 이상의 제품을 생산해 왔다.

우리는 다른 사람의 욕구를 충족시키기 위해 자신의 경험·재능·기술과 함께 육체적, 지적·정서적, 정신적, 그리고 경제적 자원을 사용한다. 그러나 한 사람이 줄 수 있는 능력 이상을 요구하는 상황도 있다. 그때에는 다른 사람들, 이를테면 의사나 변호사 또는 사업가들의 기술, 재능, 그리고 자원을 부탁해야 한다. 의사나 변호사들은 전문 지식을 제공할 수 있고, 사업가의 경우에는 사업을 확장할 투자처를 구해 줄 수 있기 때문에, 이들을 통해 우리는 좀 더 많은 사람들에게 봉사할 수 있다. 우리가 자신만의 기술과 일정한 자원을 갖고 있듯, 다른 사람들도 자신만의 기술과 자원을 갖고 있다. 우리는 다른 사람들과 서로 관계를 맺을 필요가 있다. 이러한 관계를 통해 서로의 개인적 자원을 개발하여 큰일을 이룰 토대를 마련하는 것이다. 똑같은 방법으로 학교, 병원, 동업자 단체, 또는 수많은 다양한 사람들로 이루어진 회사 등의 조직도 그들의 고객·환자·소비자들의 욕구에 봉사할 수 있다.

일회용 반창고의 성공은 다른 모든 '대성공'과 함께 본질적으로 공통된 점이 있다. 그 성공이 새로운 장치의 발명에 기인한 것인지 아닌지는 관계없다. 그 공통성은 동기이다. 세계를 발전적으로 변화시키는 어떠한 시도 및 그것을 지속시킬 수 있는 힘은, 어떤 대상에 대한 봉사에 있다. 다른 사람의 욕구를 알아내고 거기에 봉사하는 데 노력과 관심을 집중하는 한, 우리는 성공과 개인적 성취의 가도를 달리고 있는 것이다. 자신의 능력을 향상시키고 서번트 리더십의 원칙을 이해하려고 노력한다면, 자신이 길을 제대로 가고 있

는지 혹은 언제 자기 자신에게 봉사하려는 함정에 빠졌는지 더 쉽
게 알 수 있다. 그때까지는, 다음의 결정 준거틀을 효과적으로 이용
할 수 있다. 이 준거틀은 당신의 생각과 행동을 다른 사람들의 실제
욕구를 파악하고 거기에 봉사하는 과정으로 안내할 것이며, 한편
으로는 자신에게 봉사하려는 행동을 자제할 수 있게 해줄 것이다.
이 준거틀은 개인적인 서번트 리더뿐만 아니라 조직을 이끄는 데도
쉽게 적용할 수 있다.

봉사 지향적인 결정 준거틀

아래의 결정 준거틀은 더 바람직하고, 더 봉사 지향적인 결정
을 내리는 데 도움이 될 것이다. 어떤 행동을 하기 전에, 먼저 다음
의 질문을 떠올리고 답을 해보라. 아래 질문들은 당신이 하려는 행
동과 관계가 있다.

◆ 어떤 행동을 계획했는가? (아래에 서술하라.)

◆ **나는 누구에게 봉사하는가?** (주의: 만약 대답이 '나'라면, 여기에서 중지하고 자신의 생각을 다시 점검해 보라.)

봉사하려는 개인이나 집단에 대한 모든 사항을 열거해 보라. 나이, 성별, 배우자의 유무, 좋아하는 것과 싫어하는 것, 사는 곳, 잘 가는 곳, 생계 수단, 일하는 곳, 이동 수단, 중요하게 생각하는 것 등을 포함해서. 그러나 그것만으로 한정하면 안 된다. 그들에 대해 많이 알면 알수록, 그들에게 실제로 필요한 것을 더 잘 파악하고 거기에 집중할 수 있다는 것을 명심하라. 여기에서 말하는 그들에게 실제로 필요한 것이란, 개인이나 집단을 좀더 강하고 독립적으로 만듦으로써 다른 사람의 욕구에 더 잘 봉사하거나 다른 사람의 긍정적인 욕구를 더 잘 성취할 수 있게 해주는 물건·행동·상황이다.

◆ **봉사하려는 사람 또는 집단에게 실제 필요한 것은 무엇인가?**

1.

2.

3.

4.

5.

어떤 개인이나 집단에게 실제로 무엇이 필요한지는 다음을 통해 확인할 수 있다.

- 지속적인 관찰.
- 상대방의 꿈·열망·도전에 대한 자유문답식 질문(이를테면 '이상적인 직업이란 어떤 것입니까?' '무엇이 당신의 발목을 잡고 있습니까?' '당신이 ○○○과 관련되어 한 가지를 변화시킬 수 있다면, 무엇을 바꾸겠습니까?' 등과 같이 단순히 '예, 아니오.' 이상의 대답을 요구하는 질문을 뜻한다)을 한 다음, 상대방의 대답 중에서 비슷하고 공통적인 점을 찾아보는 것.
- 개인의 실제적인 욕구(긍정적이고 생산적이며 합법적으로 성취할 수 있는 욕구)와 그것들을 달성하기 위해 필요한 것이 무엇인지 결정하는 것.

◆ 이제, 어떤 개인이나 집단의 충족되지 못한 욕구를 파악하라. 어떤 사람의 충족되지 못한 욕구를 발견할 수 있는 방법 가운데 하나는, 그가 늘 하는 불평의 씨앗을 철저히 탐구하는 것이다. 그는 왜 화를 내는가? 그는 어떤 일에 스트레스를 받는가? 그가 불편하게 느끼는 까닭은 무엇인가? 그가 어떤 일에 도전하는 까닭은 무엇인가?

◆ 당신이 하려는 행동이 앞에서 대충 밝혀진 각각의 욕구에 어떻게 봉사하는지 구체적으로 서술하라.

◆ 당신이 하려는 행동이 어떻게 당신 조직의 욕구를 충족시킬 수 있는지 서술하라. (이 부분은 고객의 욕구를 충족시키고자 하는 조직의 활동을 평가하기 위한 것이다.)

◆ 파악한 욕구를 충족시키기 위하여 어떤 계획을 세웠는지 서술하라.

◆ 그 계획을 실행하기 위해서는 어떤 기술·자원·전문 지식이 필요한가?

1.

2.

3.

4.

5.

◆ 다른 사람으로부터 얻어야 하는 기술과 자원은 무엇인가?

(무엇이 필요한지, 그리고 누구에게 그것을 얻을지 열거하라.)

1.

2.

3.

4.

5.

이 준거틀에서 가장 중요한 부분은 각각의 '모든 단계'마다 있는 질문이다. 모든 단계에서 질문하는 이러한 습관은 때로는 무척 귀찮게 느껴질 수도 있다. 그러나 그것은 당신을 삶의 목표로 이끌어 줄 것이다.

'왜'냐고 묻는 까닭은?

인간은 선천적으로 호기심이 많다고 하면 틀린 말일까? 아기가 태어나서 처음 배우는 질문은 무엇일까? '왜'가 아닐까? 우리가 본능적으로 호기심 많게 태어난다면, 왜 수많은 사람들이 성인이 되어가면서 호기심을 잃어버리는 것일까?

어린 시절을 떠올려 보자. 질문했을 때 늘 어떤 반응이 되돌아 왔는가? 일반적으로 부정적인 반응이었다, 안 그런가? 우리가 너무 많은 질문을 하면, 우리보다 나이 많은 누군가로부터 늘 잔소리를 들었다. 그렇지 않았는가?

삶에 대한 호기심을 갖지 못하도록 어린아이들의 기를 꺾는 것은 어리석인 짓이다. 동의하는가? 본능적으로 호기심이 많다는 것은 아이들에게 장려할 만한 기질이 아닌가? 만약 호기심이 없다면, 그래도 우리는 여전히 서로에게 관심을 가질까? 세상의 문제에 대한 해답을 찾고 싶어 하는 인간의 본능적인 탐구심이야말로 우리가 생각할 수 있는 모든 발견의 기반이 아닌가? 그렇다면 이른바 과학자라는 사람들을 비롯하여 우리가 만나는 대부분의 사람들이, 질문하기를 멈추라는 사회적 압력에 굴복하는 까닭은 무엇이라고 생각하는가? 이해가 되지 않는다. 안 그런가? 필자가 말하고자 하는 바는, 뭔가 '잘못되었다'는 것이다. 안 그런가? 이것은 다음 질문으로 이어진다. 무엇인가 부러졌을 때, 그것이 잘못되었다고 말하는 까닭은 무엇인가? 그렇다면 그 무엇이 정상적으로 움직이고 있을 때에는 상태가 좋다는 뜻인가?

우리가 자신과 타인에 대한 호기심을 꽤 높은 정도로 키웠다면, 우리는 사회의 일원으로서 더 많은 기여를 할 수 있지 않을까? 그리고 그렇게 한다면, 우리는 모든 것을 알아야 할 필요가 있다고 생각하는 정도가 훨씬 약해지지 않을까? 그렇게 되면 우리는 '나사못은 짝수로 쓸 때도 있는데 왜 홀수로 포장되어 나올까? 왜 우체국 벽에는 항상 현상범 사진이 붙어 있을까? 그들에게 편지를 쓰라는 뜻일까? 그렇다면 차라리 우표에 현상범 사진을 인쇄하는 것이 좀 더 확실하지 않을까? 그러면 우체부도 우편물을 배달하면서 그들을 찾아볼 수 있지 않을까?' 등과 같이 우리가 이해하지 못하는 일에 대해 좀더 열린 마음을 가질 수 있지 않았을까?

멍청하게 보일까 봐 스스로 질문을 자제해 본 적이 있는가? 정확한 답이 무엇인지 배우는 것보다, 알고 있는 것처럼 보이려는 것이 정말로 더 멍청한 것은 아닌가? 우리가 그렇게 스스로 한계를 정할 필요가 없다면 정말로 멋지지 않을까?

무식이 탄로 날까 봐 두려워서 질문하기를 꺼리는 자신의 만성적 습관을 체계적으로 제거할 수 있는 방법이 있다면, 그것이 무엇인지 궁금하지 않은가? 만약 그런 방법을 쓴다면 이익을 얻을 것이라고 생각하는가? 그런 방법이 새로운 배움의 길을 열어줄 수 있다고 생각하는가?

그렇다면 호기심 많은 우리의 마음을 더욱 북돋우는 습관을 기르기 위해 우리 생활에 적용할 수 있는, 간단하면서도 효과적인 방법을 검토하지 않을 까닭이 없다.

끊임없이 흘러나오는 궁금증을 해결하기 위한 방법이 하나 있다. 이 방법은 생각할 수 있는 거의 모든 전문가들, 예를 들자면 변호사·의사·분석가·배관공·기술자·경찰 간부·여론조사 전문가 등이 현재 효과적으로 쓰고 있는 것이다. 이 방법이 과연 무엇인지 혹시 짚이는 것이 있는가? 이 방법은 소크라테스까지 거슬러 올라간다. 사실 이 방법은 일반적으로 지식을 얻기 위한 소크라테스적 방법으로 알려져 있다. 이 방법을 익히기 위해서는 모든 것에 대해 항상 '왜' 하고 묻기만 하면 된다. 게다가 이 방법은 무척 재미있다.

사실, 이 장을 시작하면서부터 필자가 재미를 느끼며 서술해왔다는 것을 눈치챈 독자도 있을 것이다. 잠시 앞으로 돌아가서 지난 몇 분 동안 필자가 얼마나 많은 질문을 했는지 살펴보라. 일단 그 방법을 익히면, 대화 전체를 일련의 질문만으로 바꿀 수도 있다.

우리들은 왜 거대한 물음표처럼 인생을 경험하고 싶어 할까? 여러 가지 이유가 있을 것이다. 먼저, 그것은 우리가 서번트 리더로서 유능해질 수 있는 유일한 방법이다. 알고 있다고 섣불리 짐작하지 않고, 다른 사람들이 정말 필요로 하는 것이 무엇인지 알아내는 데 시간과 노력을 투자한다면 우리는 당연히 다른 사람들의 욕구에 봉사할 수 있다. 이제까지 살아오면서 깨닫게 된 중요한 사실 중의 하나는, 필자가 저지른 가장 해로운 실수 몇 가지는 사람이나 사물, 또는 상황에 대해 내 멋대로 내린 짐작이 원인이었다는 것이다. 물론 그 짐작은 전적으로 잘못되었음이 증명되었다. 지속적으로 질문함으로써 우리는 잘못된 짐작에 빠질 잠재적인 가능성을 제거할 수 있다.

다음으로, 우리가 모든 것에 대해 '왜'라고 질문한다면, 그리고 그것을 생활화한다면, 바가지 장사꾼이나 사기꾼에게 속지 않을 수 있다. 악덕 장사꾼들은 어리석음을 이용하는 것이 아니라, 헛된 욕망을 이용하여 우리를 벗겨먹는다. 질문을 많이 하는 것만으로도 우리는 사기꾼들을 물리칠 수 있다.

그리고 마지막으로—순전히 허영심에서 나온 것이긴 하지만—질문을 하다 보면 다른 사람들의 호감을 얻을 수 있고, 자신을 좀더 지적으로 보이게 할 수 있다. 이유는 간단하다. 어떤 사람에게 질문할 때, 그것도 진지하고 성실한 태도로 질문할 때 우리는 자신이 아니라 상대방에게 관심을 집중하게 된다. 사람은 자기가 중요하게 느껴지는 것을 좋아한다. 우리가 상대방에게 조언을 구하면, 그 과정에서 상대방의 중요도는 높아진다. 또한 질문을 함으로써, 어떤 주제에 관한 우리의 지식을 과시하여 상대에게 강한 인상을 심어주려고 할 때보다 훨씬 더 우호적인 인상을 심어줄 수 있다.

유능한 서번트 리더가 되려면, 모든 사물에 대한 자연적인 호기심을 억누르지 않고 더욱 발전시키는 것이 중요하다.

마음을 위한 체육관

　모든 사물에 대한 자연적 호기심을 높이는 동시에, 경험·기술·지식 기반도 확충할 필요가 있다. 우리는 살아가면서 너무나 쉽게 일상의 안이함에 빠져버린다. 거기에는 몇 가지 이유가 있는데, 아마도 그것은 대중에 맞추고자 하는 인간의 욕망에서 비롯되었을 것이다. 우리는 길 가운데서 생활하면서, 이쪽이든 저쪽이든 너무 극단적으로 보이고 싶어 하지 않는다.

　필자의 친구 필(Phil)은 스테이크 전문점을 운영하고 있다. 필은 자신의 고객들 가운데 압도적인 다수가 '중간쯤 익힌' 스테이크를 주문한다고 말했다. 그들은 삶에서도 그와 같은 방식을 되풀이할 것이다. 필자는 '중간'(medium)과 '지루함'(tedium) 사이에 어떤 공통점은 없는지 늘 궁금하게 생각해 왔다. 능력 있는 서번트 리더가 되려면 중간이 아니라 모든 측면에서 삶의 맛을 볼 필요가 있다. 서번트 리더들은 삶에 대한 모든 극단적인 시점이나 다양한 인생관을 섭렵할 수 있는 광범위한 지식을 갖추어야 한다. 반복적인 일상의 삶에 빠지면 마음이 게을러진다. 그렇게 되면 우리는 결국 경험이 아니라 기계적인 반복으로 삶을 이어가게 된다.

　아마도 당신은 오늘, 현재의 직장을 다니기 시작한 이래 계속 밟아왔던 똑같은 길을 따라 출근했을 것이다. 그 결과 이미 직장에 도착해 있으므로, 왔다는 것은 분명히 알겠는데 어떻게 왔는지 도저히 기억할 수 없는 때가 몇 번 있었을 것이다. 이렇게 자동 조정 장치에 따라 생활하게 되면 여행의 경이를 잘 느끼지 못한다는 문제점이 있다. 생활하면서 직접 경험하는 것보다는 놓치는 것이 더 많아지는 것이다.

몸의 근육과 마찬가지로, 마음의 근육도 사용하지 않으면 퇴화된다. 지성을 건강하고 강하게 유지하기 위해서는 지성을 훈련시켜야 한다. 그러기 위해서는 반복적인 일상생활 속에 마음을 위한 체육관을 지어야 한다. 이런 훈련을 일상생활에 적용하면 깊이 생각하지 않고도 마음가짐을 올바르게 할 수 있다.

무엇인가 새로운 것을 배워라

연간 계획표에서 시간을 떼어 전에는 몰랐던 것을 배워라. 인류학 강의를 들어도 좋고, 가구 제작법을 배워도 좋고, 새 외국어나 악기를 배워도 좋다.

관심은 있었으나 이제까지 배울 기회가 없었던 일로 시작하는 것이 좋다. 그리고 그 다음에는 약간 흥미가 있었지만 해볼 기회가 없었던 일을 해본다. 마지막으로는 전혀 흥미를 갖고 있지 않았던 일을 배워본다.

행동으로 배우는 것이 책을 통해 배우는 것보다 훨씬 재미있다. 또한 행동으로 배우게 되면, 평소에는 만나지 못하는 전혀 새로운 집단의 사람들과 어쩔 수 없이 사귀게 된다.

내성적인 사람들은 낯선 사람들로 이루어진 다른 집단과 만나고 사귄다고 생각만 해도 머리털이 곤두선다. 그러나 필자는 아주 많은 사람들과 접촉해 본 경험으로, 다음과 같은 말을 해줄 수 있

다. '처음 시작할 때는 더할 나위 없이 불편했지만, 나는 한 번도 그 경험을 후회해 본 적이 없다.'

하지만 여기서 분명히 알아두어야 할 것은, 그 분야의 전문가가 될 정도로 깊게 배울 필요는 없다는 것이다. 물론 생활의 일부로 만들고 싶은 일을 발견할 수도 있다. 필자의 경우에는 스테인드 글라스 공예를 배울 때, 그리고 텔레비전이나 영화에서 목소리만 나오는 성우 연기를 공부할 때, 비행기 조작법을 배울 때 그런 일이 일어났다.

예를 들어, 필자가 비행기 조종법을 배웠다고 해서 전문 조종사가 되기로 작정했다는 뜻은 아니다. 그저 경험과 이해를 위해 배웠을 뿐이며, 덤으로 크나큰 재미까지 느꼈다. 어쩌면 새로 배우는 지식이 현재 하는 일에 전혀 도움이 되지 않을 수도 있다. 그러나 장담하건대, 그 경험은 절대로 쓸모없이 버려지지 않는다.

필자가 처음으로 성우 일을 얻게 된 것도 비행기 조종법을 배운 덕분이었다. 필자는 교관이 동행하는 전국 횡단 비행에 나섰다가 나중에 필자를 고용하게 될 사람을 만났다. 교관과 필자는 우리 집에서 800킬로미터나 떨어진 어떤 공항의 간이식당에 앉아 있었는데, 마침 그 식탁에 그 사람과 같이 앉게 된 것이다. 서번트 리더십에 대한 공부, 그리고 그 공부와 관련된 일들을 몇 년 동안 경험해 본 뒤에 필자는 이 세상에 우연의 일치는 없다고 생각하게 되었다. 솔직히 말하면, 필자가 비행기 조종법을 배우지 않았다면 이 책을 쓰지도 못했을 것이다.

코미디 거인으로부터 배운 삶의 교훈

자신과 다른 사람의 행동에서 보이는 우스꽝스러운 모습에 주목하라. 코미디언 그루초 마르크스는 우리 행동의 우스꽝스러운 면을 보고 웃음을 찾아낼 수 있는 내적 능력을 갖춘 사람이었다.

필자는 1950년대의 '인생을 걸어라'라는 게임쇼의 작가였던 사람과 최근에 점심 식사를 같이 한 적이 있었다. 그 게임쇼의 사회자가 바로 그루초 마르크스였다. 그 작가는 그루초가 할 우스갯소리 대사를 쓸 때는 늘 시간을 낭비하는 것 같은 느낌이었다고 말했다. 그루초의 즉흥적인 애드리브는 이제까지 어떤 코미디 작가들이 개발했던 것보다도 훨씬 더 웃음을 자아냈기 때문이었다.

그 작가는 당시의 일화를 하나 들려주었다. 어떤 여성 출연자와 인터뷰를 하는 과정에서 그루초는 그녀에게 자녀가 스물두 명이나 있다는 사실을 알게 되었다. 그러자 그는 이렇게 질문했다. "왜?"

그 여성 출연자는 조금 수줍어하면서 대답했다. "왜냐하면요, 나는 남편을 사랑하거든요."

그루초는 그 순간을 놓치지 않고 대꾸했다. "부인, 나도 담배를 사랑합니다. 그래도 가끔 입에서 담배를 떼어놓으려고는 합니다."

우리는 대개 자신의 행동에서 우스꽝스러운 측면을 보지 못한다. 그 때문에 자신이 지금 이 일을 왜 하고 있는지 진정한 이유를 보지 못하기도 하고, 자신의 행동을 정확하게 표현하지 못하기도 한다. 예를 들어, 필자의 친구 한 명은 늘 시골에서 살고 싶다고 이야기하는데, 우리는 대개 그의 고급 아파트의 발코니에 앉아서 그런 이야기를 나누곤 한다.

이런 맹점들을 인식하지 못하면, 우리는 마음속으로 바라는 것과 정반대의 생활을 계속하게 된다. 이런 정서적·육체적 부조화는 흔히 정신적 불안정 상태를 야기한다.

그루초와 마찬가지로, 우리는 자신과 다른 사람의 행동 속에서 우스꽝스러운 측면을 건강하고 모나지 않게 지적할 수 있는 방법을 개발할 필요가 있다.

호기심이 가져다준 뜻밖의 성과

시야를 넓히고 개인적으로 참고할 만한 사항들을 많이 확보하는 것은 본질적인 측면에서도 중요하다. 강해진 호기심은 미래를 위한 가장 큰 자산이 될 수 있기 때문이다. 퍼시 스펜서(Percy Spencer)의 경우가 그랬다.

아마도 그의 이름을 들어본 적은 없겠지만, 호기심에서 탄생한 그의 특별한 상품이 없었다면 지금 당신의 생활은 무척 달라졌을 것이다. 다음번에 당신이 접시에 남은 음식을 전자레인지로 데울 때는 전자레인지를 개발한 그 서번트 리더에게 경의를 표하고 싶을 것이다. 그가 전자레인지를 개발한 계기는 어떤 현상에 대한 궁금증 때문이었다.

퍼시 스펜서는 미국의 레이시온(Raytheon) 사에서 39년 동안 근무하면서 120가지의 발명 특허를 얻었다. 중학교도 졸업하지 않은 사람으로서는 나쁘지 않은 성과였다. 독학으로 공부한 이 전기 기사는 초기 전자공학 역사에서 가장 위대한 창조적 인물 가운데 한 명으로 불리기에 손색이 없다. 그것은 지식에 대한 그칠 줄 모르는 탐구와 다른 사람들의 욕구에 봉사하고자 하는 그의 욕망에서 기인한 것이다.

1940년 영국에서 전쟁이 벌어졌을 때, 영국은 한창 독일로부터 폭탄 공격을 받고 있었다. 이때 창의적 재능을 발휘하여 영국의 레이더 시스템을 좀더 효과적인 형태로 개발한 사람이 바로 스펜서였다. 이 때문에 레이더 튜브 생산량이 일주일에 17개에서 하루 2,600개로 향상되었다. 그의 이러한 노력은 전시 공로 훈장(미국 해군에서 민간인에게 수여하는 최고의 훈장)으로 인정을 받았다. 그러나 훈장보다 더 중요한 것은, 그의 노력이 임박한 공격을 조기에 알려줌으로써 수만 명의 무고한 인명을 구했다는 것이다.

제2차 세계대전이 끝나고 얼마 안 있어, 스펜서는 레이시온 사의 자기 연구실 가운데 한 곳으로 걸어가고 있었다. 그가 자전관 (magnetron, 레이더 장치의 한가운데 있는 출력관) 앞에 섰을 때, 문득 자기 셔츠 주머니에 있는 사탕이 녹기 시작하는 것을 보았다. 대부분의 다른 과학자들은 아마도 우연히 그런 일이 생겼다거나, 체온에 의해 초콜릿이 녹는 것과 같은 현상이라고 그냥 넘겼을 것이다. 그러나 스펜서는 달랐다.

스펜서는 자신이 알고 있는 유일한 합리적인 방법으로 그 우연한 사건에 접근했다. 그는 밖으로 뛰어나가서 팝콘용 옥수수를 한 통 사왔다. 옥수수 알이 담긴 접시를 들고 레이더 장치 앞에 서 있던 스펜서는 옥수수 알이 튀겨지기 시작하는 모습을 흥분된 표정으로 지켜보았다.

실험은 거기에서 멈추지 않았다. 다음 날 아침 스펜서는 주전자 양쪽에 구멍을 뚫어 안을 들여다볼 수 있게 한 다음, 주전자 안에 달걀을 넣어 자전관 옆에 두었다. 얼마 후 폭발이 일어났고, 스펜서는 얼굴에 달걀을 뒤집어쓰고 말았다. 아마도 기록상으로는 스펜서가 얼굴에 달걀을 뒤집어쓴 최초의 과학자일 것이다.

그 장치에 관심을 가진 레이시온이 자금을 투자하고 1953년에 특허를 획득했다. 퍼시 스펜서는 전자레인지를 최초로 발명한 사람으로 기억되고 있다.

이 장을 마치기 전에, 당신이 생각해 볼 문제를 한 가지 더 제시하겠다. 만약 빛이 지그재그로 움직이지 않는다면 얼마나 빠를까?

사랑이 눈을 멀게 한다면, 란제리는 왜 인기가 있을까?

앞에서 질문의 중요성을 언급한 이유 가운데 한 가지는, 우리가 진실이라고 맹목적으로 받아들이고 있는 것 가운데 많은 것이 반드시 그렇지만은 않다는 사실을 알아야 하기 때문이다. 우리는 너무나 많은 것을 당연하게 여긴다. 거기에는 '사랑은 눈을 멀게 한다.'와 같은 오래 된 격언에서 나온 '당연한 사실'도 포함되어 있다.

우리가 당연하게 받아들이게 되면 표면에 있는 것을 올바른 대답으로 여기게 되고, 그렇게 되면 결과적으로 실제적이고 근원적인 해답을 찾지 못하게 된다. 만약 미국의 여성용 속옷 전문 체인점 '빅토리아즈 시크릿'(Victoria's Secret)을 만든 사람이 '사랑은 눈을 멀게 한다.'라는 어리석은 격언을 믿었다면 남자들이 얼마나 불행하게 되었을지 한번 생각해 보라.

관찰을 통해 숨겨진 욕구를 찾는다

아름다움은 내면에 있다고 하지만 우리의 실제 욕구는 더욱 깊은 곳에 있다. 좋은 질문을 하고 귀를 기울여 대답을 들으면, 앞에서 언급한 것처럼 상대방이 필요로 하는 것, 원하는 것 등을 알 수 있다. 그러나 이것은 좀더 광범위하고 기초적인 일련의 욕구를 알기 위한 첫걸음에 지나지 않는다. 어떤 사람의 실제 욕구의 핵심에 접근하기 위해서는 과거에 나타난 모습을 보아야 한다. 과거에 그가 무엇이 자신의 욕구라고 인식하고 있었는지 말하는 것을 보고, 현재 그가 행동으로 보여주는 것을 본 다음에 그의 진정한 욕구를 탐색하는 것이다.

사람들은 자신에게 무엇이 필요한지 반드시 알고 있는 것은 아니다. 왜 그럴까? 왜 숫자 11을 영어로 onety-one이라고 하지 않고 eleven이라고 하는가? 필자는 모른다. 필자가 아는 것이라고는, 누군가에게 무엇이 필요하냐고 묻는다면 그 사람은 자신에게 필요한 것보다는 원하는 것을 반영해서 대답할 가능성이 높다는 것뿐이다. 사람들은 이용 가능한 수단이 무엇인지 모르기 때문에 자기에게 진정으로 필요한 것을 파악하지 못한다. 그들을 도와서 진정으로 필요한 것을 파악하고 밝혀주는 것이 바로 서번트 리더에게 부여된 임무이다.

앞의 유니폼 상점의 꼬마에 대한 이야기에서 배운 교훈을 상기해 보라. 그 상점에 들어온 꼬마의 엄마에게 점원이 '무엇이 필요한지' 물었다면, 아마 그녀는 특정한 형태의 유니폼을 찾는다고 대답했을 것이다. 그러나 그녀가 실제 필요로 하는 것은 자기가 원하는 것을 고르는 동안에 누군가 아이를 맡아주는 것이었다. 그녀가 아이를 끌고 쇼핑하는 모습을 본 뒤에야, 그것도 서번트 리더의 눈을 통해 본 뒤에야 점원은 그 고객의 실제 욕구를 알 수 있었다.

적절한 질문을 하고, 그에 대한 대답에 열심히 귀를 기울이며, 들은 것과 본 것을 비교한다면, 우리는 표면 아래에 감춰진 진정한 욕구를 발견할 수 있다. 그렇게 할 때 비로소 우리는 문명의 진로를 영원히 바꿀 수 있으며, 아니면 최소한 우리가 봉사하는 사람들과 그들에게 감동을 받은 모든 사람들의 삶의 질에 영향을 미칠 수 있다.

사람들의 실제 욕구가 늘 첫눈에 드러나는 것은 아니다. 지표면 아래에 숨어 있는 귀한 광물처럼, 그것을 발견하기 위해서는 어느 정도 파고들어 가야 할 수도 있다. 그러나 그런 노력을 통해 얻는 보답은 언제나 그 노력을 가치 있게 만들어 준다. 이런 형태의 숙련된 탐색 작업을 하기 위한 가장 좋은 도구는, 자신만의 독특한 인생 경험이다. 자신만의 경험이라는 안경을 통해 문제를 보았을 때, 다른 누구도 볼 수 없는 해결책을 볼 수 있다.

우리가 다른 사람의 실제 욕구를 발견하고 집중할 때만이 상생(相生)의 승리를 기대할 수 있다. 상대방은 자신의 진정한 욕구가 충족되어 원하는 바를 얻을 수 있기 때문에 승리하는 것이고, 우리는 노력에 대한 대가를 통해 승리를 얻는 것이다. 지퍼를 발명한 휘트콤 저드슨(Whitcomb L. Judson)이 바로 그런 경우이다. 기계 기사였던 저드슨은 구두를 신기 위해 많은 갈고리와 구멍을 한데 고정시켜야 하는 지루한 작업에 짜증이 나서 마침내 구두 여미는 데 쓰이는 지퍼를 발명했다.

저드슨의 발명에서 문제가 되었던 것은, 지퍼가 이전에는 전혀 존재하지 않았던 독특한 제품이었다는 점이다. 이것은 심각한 문제를 야기할 수 있다. 사람들은 어떤 제품이 필요하다는 것을 알지 못하는 한 그것에 관심을 두지 않기 때문이다. 당신은 노력을 통해 다른 사람의 충족되지 못한 욕구를 알아차릴 수 있다. 그러나 당신이 그들의 가려운 곳을 긁어줄 수 있음을 확신시켜 주지 못하는 한, 더 이상 발전이 없다. 그것이 바로 저드슨의 첫 번째 회사가 부닥쳤던 문제이기도 하다. 1906년에, 그 회사는 어음을 막기 위해 사투를 벌여야 했다.

최초 디자인이 완성된 뒤에, 저드슨과 그의 회사—실제로는 '갈고리 없이 여미는 장치 회사'라고 불렸다—는 필요하다는 것조차 아는 사람이 없는 제품을 팔아야 했다. 물건 사는 동안 아이를 맡아줄 사람을 한 번도 만나지 못했던 유니폼 가게의 그 고객처럼, 경험이 문제 해결의 열쇠였다. 누군가 새롭고 전혀 다른 제품의 좋은 점을 경험해 보지 않는 한, 사람들은 그 제품을 선택했을 때 받을 수 있는 혜택에 대해 알지 못한다. 그런데 공교롭게도, 제1차 세계대전이 지퍼의 확산을 위한 촉매제가 되었다. 일단 지퍼가 군인들의 손에 들어가자, 주문이 끊이지 않고 들어왔다. 1930년까지, 심지어 세계가 유사 이래 최악의 경제 불황에 빠져 있을 때조차 그 회사는 1년에 1억 5,000만 개가 넘는 지퍼를 팔았다.

나는 당신이 모르는 것을 알고 있다!

자신만의 독특한 인생 경험만으로도 이제까지 그 누구도 발견하지 못했던 일반적인 욕구를 파악하는 경우가 흔히 있다. 한때 '풋내기'에 불과했지만 컴퓨터 소프트웨어의 선구자가 된 빌 게이츠(Bill Gates)는 광범위한 욕구를 간파하고 있었다. 그 광범위한 욕구가 IBM의 노련한 경영자에게도, 개인용 컴퓨터를 '발명한' 스티브 잡스(Steve Jobs)와 스티브 워즈니악(Steve Wozniak)에게도 보이지 않았지만 그에게는 분명하게 보였다.

빌 게이츠가 무대에 등장했을 때, 막 싹이 트기 시작했던 개인용 컴퓨터 산업은 컴퓨터라는 기계 자체에 신경을 집중하고 있었다. 애플(Apple) 컴퓨터와 IBM의 중역들은 당시 개인용 컴퓨터의 생산과 판매에서 시장 지배력을 놓고 뜨거운 경쟁에 매달리고 있었다. 반면에, 소프트웨어 개발자였던 빌 게이츠는 자신만의 독특한 시각으로 애플이나 IBM 모두 간과하고 있었던 일반적인 욕구를 볼 수 있었다.

빌 게이츠는 개인적인 경험을 통해 컴퓨터 자체만으로는 아무런 쓸모가 없다는 것을 알았다. 컴퓨터에게 할 일과 방법을 지시하는 일련의 명령어가 없다면, 조립 생산 라인을 통해 쏟아져 나오는 그 제품은 기껏해야 '윙' 소리를 내며 텔레비전 화면 같은 것을 통해 기호들을 보여주는 새롭고 신기한 전자 장치에 지나지 않았다. 극단적으로 말하자면, 책장이 바람에 날리지 않게 눌러주는 데나 쓰일 10킬로그램 정도의 칙칙한 물건이었다.

빌 게이츠와 마이크로소프트(Microsoft) 사는 이른바 '디스크 운영 체계'(Disk Operating System, DOS)를 제공함으로써, 평범하지만 이전에는 파악되지 않았던 욕구에 부응했다.

이 새로운 MS-DOS(Microsoft Disk Operating System)는 사용자가 컴퓨터를 이용하여 정보를 관리할 수 있게 해주는 짧은 프로그램들, 즉 루틴(routine)[4]들의 단순한 집합체였다. 그러나 빌 게이츠와 그의 동료들이 생각했듯이, 그것은 개인용이건 사업용이건 미래의 컴퓨터 업무에서 가장 필수적인 부분이었다.

이와 같은 운영 체계의 필요성에 대한 생각이 거의 없었기 때문에, 애플 컴퓨터의 설립자들은 빌 게이츠가 제품 설명을 시작하기도 전에 쫓아버렸다고 한다. 대기업 IBM의 수뇌부에 있던 당시 경영진들의 경우에도 위대한 아이디어의 잠재적 가치를 보는 데 있어서는 이와 크게 다르지 않았다.

모든 사람들이 과학적 성취에 도취되어 각각 컴퓨터 시장의 한 쪽을 차지하는 데 바빠 눈앞에 있는 분명한 문제에는 까막눈이 되어버렸던 것이다. 그들이 문제점을 제대로 인식했다면, 제품을 대중적으로 넓게 확산시키는 열쇠—새 컴퓨터를 사기 위해 줄을 서서 돈을 뿌리는 고객들의 아우성을 듣기 위한 열쇠—는 구매자의 핵심적인 욕구를 충족시키는 데 있음을 알았을 것이다. 그 '욕구'란 구매자들을 위해 일을 할 수 있는 컴퓨터의 능력이었다. 위의 예에서 볼 수 있듯이, 이기심은 판단력을 흐리게 할 수 있으며, 흐려진 판단력은 대가를 요구하게 마련이다.

IBM 경영층 일부에 있던 '나에게 무슨 이익이 있는가 신드롬'

때문에 생긴 판단력의 상실은 역사상 가장 큰 사업상의 실수로 알려진 뼈아픈 결과로 이어졌다. 구입을 하든 독점 계약을 하든 어떤 형태로든, IBM이 최초의 디스크 운영 체계에 대한 독점적 권리를 확보하지 못함으로써 마이크로소프트는 IBM을 위해 개발했던 그 운영 체계를, 돈을 지불하는 다른 회사에 팔 수 있게 되었다.

IBM은 개인용 컴퓨터를 문자 그대로 '발명'하기는 했지만, 자신들의 하드웨어 기술을 복제하고 마이크로소프트에서 핵심적인 운영 체계를 구입—아주 싼 값에—하는 수많은 경쟁자들에게 시장 지배력을 넘겨주고 말았다. 반대로, 빌 게이츠와 마이크로소프트는 기본적이고 광범위한 욕구를 처음으로 파악하고 대처한 덕분에 재빨리 역사에서 자신의 자리를 확보하였다. 이상하게도 필자가 조사한 자료에서는, 당시에 치명적인 결정을 내렸던 IBM 사람들의 이름을 찾을 수 없었다.

지퍼와 디스크 운영 체계의 경우와 마찬가지로, 때로는 우리 자신의 개인적인 욕구가 다른 사람들의 보편적 욕구를 알아내는 실마리가 되기도 한다. 우리가 불편하게 느끼는 것은, 같은 상황에 있는 다른 사람들도 불편하게 느낀다. 만약 그런 경우라면, 그리고 보편적인 문제를 풀기 위해 일한다면 경쟁자들을 고객으로 만들 수도 있다.

경쟁하지 마라, 창조하라!

필자가 테드(Ted)를 처음 본 것은 필자의 새 사무실에서였다. 그는 초대받지도 않았는데 사무실로 불쑥 들어와서는 탁자에 번지르르한 상품소개 책자를 툭 던졌다. 소책자의 첫머리는 검은 바탕에 눈에 확 들어오는 노란색으로 인쇄되어 있었다. 첫머리의 문구는 이러했다. "간판 없는 사업은 사업을 하지 않는다는 표시이다." 테드는 필자가 확실하게 읽을 수 있도록 그 책자를 탁자 건너편으로 밀어 보내면서, 필자의 눈을 똑바로 보고 대담하게 말했다. "적당한 때에 제가 왔군요."

테드는 간판 제작자였으며, 자신의 일에 대해 자부심을 갖고 있을 만큼 재능이 있었다. 그는 간판 제작 작업을 좋아했으며, 자칭 '간판장이'였다. 누가 보아도 간판 작업이 그의 천직이라고 생각했을 것이다. 테드는 간판 만드는 능력만큼이나 영업에도 능숙했다. 그 후 몇 년 동안 우리는 수천 달러어치의 일을 함께 했으며, 나는 그에게 수십 명의 고객을 소개했다. 그가 부르는 가격은 공정했으며, 그가 만든 간판은 훌륭했다. 게다가 그는 우리 사업에 어떤 종류의 간판이 필요한지 늘 확실하게 파악하고 있었다. 그런 테드가 어느 날 다른 곳으로 이사를 간다고 선언했다. 필자가 얼마나 낙담했는지 모를 것이다. 테드만 한 사람을 구하기가 쉽지 않기 때문이다.

테드는 도시 생활에 대한 염증이 점점 커져서 노스캐롤라이나 해안의 먼 곳으로 이사 갔다. 그는 가장 가까운 '대도시'—테드의 말에 의하면 절대로 크지 않은 도시―에서 160킬로미터나 떨어진, 자동차로 두 시간 반 동안 달려야 닿을 수 있는 작은 항구도시에 정착했다.

테드는 가족들을 새 보금자리에 입주시키기도 전에 보트 건조 지역 중심지 근처의 작은 건물에 상점을 차리기 시작했다. 영업 시작 준비가 되자, 그는 새로운 고객을 찾아 나섰다. 그는 상점을 돌면서 자신을 소개하고, 작은 도시의 상인들과 사업가들에게 간판가게를 새로 차렸다고 알렸다. 그러나 그가 가는 곳마다 사람들은 비슷한 반응을 보였다. 따뜻한 환영을 받았으나, 늘 똑같은 이야기가 뒤따랐던 것이다. "당신에게 맡길 일거리는 없습니다."

그 도시에는 간판집이 이미 다섯 군데나 있었고, 좋은 거래처는 모두 그들이 장악하고 있었다. 그러나 테드는 쉽게 기가 꺾일 사람이 아니었다. 그는 그 작은 도시뿐만 아니라 반경 50킬로미터 안에 있는 모든 지역에서 가능성을 샅샅이 탐색했다. 다행히 몇 군데 거래처를 개척해서 그것으로 근근이 살아갈 수는 있었지만, 여섯이나 되는 식구들을 부양하기에는 턱없이 부족했다.

테드가 살고 있는 곳을 포함한 인근 세 지역에서 제대로 된 직업이라고는 어부와 간판장이 두 가지뿐인 것 같았다. 설상가상으로, 일거리를 맡으면 필요한 자재를 구입하기 위해 오래 된 시골길을 150킬로미터 넘게 여행해야 했다.

대략 18개월이 지났지만, 일감은 여전히 가뭄에 콩 나듯 했다. 좁은 지역에 간판집이 너무 많았던 것이다. 어느 날, 테드는 왕복 다섯 시간에 걸쳐 자재 상점에 갔다 오면서 아이디어를 한 가지 떠올렸다. 경쟁자들을 고객으로 만드는 것은 어떨까? 테드는 자신이 자재를 사기 위해 멀리 갔다 와야 한다면 그의 경쟁자들도 그럴 것이라고 생각했다. 경쟁자들과 경쟁하지 말고, 수년 동안의 경험을 이용하여 그들을 도와주는 것은 어떨까?

테드는 집에 돌아와서 즉시 일을 시작했다. 그는 가게를 간판 자재 공급 상점으로 바꾸고 대대적으로 사업을 진행시켰다. 몇 년 동안 간판 일을 하면서, 테드는 간판 일에 대해 거의 모르거나 전혀 모르는 사람들이 운영하는 자재상들과 거래하느라 무척 힘들었었다. 자재상 주인들은 자신의 가게에서 파는 자재를 썼을 때 어떤 점이 좋고 어떤 점이 나쁜지 전혀 이야기해 주지 못했다. 그 자재들을 직접 써본 경험이 없기 때문이었다. 따라서 간판장이들은 자재를 실험적으로 써보고 실패도 하는 과정에서 많은 비용을 허비해야 했다. 하지만 테드가 자재상을 운영하면서부터는 이런 사정이 완전히 바뀌었다.

간판업자들은 이 새로운 상점을 열광적으로 환영했다. 테드는 다양한 제품을 언제라도 이용할 수 있도록 충분하게 준비했다. 그의 새로운 모험은 즉각 성공을 거두었다. 수년 동안, 테드는 우편물을 이용한 광고, 무료 장거리 전화, 그리고 최근에는 웹사이트를 이용하여 고객들을 늘려갔다.

지금은 전국 각지의 간판업자들이 테드의 오랜 경험과 생생한 지식으로부터 혜택을 받고 있다. 이 모든 것은 테드가 보편적인 욕구를 발견하기 위해 자신의 독특한 경험을 활용하고. 그 욕구를 충족시키기 위해 일한 덕분이었다.

보편적 욕구를 만족시킨 야후(Yahoo)

필자의 간판장이 친구 테드가 다른 사람들의 욕구에 봉사하기 위해 동기부여를 했던 것과 똑같은 종류의 직관이 야후 인터넷 검색 엔진의 창립 이면에도 있었다. 당시 스탠퍼드 대학의 전자공학도였던 제리 양(Jerry Yang)과 데이비드 파일로(David Filo)는 인터넷에서 얻을 수 있는 광범위한 정보의 분류 방법을 고안했다. 그 계획은 두 사람의 인터넷 검색 중독증에서 비롯되었다. 그들은 컴퓨터 공학 관련 논문을 쓰는 시간보다 인터넷 서핑에 더 많은 시간을 보냈다고 한다. 어쨌든 서비스를 시작한 지 1년도 안 되어, 서버(server)에 과부하를 초래할 만큼 서비스 요청이 폭주하였다. 그들은 회사를 학교에서 벗어나 캘리포니아 주 마운틴뷰에 있는 넷스케이프 커뮤니케이션(Netscape Communication)으로 옮겨야 했다. 그 회사는 1996년 초에 공개되었고, 대부분의 인터넷 신생 기업과 달리 빠른 속도로 수익을 올리기 시작했으며, 지금도 계속 성장 가도를 달리고 있다.

제리 양과 데이비드 파일로를 처음 만났을 때를 이야기하면서, 야후의 사장이자 최고경영자였던 팀 쿠글(Tim Koogle)은 다음과 같이 말했다. "나를 놀라게 한 것은 그들이 사람들의 보편적인 욕구를 충족시켰으며 그것을 직관적으로 해냈다는 것입니다. 사람들이 사업을 시작할 때 흔히 찾는 그것 말입니다."[5]

소프트웨어의 선구자 빌 게이츠의 경우에서 보았듯이, 실제 욕구가 특정한 인생 경험을 갖고 있는 사람에게는 분명하게 보일 수 있다. 또한 간판장이인 필자의 친구 테드와 야후의 설립자들의 경우에서 확인했듯이, 자신의 욕구를 추구하면서 보편적인 욕구를 발견할 수도 있다. 한편, 한두 꺼풀 더 파고들어 가야 보편적인 욕구를 발견하게 되는 경우도 있다. 이를테면 표면적인 욕구를 알아낼 수 있지만, 한 번 더 깊이 파고들어 가면 구조적인 원인을 알 수 있는 때도 있다. 그럴 경우에는 각각의 단계를 독립적으로 살펴봄으로써, 한 가지 이상의 욕구를 찾아낼 수 있다. 그렇게 하면 한 가지 이상의 대가를 효과적으로 거둬들일 수 있을 것이다. 또한 이런 구조적인 체계 속에 숨겨진 욕구를 조기에 발견하면, 전혀 엉뚱한 헛다리를 짚지 않을 수 있다. 점점 줄어드는 간호사들의 경우를 한 번 살펴보자.

과거에서 문제의 실마리를 찾다

2000년 6월, 미국 의료협회(American Medical Association)는 미국에서의 심각한 간호사 부족과, 그것이 미래의 건강관리에 미칠 심각한 영향에 대해 발표했다. 미국 의료협회는 2020년까지 건강관리 체계의 수요는 간호사 가용 인원의 20퍼센트를 초과할 것이라고 예측했다. 이것은 미래에 병원에 가는 사람들은 수술이 취소되고, 의료 처치가 연기되며, 병상에서 좀더 오랫동안 쓸쓸하게 기다려야 한다는 뜻이다.

간호사가 부족하다는 소식은 뉴저지 주에서 가정 건강관리소의 실무 책임을 맡고 있는 트리샤(Trisha)에게는 전혀 놀랄 일이 아니었다. "우리는 이미 10여 년 전에 이 추세가 심화되고 있다는 것을 알았습니다. 우리와 같은 가정 건강관리소는 자격을 갖춘 간호사들을 놓고 병원, 사설 요양원, 장기 간호 시설, 학교, 그리고 같은 업계의 업체들과 늘 경쟁해 왔습니다."

1980년대 말과 1990년대 초, 줄어드는 간호사 인력에 대한 병원과 요양원의 대책은 간단했다. 간호사들의 임금을 높여주는 것밖에 없었다. 그들은 그 비용을 보험회사에 청구했고, 보험회사에서는 청구 금액을 지불했다.

"가정 건강관리소는 그럴 여건이 못 됩니다. 우리 고객들은 요금을 직접 지불합니다. 우리가 서비스 요금으로 청구할 수 있는 금액에는 한계가 있습니다. 가격이 너무 높아지면, 모든 사람들이 고통을 받습니다. 우리는 좀더 창조적인 해결책이 필요했습니다."

그러면 그녀의 건강관리소는 어떻게 대응했을까? "우리는 먼저 문제의 발단을 조사했습니다. 우리는 오는 손님을 거절해야 했습니다. 500명의 직원으로는 늘어나는 서비스 요구를 도저히 감당할 수 없었기 때문입니다. 그것은 좋은 계획은 아니었습니다. 가장 어려웠던 일은 간호사가 없다거나 보내줄 보조원이 없어서 병들거나 죽어가는 사람들의 가족을 돌려보내야 했던 것입니다. 게다가 그렇게 해야 하는 횟수가 점점 더 늘어갔습니다."

관리소 경영자들은 문제를 좀더 면밀하게 살펴보았다. 그러자 본질적인 문제가 보이기 시작했다. 숙련된 간호사들을 병원이나 요양원, 또는 다른 가정 건강관리소에게 빼앗기는 것은 문제가 아니었다. 문제는 많은 간호사들이 가사를 위해 직장을 그만둔다는 사실이었다. 요즘에는 조금 변하고 있지만, 간호 업무에 있어서 여성의 비율은 95퍼센트에 이른다. 젊은 여성들은 육아 때문에 직장을 그만두었지만, 아이들을 혼자 두어도 될 만큼 충분히 키운 뒤에도 직장에 나가지 못하고 집에 눌러앉았다. 어머니가 된 후에는 간호 능력은 이미 떨어진데다, 하루가 다르게 기술이 발전해 가는 상황에서 수년 동안이나 손을 놓고 있었기 때문에 자신이 갖고 있는 지식은 구식이 되어버리는 것이다. 다시 일을 시작한다는 두려움 때문에 많은 전직 간호사들이 선뜻 일을 시작하지 못하고 있었다.

관리자들은 문제를 다른 시각에서 보았다. 자신의 역할을 진지하게 생각해 본 것이다. 그러자 분명하게 필요한 일들이 보이기 시작했다. 그들은 관리자로서 실제로 봉사해야 할 대상이 누구인지 파악하는 작업부터 시작했다. 과거에 관리자들은 자신들을 건강관리소의 연장선으로 보았다. 따라서 건강관리소 본연의 일에 충실해야 했다. 건강관리소 본연의 일이란 환자에게 봉사하는 것이었다. 그들은 문제점을 검토하면서 자신들이 정말로 중점을 두어야 할 것은 간호사들의 욕구를 충족시키는 것임을 깨달았다. 관리자들이 간호사들의 실제 욕구를 더 잘 파악하고 만족시킨다면, 이번에는 간호사들이 환자들의 욕구를 좀더 잘 만족시킬 수 있을 것이다. 어쨌든, 관리자가 환자들을 보살피는 사람은 아니었던 것이다. 현장 간호사들의 욕구를 좀더 만족시킨다면, 이번에는 간호사들이 좀더 유능해져서 관리소에서 관리하는 환자들의 욕구에 더욱 잘 봉사할 것이다. 관리자들은 이 점을 깨달았다.

"그것이 전환점이었습니다. 거기서부터는 식은 죽 먹기였습니다." 관리소는 여러 가지 사실 확인 작업에 들어갔다. 좀더 깊고 인간적인 측면에서 간호사들에 대해 파악하기 시작한 것이다. 집과 직장에서 그들이 부닥치는 문제는 무엇인가? 그들의 두려움과 꿈, 그리고 열망은 무엇인가? 그들이 자신의 열망에 방해가 된다고 생각하는 것은 무엇인가? 그것은 귀신같이 효과를 발휘했다. "간호사들에게 그런 질문을 한 것은 우리가 처음이었습니다. 간호사들이 진정으로 우리에게 무엇을 바라는지 알았습니다. 간호사에게 필요할 것이라고 우리가 생각해 오던 것과는 전혀 다른 경우가 많았습니다. 그때부터 우리는 알아낸 사항을 토대로 문제점을 함께 해결했습니다."

오늘날 트리샤의 관리소는 업계에서 이직률이 가장 낮은 업체 가운데 한 곳으로 꼽히고 있다. 그리고 최고 전문가를 채용하는 일은 더 이상 문제가 되지 않는다. "우리는 이제 2세대 간호사들을 함께 채용하고 있습니다. 우리 직원들의 아들, 딸들이 우리와 함께 일하기 위해 옵니다. 그들 가운데는 아직 졸업도 하지 않고 인턴 사원으로 오는 학생들도 있습니다. 우리 관리소는 어려움에 빠진 사람들을 돌보는 사람들, 즉 간호사들에 대한 배려로 좋은 평가를 얻고 있습니다. 또한 그 과정에서 정말로 혜택을 입는 사람들은 환자들과 그 가족들입니다. 사실 가장 먼저 신경 써야 할 부분이 바로 그것 아니겠습니까?"

좀더 깊은 욕구를 밝혀내기 위해 과거에서 실마리를 찾게 되면, 경제적 결실로 이어질 수도 있다. 이것은 미국 최초의 흑인 여성 백만장자라는 칭호를 거머쥔 여성의 경우에도 해당된다. 그 여성에 대해서는 나중에 이야기할 것이다.

이번 장을 마무리하면서 다음과 같은 충고를 남기고자 한다. "과감하게 과거의 사실을 살펴보라. 왜냐하면, 다른 사람들의 충족되지 못한 욕구에 봉사할 수 있는 방법에 대한 실마리를 거기에서 잡을 수도 있기 때문이다." 자신의 비전에 목적을 불어넣기 위해 자신의 독특한 경험·시련·고통을 활용하라. 그런 다음에는 다른 사람들의 욕구를 충족시키기 위해 그들을 어떻게 도울 수 있는지 방법을 개발하고 꿈을 키워라. 그리고 꿈을 꿀 때는 큰 꿈을 꾸어라. 꿈을 실현하기 위해 신에게 안내를 부탁하라. 그리고 즉각 계획을 실행에 옮겨라. 즉각 실행에 옮기지 않으면, 이런 꿈은 게으름 때문에 그대로 시들어 버릴 수 있다. 슈바이처 박사는 다음과 같이 말했다. "인간의 비극이란, 아직 살아 있는 동안에 내면의 자신을 죽이는 것이다."

우리가 다른 사람에게 봉사하기 위해 존재한다면, 다른 사람은 왜 존재할까?

다른 사람들이 우리에게 봉사하는 방법, 또는 그 실패 사례를 보면 다른 사람에게 봉사하는 방법을 많이 배울 수 있다. 우리는 어떤 사람들이 우리의 영혼에 안식을 주며, 마음을 편안하게 해주며, 결정적인 난관을 극복하게 해주며, 옳은 방향으로 인도하며, 그 밖에 이러저런 방법으로 삶과 투쟁하는 우리를 도운 사례들을 찾아볼 수 있다. 또한 우리가 바라는 일이 일어날 수 있었는데, 어떤 이유 때문에 원하는 대로 되지 않은 경우도 많이 있다. 다른 사람들이 우리를 대하는 방법과 과거에 다른 사람이 우리에게 어떻게 하기를 바랐는지 주의 깊게 분석한다면, 우리가 다른 사람들의 욕구에 어떻게 봉사할 수 있는지 효과적인 기준을 개발할 수 있다.

우리는 모두 사랑받고 인정받고 있다고 느끼고 싶어 한다. 우리는 우리를 지배하고 있는 사람들과 아주 좋은 관계를 유지하고 있다고 믿고 싶어 한다. 다른 사람들의 숨겨진 욕구를 지속적으로 찾기 위한 가장 좋은 방법은 무엇일까? 그것은 당신 자신이 필요로 하고 다른 모든 사람들도 필요로 하는 것에 봉사해 온 다른 서번트 리더들의 방법을 파악하는 것이다. 그래서 필자는 전에 알았던 또 다른 서번트 리더의 삶을 소개한다. 그의 예에서 목적의식적인 삶에 대해 어떤 교훈을 배울 수 있는지 함께 알아보자.

부정적인 생각이 자기희생을 만든다

그날은 9월 24일 목요일이었다. 필자는 일주일 동안 출장을 나와 있었으며, 어떤 고객 부부와 함께 점심을 먹고 있었다. 필자는 구운 닭고기 샐러드를 주문했다. 샐러드를 반쯤 먹었을 때, 닭고기 한 조각이 목에 걸린 듯한 느낌이 들었다. 걸린 것을 내려가게 하려고 물을 한 컵 마셨으나 소용이 없었다. 숨쉬기에 지장이 없어 고통은 느껴지지 않았으나 몹시 불편했다. 잠시 후 그 느낌은 없어졌고, 필자는 그 일을 까맣게 잊고 있었다. 그러나 며칠 뒤에 같은 일이 또 벌어졌다. 그 뒤부터 그런 느낌은 점점 더 자주 느껴졌다. 몇 달 뒤에는 위가 아파오기 시작했다.

다음해 1월, 필자는 어떤 호텔 복도에서 훨씬 심한 고통을 느꼈다. 창문 밖에서는 '세기의 눈보라'가 휘몰아치고 있었다. 걱정스러웠다. 목에 무엇이 걸린 듯한 느낌은 이젠 아예 붙어 살다시피 했고, 위통은 점점 더 자주 찾아왔으며 날이 갈수록 증세가 악화되었다. 그런 증상으로 고통받지 않는 때라고는 연단에서 강연할 때와 고객과 일할 때뿐이었다. 그러나 방에 혼자 있기만 하면 덜컥 그 중세가 나타났다.

필자는 누구에게도 이 증상에 대해 말하지 않았다. 다른 사람, 특히 가족에게 걱정을 끼치고 싶지 않았다. 시간이 지나면 괜찮아질 것이라고 생각했다. 그러나 마음 한편으로는 그 증상이 무엇을 의미할 수 있는지 대충 알고 있었다.

필자가 어렸을 적에, 아버지가 위암으로 돌아가셨다. 아버지는 지금 필자와 똑같은 증상을 겪으셨다. 설상가상으로, 증조할아버지도 같은 병으로 돌아가셨다. 필자의 기억에 증조할아버지의 병도 이런 증상으로 시작되었던 것 같다.

아버지가 세상을 떠난 그해의 기억이 되살아났다. 딱딱한 음식을 먹을 수도 없고 물 한 모금 삼킬 수 없어서 배에서 튀어나온 20센티미터 가량의 고무 위장을 통해 모든 음식물을 섭취해야 하는 고통을 절망적으로 바라보아야 했다.

필자는 지금 겪고 있는 증상에 대해 생각해 보았다. '나도 지금 그런 운명의 줄에 서 있는 것인가?' 병원에 가봐야 할 시간이었다. 아니 좀더 정확하게 말하면, 병원에 가봐야 할 시간은 이미 오래 전에 지났다. 필자가 말하고자 하는 것은 마음의 준비를 마쳤다는 것이다. 필자는 진료 대기실에 앉아서 초조하게 2년이나 지난 『타임』 (Time) 지를 뒤적이고 있었다. 그리고 의자에서 일어나 대기실을 가로질러 걸어갔다. 벽에 걸린 증명서가 보였다.

우리는 이런 경우에 왜 의사 면허증 같은 것을 확인하는 것일까? 얼마 안 있어 차가운 검사대 위에 누워서 무릎을 가슴에 대고 모든 사람들에게 자신의 벌거벗은 모습을 보여주고 있을 때, 기분

나쁘게 생긴 진단장치 너머에서 우리를 쳐다보고 있을 사람이 정말 그런 일을 할 자격이 있는 사람이라는 것을 스스로에게 확인시켜 주기 위해서인가?

실제로 그렇게 생각한다면, 별 소득은 없을 것이다. 그 벽 장식품에서는 의사가 어떤 종류의 사람인지 알아낼 수 없다. 그 이유 때문이라면 차라리 진찰실에 있는 식물을 보는 것이 낫다.

진찰실의 간호사가 의사 면허증을 읽고 있는 필자를 잡았다. 노련한 간호사는 얼굴에 미소를 지으며 말했다. "의사 선생님께서 들어오시랍니다." 그녀는 문이 닫히지 않도록 왼쪽 발을 문에 대고 오른손을 뻗어 진찰실로 가는 길을 가리켰다.

그녀는 대기실 오른쪽 구석의 놋쇠 화분에서 길게 자란 감탕나무 덤불을 흘끗 보면서, 들어가도 좋다는 눈빛을 보냈다.

필자는 작은 진찰실로 안내되었다. 간호사는 반소매에 무릎까지 내려오며 등이 완전히 갈라진 하얀 옷을 건네주면서, '옷을 벗고 이 방에서 의사 선생님을 기다리라.'고 말했다. 선택의 여지가 있는가? 어쨌든 이 차림으로 어디를 가겠는가?

영원처럼 느껴지던 초조한 기다림 끝에 의사가 말없이 들어왔다. 그는 필자가 답변을 적어 넣은 4쪽짜리 질문서를 몇 분 동안 훑어보았다.

의사와 필자 사이에 있었던 대화라고는 몇 가지 일방적인 질문과 대답뿐이었다. 의사가 질문하면 필자가 대답하는 형태였는데, 질문은 필자의 일반적인 여건과 병원에 찾아오게 된 증상에 관한 것이었다. 심문이 끝나자 처벌이 시작되었다.

장시간에 걸친 검진에 대해 자세하게 설명할 필요는 없을 것이다. 다만 그 훌륭한 의사는 그날, 필자가 평소에 인력으로 가능하다고 생각했던 것보다 훨씬 더 많이 필자의 '속'을 보았다. 검사는 시작할 때만큼이나 갑작스럽게 끝났다. 의사는 진찰실을 나가면서 필자에게 종이 한 뭉치를 건네주고, 검사를 더 할 병원을 일러주었다. 필자는 진찰료를 지불하고 나왔다.

표식도 없고 미로같이 꼬불꼬불하게 뻗은 병원 복도를 헤치고 엑스레이 촬영실로 가는 데 한 시간이나 걸렸다. 드디어 도착했을 때, 필자는 대기실에 앉아서 기다리라는 말을 들었다. '그들'이 준비되면 필자를 부를 것이었다. 필자는 '그들'이 누구인지 생각하면서 이런저런 상상을 즐겼다. 그러나 그것도 곧 싫증이 났고, 필자는 마음속에 생각해 두었던 것을 찾아서 잡지들이 놓여 있는 선반으로 걸어갔다. 거기에서 진찰실에 있었던 것과 똑같은 2년 전의 『타임』지를 집어 들고, 그날 아침에 읽기 시작했던 기사를 마저 다 읽었다.

대기실 스피커에서 필자의 이름을 부르는 소리가 들렸다. 알 수 없는 '그들'이 필자를 볼 준비가 된 것 같았다. 필자는 병원 진찰실이라기보다는 냉장고 안 같다고 느껴질 만큼 조명이 침침한 방으로 안내되었다. 다시 한 번, 따뜻하고 멋진 옷을 벗고 통풍이 잘 되는 또 다른 환자복으로 갈아입으라는 말을 들었다. 필자는 생각했다. '이런 옷은 왜 입는 거지?' 내부 직원과 외부인을 구별하기 위한 유니폼인가? 필자는 옷을 벗고 병원에서 제공한 옷을 입었다. 그러나 양말은 그대로 신고 있었다. 한편으로는 반감 때문이었고, 다른 한편으로는 딱딱하고 차가운 바닥 때문에 발가락에 동상이 걸리지 않게 하기 위해서였다.

아무도 필자가 받을 검사가 무엇인지, 어떤 과정이 포함되는지 알려주지 않았기 때문에, 필자는 진찰실에 있는 장비와 거기에 달린 소품들을 둘러보면서 상념에 잠겼다. 각각의 장비들이 어디에 쓰이고 어떤 것이 필자를 고문, 아니, 검사하는 데 쓰일지 짐작해 보려고 했다.

그때쯤, 영하까지 떨어진 방의 온도 때문에 필자의 코에서는 콧물이 흐르고 손가락 끝마디는 아름다운 푸른색으로 변해 갔다. 게다가 공기 조절장치 배출구는 노출된 등 부분으로 직접 찬바람을 뱉어내고 있었다. 필자는 바람 때문에 체면을 집어던지고 복도로 나왔다. 그리고 추위를 막을 수 있는 담요나 외투를 가져다줄 수 있는 사람을 찾아 나섰다. 이상하게도, 필자는 호기심에 찬 구경꾼들의 눈길을 그리 많이 끌지 않았다. 사실, 필자와 똑같은 옷을 입고 있는 수많은 다른 외부인들을 만났다. 그 중에 한 명이 담요는 찾을 수 없지만, 계속 움직이면 결국 다리에 감각이 돌아오는 것을 느낄 것이라고 알려주었다. '그들'이 마침내 복도에서 돌아다니는 필자를 발견하고는 다시 진찰실로 데려다주었다.

의사—최소한 필자 생각에 그는 의사였다—는 자신을 소개하지도 않고 진찰실로 들어와서 아무 말 없이 검사를 시작했다. 가끔씩 "왼쪽으로 움직여 보세요." 또는 "숨을 멈추세요."와 같은 명령을 했을 뿐이다. 그 기술자가 "이제 옷을 입으시고 나가셔도 좋습니다."라고 말하는 것을 듣고서야 검사가 끝났다는 것을 알았다.

필자는 병원에 오기 전보다 더 걱정되는 마음으로 차를 몰고 집으로 왔다.

필자의 차가 대문 안으로 들어서니 마당에서 놀고 있는 필자의 개 드리퍼스(Dryfus)가 보였다. 드리퍼스는 무게가 50킬로그램쯤 되는 네 살배기 독일산 셰퍼드였다. 필자는 기뻐서 달리고 뛰어오르는 개를 보면서 '저 개는 참 놀기를 좋아해.'라고 생각했다.

순간적으로 필자의 머릿속에는 아내와 필자가 드리퍼스를 처음 집어 올리던 때가 떠올랐다. 드리퍼스는 우리에서 마지막으로 나온 개였다. 다른 강아지들은 모두 드리퍼스를 보고 나서 곧 흩어졌다. 드리퍼스는 마음대로 움직일 수 있게 되자, 곧 달리고 뛰며 형제들의 등을 살짝 물었다. 필자는 그 개를 처음 보았을 때부터 좀 특별하다고 생각했다.

우리가 데려오고 나서 두 달이 지나자 드리퍼스는 다시 한 번 특별한 일면을 나타냈다. 필자가 약제에 면역성이 있는 폐렴으로 18주 동안 발작을 일으키고 있을 때, 그 개는 큰 위안이 되어주었다. 드리퍼스는 필자의 곁을 떠나지 않았다. 드리퍼스를 보면서 필자는 동물의 존재가 치료 효과가 있다고 믿게 되었다. 드리퍼스는 활기차게 달리고 뛰었다. 커다란 몸이 근육으로 출렁거렸다. 필자는 드리퍼스가 길이가 3미터쯤 되는 떡갈나무 가지를 마치 아이스케이크 막대기처럼 입에 물고 돌아다니는 모습을 종종 보았다. 드리퍼스는 삶에 대한 굽힐 줄 모르는 열정을 갖고 있었다. 겉으로 보아서는 그 개가 암으로 죽어가고 있었다는 사실을 절대로 알 수 없었다.

다음 주 화요일, 사무실에 앉아 있는데 필자를 진찰한 의사에게서 전화가 왔다는 소리가 인터폰으로 들려왔다. '검사 결과가 나왔구나.' 필자는 떨리는 손으로 전화기를 들었다. 그리고 신경을 곤두세우고 그 훌륭한 의사가 필자의 운명에 대해 말하는 것에 귀를 기울였다. "당신에 대한 검사 결과와 당신의 위장을 살펴보아서 얻은 사실로 미루어 볼 때……." 그는 고통스러울 만큼 느리고 낮은 억양으로 말을 이어나갔다. "나는 당신의 증세에 대해 다음과 같은 진단을 내리게 되었습니다."

"그래서요……, 그래서요?" 필자는 불안한 목소리로 물었다. "흠." 그는 계속했다. "선생께서는 '히스테리 구'(globus hystericus) 증상을 겪고 있는 것으로 판단됩니다."

'히스테리 구?' 세상에! 심각한 모양이구나. 전화기를 놓으면서 생각했다. 그리고 튀듯이 의자에서 일어나 사무실을 가로질러 가서 『돌랜드 포켓 의학사전』(Dorland's Pocket Medical Dictionary)을 펴들었다. 거기에는 '히스테리 구'에 대해 다음과 같이 설명되어 있었다. '목에 덩어리가 있는 듯한 주관적인 느낌―스트레스에 대한 히스테리 반응으로서 목에 무엇이 걸려 있는 듯한 느낌이 드는 것.'

안도의 물결이 몸 전체에 몰아쳤다. "나는 죽어가고 있는 것이 아니야!" 필자는 기뻐서 큰 소리로 외쳤다. "그저 신경성이라는 거야!" 필자의 고함 소리를 들은 비서가 무슨 일인가 싶어 사무실로 뛰어 들어왔다. 필자는 다시 한 번 똑같이 외쳤다. 비서는 눈동자를 굴리며 머리를 흔들고는 한마디도 하지 않고 나갔다.

사실 그 즈음 친구의 갑작스런 죽음에 이어 찾아온 드리퍼스의 질병 때문에 필자는 연속해서 걱정에 휩싸였다. 이미 친구를 한 명 잃었는데, 이제 또 다른 친구를 잃으려고 하는 것이었다. 필자의 근심은 피할 수 없는 상황, 그리고 그에 따른 도덕적 딜레마에 부닥쳐야 하는 상황 때문에 생긴 것이었다. 일생을 통해 필자는 도덕적으로나, 신념으로나 안락사에 반대해 왔다. 어떤 이유에서든 가장 친한 친구를 죽일 수는 없었다. 그러나 단지 필자의 신념 때문에 이 희망 없는 동물이 계속 고통받아야 한단 말인가? 아마 드리퍼스에 대한 걱정이 필자의 목에 무엇인가 걸렸다고 느끼게 하고 위장에 통증을 일으켰던 주범이었던 것 같았다.

필자는 나중에 『웹스터 어원 사전』(*Webster's Dictionary of Word Origins*)을 뒤적이다가 '걱정'(worry)이 '숨이 막히다'(choke)를 뜻하는 고대 영어에서 파생되었다는 것을 알았다.

필자는 정신과 의사가 아니다. 하다못해 텔레비전에서 정신과 의사 역할을 연기하는 것도 아니다. 그래서 전문가에게 알아보는 것이 좋겠다고 생각했다. 이런 증상을 겪는 이유를 비롯하여 전체적인 상황을 이해할 수 있도록 조언을 부탁하기로 한 것이다. 정신의학 교수이며 정신과 의사로 활동하는 있는 친구 윌리엄(William)에게 전화를 했다. 그가 지금 필자에게 무엇이 문제인지 밝혀낼 수 있으리라고 생각했다.

필자의 짐작은 틀리지 않았다. 윌리엄은 지금 필자의 생활에 큰 문제는 없지만, 분명히 근심에 사로잡혀 있으며 그것이 목에 무엇이 걸린 듯한 느낌으로 나타났다고 말해 주었다. 필자의 증세는 정말로 아무 문제가 아니었다. 그러나 그런 증세들은 필자가 부정적으로 상상했기 때문에 나타났다. 자신의 생각에 희생되고 있었던 것이다. 좋은 의사의 처방은 다음과 같았다. **"당신보다 사정이 나쁜 다른 사람들을 돕는 데 신경을 집중하십시오."**

모든 것이 명확하게 이해되기 시작했다. 먼저, 겉으로 나타난 증상은 최근의 골치 아픈 문제들 때문에 일어난 것 같았다. 둘째, 필자 자신에게 신경 쓰지 않고 다른 사람이나 일에 몰두해야 할 때는 그런 증상을 느끼지 못했다. 청중에게 강연을 하거나 고객과 상담할 때에는 신경을 전적으로 그들에게 집중해야 하기 때문에 필자 자신에 대해 생각할 겨를이 없다. 강연하는 일, 상담하는 일, 그리고 무언가에 대해 쓰는 일은 마음의 안전한 은신처였다. 그 후 4년 동안, 필자는 일에 몰두함으로써 몸과 마음의 근심으로 인해 나타나는 증상과 싸웠다. 그 싸움은 오랫동안 계속되었지만, 헛된 것은 아니었다.

필자는 다른 사람들의 욕구에 관심을 쏟음으로써 많은 혜택을 얻을 수 있다는 것을 알게 되었다. 그것은 필자의 가장 친한 친구 드리퍼스가 가르쳐 준 것이다. 드리퍼스는 아무리 심한 고통을 겪고 있어도 늘 우리에게 관심을 집중하고 있었다. 드리퍼스는 우리 집과 가족을 밤새워 지키는 힘든 일을 한 번도 포기하지 않았다. 또한 자기가 만나는 모든 사람들에게 늘 기쁨을 선사했으며, 자기가 겪는 고통을 밖으로 드러내지도 않았다.

로저스 프레드 3세(Rogers Fred Ⅲ) 박사는 드리퍼스를 담당한 종양 전문 수의사였다. 장담하건대, 종양 전문 수의사라는 것이 있는지 아는 사람은 거의 없을 것이다. 그렇다. 그런 사람도 있다. 그리고 로저스 프레드는 틀림없이 가장 훌륭한 종양 전문 수의사 가운데 한 사람이다. 필자는 일생의 대부분을 의료 관련 분야에서 일을 해왔다. 그러나 로저스만큼 동정심을 갖고 헌신하는 사람은 만난 적이 없었다.

수의사들이 환자 대하는 모습을 보니, '인간을 치료하는' 의사 및 의료 종사자들이 환자(바로 필자!)를 대하는 모습과 극명한 차이를 느낄 수 있었다. 필자가 느낀 차이는 필자가 만났던 의사, 간호사, 그리고 기술자들과 비교하여 수의사와 그 직원들이 보여준 진심 어린 간호의 정도였다. 프레드 박사와 그의 직원들은 자기 일을 절대적으로 사랑했다. 그들이 드리퍼스를 치료하는 방식을 보면 누구라도 그것을 알 수 있을 것이다. 일하는 모습을 보면 그 사람에 대해 많은 것을 알 수 있다. 그리고 이들 서번트 리더들이 일하는 모습을 보면서 필자는 많은 것을 배웠다. 인간과 동물에 대한 그들의 애정, 그리고 최선을 다해야 한다는 책임감이 눈에 그대로 보였다.

또 하나, 가축을 치료하는 의사와 두 발로 걷는 동물들을 치료하는 의사 사이의 분명한 차이점은, 수의사들은 그들의 환자와 고객들에게 기꺼이 감정을 표현한다는 것이다. 사람은 동물에 대한 애정과 동정심을 가장할 수 없다. 동물들은 그것을 꿰뚫어 보기 때문이다. 반면에, 인간을 치료하는 의료 종사자들은 이런 동정심을 '억제하도록 훈련받는다.'

전 세계의 의과대학이나 간호학교에서는 학생들에게 절대로 환자와 가까워지지 못하도록 가르친다. 이런 행동을 서술하는 데 사용되는 용어가 '초연한 관심'이다. 그렇다면 만약 이런 사람들이 개인 생활에서도 '초연한 관심'을 보인다면 얼마나 좋은 부모, 연인, 친구, 또는 가족 구성원이 될 수 있을지 궁금하지 않을 수 없다.

필자가 히스테리 구 때문에 병원을 출입하는 동안 의료계 사람들과 가졌던 거의 모든 상호 행위에서, 필자는 '내가 투명인간이 아닌가.' 하는 의심이 들었다. 혹시 그들이 필자를 보고 있었다면, 그들은 필자를 자신들이 존재할 수 있는 일차적인 근거라기보다는 단지 귀찮은 존재로 생각하는 것 같았다. 최소한 그렇게 보였다. 반면에, 수의사와 그의 직원들은 환자가 대꾸할 수 없는 동물인데도 환자들에게 끊임없이 이야기하고 환자의 상태를 확인했다. 필자는 동물병원에 다니는 동안 끊임없는 웃음과 미소를 보았다. 또한 환자가 죽었을 때에는 진심으로 괴로워하고 슬퍼하며 위로하는 표정을 보았다.

우리 사회는 최근에야 사랑과 따뜻한 손길의 치료 효과를 인정하고 있다. 여러 가지 면에서 현대 의학은 수의학보다 훨씬 더 뒤떨어져 있다. 아내와 필자는 우리 개 드리퍼스가 받을 여러 가지 검사와 치료에 대해 전혀 모르는 채 방치되지도 않았고, 검사 판정 과정이 얼마나 걸리는지 알지 못해 무작정 기다려야 하지도 않았다. 우리는 설명을 들었고, 그래서 모든 치료 단계를 편안하게 받아들일 수 있었다.

필자는 드리퍼스를 보살피는 사람에게서 다른 사람들이 말하지 않은 욕구에 봉사한다는 것이 어떤 것인지에 대해 많이 배웠다. 그러나 필자에게 가장 많은 가르침을 준 것은 환자였다. 드리퍼스를 치료하기 시작한 지 13개월 2주가 지난 뒤, 우리는 프레드 박사의 사무실에 앉아서 치료 방법 선택에 대한 설명을 들었다. 드리퍼스는 더 이상 화학요법을 감당할 수 없다는 것이었다. 드리퍼스의 상태는 나날이 나빠졌다. 그러나 박사가 자주 말했듯이, '겉으로 보아서는 그것을 절대로 눈치챌 수 없었다.'

우리가 대화할 때, 필자는 드리퍼스를 물끄러미 쳐다보았다. 드리퍼스도 강렬한 눈빛으로 필자를 돌아보았다. 그 눈빛은 이렇게 말하는 것 같았다. "당신들 인간들은 참으로 딱하십니다. 도대체 여기에서 무엇을 이루려고 하는 겁니까? 현실을 직시하세요. 그리고 이겨내세요. 아직 시간이 있을 때 나가서 공놀이나 합시다."

드리퍼스는 살을 도려내는 고통을 겪고 있었을 것이다. 암이 그의 젊은 몸을 파괴하고 있었다. 필자가 열세 달이 넘는 기간 동안 피해 다녔고 괴로워했던 결정이 눈앞에서 필자를 빤히 쳐다보고 있었다. 우리는 일주일을 더 기다려 보고 나서 무엇을 할지 생각해 보기로 했다.

다음 날 직장에서 돌아왔을 때, 드리퍼스는 늘 그렇듯이 문 앞에서 밝은 노란색 테니스공을 물고 필자를 맞이했다. 드리퍼스는 같이 공놀이할 준비를 하고 있었다. 우리는 공놀이를 했다. 드리퍼스는 마치 강아지처럼 마당을 가로질러 달려가서 훌쩍 뛰어올라 공을 잡았다. 우리는 날이 어두워진 뒤까지 공놀이를 하고 드리퍼스 특유의 '날아와 껴안기'를 하는 것으로 그날의 놀이를 마쳤다. 그의 가슴은 기쁨으로 가득 차 있었다. 필자의 가슴도 기쁨으로 가득 찼다. 우리는 영원인 듯한 시간 동안 서로 껴안고 있었다. 둘 다 떨어지고 싶지 않았다. 우리는 둘 다 이 특별한 시간이 마지막이 될 수도 있음을 어느 정도 알고 있었기 때문이다.

스물일곱 시간이 지난 다음 날 오후 11시 3분, 비가 추적추적 내리는 차가운 11월의 밤에 드리퍼스는 죽었다. 그날 필자의 일기는 이렇게 시작되었다. "나는 지금 막 가장 친한 친구를 잃었다."

아내는 비탄에 잠겼다. 필자도 비탄에 잠겼다. 드리퍼스를 아는 모든 사람들이 비탄에 잠겼다. 드리퍼스의 죽음이 그랬듯이, 그의 삶은 많은 사람들에게 감동을 주었다. 사랑하는 사람의 죽음으로 남겨진 상처를 달래주기 위해 사람들이 흔히 하듯, 우리는 함께했던 시간들과 드리퍼스 때문에 맺어졌던 소중한 우정들, 그리고 드리퍼스가 간 후에도 오랫동안 살아 있을 우정들을 추억했다. 드리퍼스는 최후의 순간까지 마음과 영혼을 다 바쳐 자신의 모든 것을 주었다.

동물에게도 서번트 리더의 능력이 있을 수 있을까? 드리퍼스의 삶과 그가 수많은 다른 사람들에게 가져다준 넉넉함을 생각하면, 내 마음속의 대답은 의심의 여지가 없다.

목에 걸린 듯한 느낌과 위통은 필자가 무엇을 배워야 하는지 깨달으면서 사라져 버렸다. 다른 사람이 아니라 자신에게 신경을 집중할 때, 우리는 인생의 경이로움을 질식시킨다. 그러나 자신이 알고 있는 독특한 방법으로 다른 사람에게 봉사하기로 할 때, 우리는 자신을 포함하여 모든 사람의 삶을 풍요롭게 한다. 그리고 우리가 대가를 기대하지 않고 줄 때, 뿌린 것보다 훨씬 많은 것을 거둬들인다. 그리고 우리의 사랑은 영원히 살아남는다. 이것이 필자의 가장 친한 친구가 가르쳐 준 교훈이다.

독특한 봉사적 비전으로 교육 혁신을 이뤄낸 몬테소리

1917년, 마리아는 유명한 몬테소리 연구소를 바르셀로나에서 열었고, 이어서 비슷한 교육 기관을 런던과 이탈리아의 다른 도시, 그리고 네덜란드에서 열었다. 그녀의 교육 방법은 교육계에 대변혁을 일으켰다. 마리아 몬테소리가 의사가 되겠다는 어렸을 적 꿈을 실현하는 데 수많은 난관과 노력이 따랐음은 의심할 여지가 없다. (……)

필자는 몬테소리가 여성이라는 금기를 깨고 이탈리아 최초의 여의사가 되었다는 뛰어난 성공담이 거의 알려지지 않았다는 사실을 늘 재미있게 생각해 왔다. 그녀를 유명하게 만든 것은 오히려 봉사적 비전을 받아들이고 난 뒤에 이룬 업적이었다. 그 봉사적 비전은 그녀로 하여금 이전에 생각했던 목표를 버리고 훨씬 더 큰 목표로 나아가게 했으며, 아직 덜 개척된 길을 선택하게 했다.

몬테소리는 교육 체계를 혁신했다. 그것은 그녀가 교육계의 '기성 전문가'가 아니라, 자신의 독특한 봉사적 비전을 따랐기 때문이었다.

4부

기적이
만들어지고
있다

불길 속으로 뛰어드는 나방처럼

이 책의 마지막인 4부에 포함되어 있는 정보는 아마도 이제까지 쓴 것 가운데 가장 어려운 부분일 것이다. 이유는 간단하다. 필자가 여기에서 설명하려는 현상의 많은 것을 실생활에서 실현하고 경험해 왔지만, 아직까지 완전히 이해했다고 확신하지는 못하기 때문이다. 설득력을 높이기 위해서, 비슷한 현상을 경험한 사람들과 상의하기도 하고 그들의 생각을 받아들이기도 했지만, 이 장에서 다루는 것의 많은 부분을 필자가 바라는 만큼 설명하기는 어려울 듯하다. 보통 사람들 모두가 이해할 수 있는 용어로 분류해야 한다면, 이후에 소개할 많은 사건과 사연들에 '기적적인'이라는 수식어를 붙일 수밖에 없다. 이해하기 어렵더라도 너그럽게 받아들여 주기를 바랄 뿐이다.

필자는 이제까지 **봉사적 비전**에 대해 자주 언급해 왔다. 봉사적 비전이란, **어떤 사람들을 일정한 목적지로 향하는 특정한 길로 인도하는 추진력**이라고 할 수 있다. 그 '어떤 사람들'이 그 길을 확신하고 있지 않은 경우에도 결과에는 변함이 없다. 어떤 일이 있어

도 그들이 그 길을 걸어야 한다는 것에는 의심의 여지가 없기 때문
이다.

봉사적 비전

필자가 봉사적 비전과 관련해서 설명할 수 있는 한 가지 특징
은 그것이 어디에도 없는 듯하지만, 서번트 리더는 어떤 방식으로
든 그것이 자신에게 향하고 있음을 안다는 것이다.

엄청난 빚을 지고 있다가 외상 수금원으로서 다시 재산을 모은
필자의 친구 빌의 경우를 돌이켜 생각해 보자. 기억하고 있다면, 빌
의 비전은 신문 광고의 형태로 그에게 다가왔다. 빌의 회상을 들어
보자. "그 광고는 나를 위해 나온 것 같았습니다." 그 느낌은 뒤에
경매장에서 더 확실해진다. "300만 명이 넘는 사람들이 똑같은 광
고를 읽었지만, 거기에 나타난 사람은 저밖에 없었습니다."

필자의 친구 커티스 슬리와(Curtis Sliwa)는 범죄의 피해로부터
시민을 지키기 위해 5,000여 명의 자원 봉사자로 구성된, 세계적으
로 유명한 붉은 베레모의 단체인 '수호 천사단'(Guardian Angels)을
설립했다. 그의 경우에, 비전은 친구들과 이웃사람들의 공포와 절
망 어린 표정에서, 그리고 고향이 범죄에 짓눌리고 쇠락해 가는 모
습으로 나타났다.

유명한 형사 사건 변호사이면서 사회 활동가인 필자의 친구 론
쿠비의 경우에는, 그 봉사적 비전이 사회적·인종적·법률적 부정이

라는 탈을 쓰고 나타났다.

몬테소리(Montessori) 교육 방법의 창시자인 의사 마리아 몬테소리(Maria Montessori)는 부모와 사회로부터 마치 쓰레기처럼 버림받아 희망이 없다고 낙인찍힌 아이들의 얼굴에서 자신의 봉사적 비전을 보았다.

'얼간이 삼총사'의 서번트 리더인 모 하워드는 웃음이라는 유쾌하고 치유 능력이 있는 소리에서 봉사적 비전을 보았고, 고전 음악가인 이블린 글레니는 침묵 속에서 봉사적 비전을 보았다. 전기 기사인 퍼시 스펜서에게는 봉사적 비전이 제2차 세계대전의 폭탄과 함께 하늘에서 떨어졌다.

필자의 경우에는 한적하게 뻗은 도로 위에서 필자의 차를 길옆으로 밀 정도로 강력한 힘과 함께 봉사적 비전이 나타났다. 그 결과 필자는 독특하고 신비로운 한 편의 시를 쓰게 되었다. 그 속에는 서번트 리더를 만들기 위한 공식이 담겨 있다.

봉사적 비전은 흔히 개인적인 고통과 인간적인 괴로움의 형태로 찾아온다. 빅터 프랭클 박사의 경우가 그러했고, 현재 마담 워커(Madame C. J. Walker)로 알려진 한 여인의 경우에도 그랬다.

검은 황금

마담 워커는 일반적으로 '마담 워커의 놀라운 양모제'라고 이름 붙인 헤어토닉을 비롯하여 일련의 모발 관리 제품들을 발명하여 큰돈을 벌었다고 알려져 있다. 그러나 내막을 좀더 자세히 살펴보면, 그녀의 엄청난 경제적 성공이 미용 용품의 판매에서 비롯된 것이 아니라 일생 동안 다른 사람들의 욕구에 헌신한 결과라는 것을 쉽게 알 수 있다.

그녀는 1867년 12월 23일에 루이지애나 주 델타에서 태어났다. 흑인 노예였던 그녀의 부모는 그녀에게 사라 브리드러브(Sarah Breedlove)라는 이름을 지어주었다. 사라의 집은 가난했다. 그래서 그녀는 자라면서 많은 어려움을 겪었는데, 그 속에서 그녀의 봉사적 성향이 형성되었다. 일곱 살이라는 미숙한 나이에, 그녀는 부모가 모두 황열병으로 죽어가는 모습을 절망스럽게 지켜보아야 했다. 어린 사라는 혼자 남았다. 뿐만 아니라 어린 두 동생들을 보살펴야 하는 소녀가장 역할까지 감내해야 했다.

열한 살이 되자 그녀는 운명 개척에 나섰다. 사라는 옷가지만 등에 지고 어린 동생들과 함께 미시시피 주 빅스버그로 이사했다. 거기에서 더러운 세탁물을 맡아 생계를 이어나갔다.

열네 살이 되자 사라는 모세 맥윌리엄스(Moses McWilliams)와 결혼했다. 1년 뒤 그녀는 어머니가 되었고, 2년 뒤에는 모세가 사고로 죽었다. 사라는 어린아이와 함께 다시 혼자가 되었다.

사라는 아이들과 함께 살아가기 위해서는 좀더 좋은 기회가 많은 곳으로 이사해야겠다고 생각했다. 그녀는 용기를 내서 세인트루이스로 이사했다. 거기에서도 세탁부 일을 할 수 있었다. 길고 힘든 세월들이 겹겹이 쌓여 있었다. 거친 양잿물 비누 때문에 사라의 살갗은 성할 날이 없었다. 그러나 모진 어려움을 겪으면서도 이 서번트 리더는 목표를 세우고 매진했다. 사라는 밤늦게까지 일을 하면서도, 언젠가 딸을 제대로 교육시키고 가난한 생활에서 벗어나겠다는 꿈을 키웠다.

사라는 일찍부터 서번트 리더의 자질을 보였다. 그녀는 다른 사람을 돕는 것에서 즐거움과 위안을 발견했다. 한 신문 기사는 그녀의 그런 점을 잘 보여주고 있다. "그녀(사라)는 (세인트루이스의) 『포스트디스패치』(*Post-Dispatch*)에서 한 흑인 노인에 대한 기사를 읽었다. 그 노인에게는 눈먼 누이와 몸이 불편한 아내가 딸려 있었다. 사라는 그 가족과 전혀 아는 사이가 아니었지만, 그 불쌍한 사람들을 위해 친구들과 함께 3달러 60센트를 모금하여 전달했다. 사라는 그것만으로는 부족하다고 생각했다. (그래서) 그녀는 파티를 열어 다량의 식료품을 기부받았다."[6]

사라는 세인트루이스에서 수많은 유력 흑인 여성들과 친분을 쌓으면서, 자신의 외모와 그들의 외모가 다르다는 것을 알아차렸다. 부유한 여성들의 머리칼은 풍부하고 건강해 보였다. 반면에 그녀의 머리칼은 갈라지고 듬성듬성하며 벗겨진 맨머리가 군데군데 보였다. 사라의 머리칼은 당시 수많은 가난한 흑인 여성의 머리 바로 그것이었다. 다른 많은 서번트 리더들과 마찬가지로, 그녀는 상황을 날카롭게 보는 직관을 발휘했다. 사라는 사람들이 상대를 판단할 때 외모가 얼마나 중요한 역할을 하는지 체험을 통해 알고 있었다. 그녀는 또한 사람이 자신을 초라하게 생각하는 한, 상황을 이겨내고 좀더 좋은 생활을 창조할 수 있는 능력의 발휘가 어렵다는 것도 알고 있었다. 따라서 가난한 흑인 여성들의 자아상에 변화를 줄 수 있다면, 그 변화가 가난을 딛고 올라설 수 있는 디딤돌이 될 수 있다는 것도 알고 있었다. 그러나 사라가 선택한 그 임무는 그녀가 이제까지 생각할 수 있었던 어느 것보다도 훨씬 어려웠다.

많은 서번트 리더들과 마찬가지로, 사라는 하느님께 길을 인도해 달라고 기도했다. 그녀는 나중에 기자에게 이렇게 말했다. "하느님께서는 나의 기도를 들어주셨습니다. 어느 날 밤 꿈을 꾸었는데, 꿈에서 커다란 흑인 남자가 나에게 다가와서 내 머리칼에 무엇을 섞어서 발라야 하는지 일러주었습니다. 그 약품 가운데는 아프리카에서 재배되는 것도 있었습니다. 나는 그것을 가지러 사람을 보냈습니다. 그리고 약품을 섞어서 제 머리에 발라보았습니다. 몇 주일 지나자 제 머리가 빠졌던 속도보다 훨씬 빠르게 자랐습니다."

그 토닉이 사라에게 효과가 있다면, 다른 사람에게도 효과가 있을 것이다. 그리고 효과가 있다면, 부서지기 쉬운 자존심을 갖고 있는 수많은 여성들이 그 혜택을 입을 수 있을 것이다.

좀더 많은 기도를 통해서, 사라는 자신의 비전을 실현하는 데 필요한 도움이 다른 곳에 있다는 것을 알았다. 다시 한 번 서번트 리더의 맹목적인 믿음에 힘을 얻어, 사라는 콜로라도 주 덴버로 이사했다.

덴버에서 사라는 약국 점원이 되었다. 그곳은 그녀의 꿈을 펼치기 위한 완벽한 무대였다. 고용주의 지도 아래, 사라는 화학 합성에 대해 많은 것을 배웠으며, 자신의 모발 관리 공식을 완성하기 위해서 가게 문을 닫는 저녁 시간에 그 지식을 적용해 보았다. 그녀는 화학에 대한 공식적인 교육을 받은 적이 없었지만, 다른 많은 여성들에게 봉사할 공식을 개발했다. 또한 공식적으로 심리학을 공부한 적이 없었지만, 수년 동안 다른 사람들을 관찰하고 그들에게 봉사하면서 여성을 아주 잘 분석할 수 있게 되었다.

사라는 한 사람의 자아상을 바꾸기가 얼마나 어려운지 잘 알고 있었다. 사라가 봉사하겠다고 생각했던 여인들은 가난을 통해 자신을 보는 데 익숙해져 있었다. 이 때문에 그들은 외모 변화의 필요성을 잘 느끼지 못했다. 사라는 자기 제품이 그러한 역할을 할 수 있다면 어디라도 달려갔다.

일각도 헛되이 보내지 않고, 사라는 가정용 실연 프로그램을 개발했다. 그것은 그런 종류로서는 최초의 제품이었다. 사라는 새 제품을 들고 집집마다 방문했다. 그녀는 그 제품을 무료로 미래의 고객의 머리칼에 직접 발라주었다. 야채 샴푸로 머리를 감은 뒤에 '뛰어난 양모제'를 두피에 바른 다음 특별한 오일을 정성스럽게 발라주었다. 그 오일은 머리카락을 부드럽게 해주면서 머리 손질을 마무리하도록 고안된 제품이었다.

내적으로는 아름답지만 외모에서는 거지꼴이었던 이 여인들은, 자신의 모습에서 일어나는 놀라운 변화를 보게 되자 스스로에게 무한한 자부심을 갖게 되었다. 덴버의 흑인 여성들은 사라의 제품을 열광적으로 구매했다.

그녀는 세인트루이스 출신의 오래 된 친구 C. J. 워커를 운명적으로 다시 만났다. 그들은 서로 사랑하게 되었고 워커가 청혼했다. 이때부터 사라는 광고에서 자신을 '마담 워커'라고 부르기 시작했다. 자신이 결혼한 유부녀임을 알리면서 동시에 제품에 프랑스

색깔을 입히기 위해서였다.

얼마 지나지 않아, 그 작은 회사는 일주일에 10달러의 이익을 냈다. 또한 사라는 틀림없이 실패한다며 반대에 나선 남편·친구·가족들을 물리치고 흥행 행사를 벌였다. 1년 6개월이 지난 후, 마담 워커는 일주일에 35달러의 순수익을 올렸다. 그것은 당시 백인 남자 노동자의 평균 임금의 두 배보다 많고, 흑인 여성 노동자의 평균 임금보다 20배가 넘는 금액이었다.

모든 정황을 고려해 볼 때, 사라의 봉사적 임무가 실질적으로 시작된 것이 바로 이때였다. 그녀는 일련의 활동을 통해 수만 명의 흑인 여성들을 빈곤에서 구해 주었고, 이익 배당을 외판원들 훈련에 투자했다. 1908년쯤에 그녀는 십여 명의 외판원을 고용했고, 그녀의 개인 수입은 한 달에 400달러까지 치솟았다.

워커의 전기 작가이자 고손녀인 알렐리아 페리 번들스(A'Lelia Perry Bundles)에 따르면, 마담 워커는 수많은 감사의 편지를 받았는데 그 중에는 다음과 같은 내용도 있었다. "당신은 수백 명의 흑인 여성들에게 정직하고 유익한 삶을 살 수 있는 직장을 주었습니다. 거기에서 그들은 흑인 여성이 일반적으로 다른 곳에서 한 달 동안 버는 것보다 많은 돈을 일주일에 벌고 있습니다."

일단 자신의 비전이 실현되는 것을 보면, 서번트 리더들은 대단히 기민하게 반응하여 임무의 범위를 확대하기 시작한다. 마담 워커의 경우도 예외는 아니었다.

임무가 확대되면 비전도 확대된다

1916년에 사라 워커와 그녀의 딸은 다시 할렘에서 자리를 잡았다. 남부에서 올라오는 검은 물결은 뉴욕에서 최고조에 다다랐다. 할렘은 생동감이 있었으며 활기로 넘쳐흘렀다. 두 사람이 사는 136번가 주택은 렐리아(Lelia) 대학의 본부가 되었다. 렐리아 대학은 당시 6주마다 20여 명의 '워커 모발 관리사'들을 졸업시켰다. 사업은 늘 번창했으며, 소득은 매주 2,000달러를 넘는 최고치를 기록하였다. 서번트 리더십에 대한 대가를 나타내기라도 하듯, 사라가 지은 꿈의 발상지는 빌라 르와로(Villa Lewaro)라고 불리며 지금도 뉴욕의 허드슨 강 북쪽 강둑에 높이 서 있다.

1919년 마담 워커가 죽을 당시에, 그녀의 회사는 2만 5,000명이 넘는 흑인 여성들을 고용하고 있었다. 그 여성들은 집집마다 방문하며 워커의 모든 제품들을 팔았다. 당신은 이런 판매 기법을 익히 알고 있을 것이다. 메리 케이 애시(Mary Kay Ash)와 에이본 사(Avon Corporation)가 성공하는 데 크게 기여한 것이 바로 이 판매 기법이었다. 그러나 여기에서 알아둘 것이 있다. 메리 케이는 1963년까지 이 방법을 쓰지 않았다. 그리고 에이본 사의 전신인 '캘리포니아 향수 회사'(California Perfume Company)는 1886년에 조직되었지만 1950년까지 '에이본 레이디스'(Avon Ladies) 단체를 모집하지 않았다. 마담 워커는 진정으로 변화의 선두에 선 서번트 리더였으며, 시대를 앞서간 여인이었다.

서번트 리더로서 워커는 절대로 자신의 뿌리, 그리고 자신의 봉사 의무를 잊어본 적이 없었다. 가난에서 일어난 그녀는 엄청난 재산을 가난한 사람들을 위해 썼다. 어렸을 때 교육받을 기회를 박탈당했던 그녀는 고등교육 기관을 세우고 지원했다. 그리고 그녀의 임무와 지도력을 통해서 수천 명이 교육을 받고 의욕을 얻었으며, 그 결과 가난을 극복할 수 있었다.

모발 관리에 대한 '워커식 관리법'은 모발 관리 제품의 판매보다는 인재 개발과 더 큰 관계가 있다. 그 프로그램은 흑인 여성들에게 자신의 자연적인 아름다움을 개발하고 자신만의 특성을 자랑스럽게 생각하는 법을 가르쳤다. 그 결과 학생들의 자부심이 향상되었고, 자신에 대한 믿음이 활짝 피어났다.

그녀의 생애는 지금도 젊은 세대로 하여금 주위 사람들에게 봉사하도록 장려하고 있다. 워커는 청중들에게 이렇게 말하곤 했다. "나는 나 자신을 승격시켰습니다.…… 나는 스스로 생계를 이어가고 스스로 기회를 만들어야 했습니다. 그러나 나는 해냈습니다. 가만히 앉아서 기회가 오기만을 기다리지 마십시오. 일어나서 기회를 만드십시오!"

전환점

앞에서 설명한 것과 같은 꿈의 실현에 대하여 『지그 지글러의 차이』(The Zig Ziglar Difference)의 저자 주아넬 티그는 '전환점 자극'이라는 용어를 썼다. 전환점이 우리 생활에 미칠 수 있는 효과에 대한 유명한 권위자인 주아넬은, 이런 미묘한 '자극'은 극단적으로 짧은 기간, 즉 겨우 1~3분 동안만 지속된다고 말한다. 우리는 주변에서 벌어지는 일 때문에 마음이 산만하여, 대부분의 시간 동안 반응을 보내기는커녕 메시지를 받아들이지도 못한다. 결론적으로 주아넬은 경고한다. "우리가 행동하지 못한다면 이런 자극들은 사라질 것이며, 인생을 바꿀 기회를 놓칠 것이다. 그러나 행동으로 옮긴다면 엄청난 축복을 받을 것이다."

'봉사적 비전'의 힘은 너무 강해서 때로는 사람들을 익숙한 인생의 길에서 떼어내어 전혀 생소한 길에 놓기도 한다. 그런데 정말로 알 수 없는 것은, 절대로 자신이 의도한 것이 아닌데도 모든 이성과 논리를 거부하고 그 새로운 길을 선택하게 된다는 점이다.

예를 들어, 15년 전에 누군가가 지독할 정도로 내성적인 필자에게 수익성이 꽤 높은 사업을 그만두고 연단에 서서 강당을 가득 메운 낯선 사람들 앞에서, 비전 있는 리더에 대해 강연하고 그 주제에 대해 연구하고 책을 쓰기 위해 5년을 투자하게 될 것이라고 말했다면, 필자는 이렇게 말했을 것이다. "어디 편찮으세요?"

봉사적 비전의 매력은 무척 강하다. 그 힘이 마리아 몬테소리 박사를 이탈리아 최초의 여의사라는 지위를 버리고 이제까지 전혀 알지 못했던 어떤 일에 전념하게 만들었다.

마리아 몬테소리는 의학박사 학위증을 받기 위해 손을 뻗치던 날, 이미 역사에 이름을 남겼다. 이탈리아에서 의학박사 학위를 받은 최초의 여성이었기 때문이다. 당시에 그녀는 불과 5년 뒤에 의료 업무를 버리고 다시 한 번 역사의 장에 지울 수 없는 이정표를 남기리라고는 생각조차 못했다.

　대학 정신과 보조 의사로서, 마리아는 인간의 나약함과 사회의 잔혹성 및 비행 사례를 셀 수도 없이 많이 보았다. 그녀는 그런 사회악이 어린이들, 특히 정상적으로 자라지 못해 사회로부터 배척당하는 어린이들에게 미치는 영향을 생각하면서 잠을 이루지 못했다.

　마리아는 이들 작고 절망적인 사람들을 위해 깊은 사랑을 발휘하기 시작했다. 마리아가 자신의 봉사적 비전을 발견한 곳은 바로 불행한 어린이들의 얼굴이었다.

　1899년, 마리아 몬테소리 박사는 의료계를 떠나서 지진아들을 위한 국립 로마 예방정신의학 학교의 교장이 되었다. 그녀의 시도는 대성공을 거두었고, 그녀는 똑같은 방법을 '정상적인' 아이들의 교육에도 적용하기 시작했다. 그 결과 최초의 어린이 몬테소리 학교가 설립되었다. 그녀는 1907년 말에 로마의 유태인 거주 지역에서 그 학교를 열었다.

　몬테소리 박사의 방법은 당시로서는 매우 급진적이었다. 그 방법이란 자유를 강조하는, 특별히 고안된 게임과 교재를 통해서 어린이의 창의성·감각·근육 훈련의 개발을 강조하는 것이었다. 몬테소리의 혁신적인 교육 방법은 교육계의 수많은 '기성 전문가들'의 반발을 불러왔다. 그들은 떼로 몰려와서 그녀에게 썩은 토마토를 던지기도 했다. 하지만 모진 비판은 그녀를 더욱 앞으로 나아가게 했다.

　1917년, 마리아는 유명한 몬테소리 연구소를 바르셀로나에서 열었고, 이어서 비슷한 교육 기관을 런던과 이탈리아의 다른 도시,

그리고 네덜란드에서 열었다. 그녀의 교육 방법은 교육계에 대변혁을 일으켰다. 마리아 몬테소리가 의사가 되겠다는 어렸을 적 꿈을 실현하는 데 수많은 난관과 노력이 따랐음은 의심할 여지가 없다. 우리가 목표를 정하고 계획을 실현시켜 나가는 과정에서 해야할 일을 하기 시작했다면, 한 가지 면에서 용기 있는 태도를 지녀야한다. 그것은 장애물을 부수어 버리는 용기다. 마리아 몬테소리의 생애는 그런 용기의 전형적인 본보기였다. 필자는 몬테소리가 여성이라는 금기를 깨고 이탈리아 최초의 여의사가 되었다는 뛰어난성공담이 거의 알려지지 않았다는 사실을 늘 재미있게 생각해 왔다. 그녀를 유명하게 만든 것은 오히려 봉사적 비전을 받아들이고난 뒤에 이룬 업적이었다. 그 봉사적 비전은 그녀로 하여금 이전에 생각했던 목표를 버리고 훨씬 더 큰 목표로 나아가게 했으며, 아직덜 개척된 길을 선택하게 했다. 몬테소리는 교육 체계를 혁신했다. 그것은 그녀가 교육계의 '기성 전문가'가 아니라, 자신의 독특한 봉사적 비전을 따랐기 때문이었다.

우리는 자신의 진정한 운명을 발견하기 위하여 편안하고 친근한 것에서 벗어나야 한다.

봉사적 비전은 우리를 낯선 땅으로 데려갈 뿐만 아니라 다음과 같은 역할도 한다.

- 봉사적 비전은 당신을 쉽게 놔두지 않을 것이다. 끊임없이 닦달한다.
- 봉사적 비전은 모든 선택 가운데 가장 비논리적이고 비합리적인

선택이다.

- 스스로는 결코 봉사적 비전을 선택하지 않았을 것이다. 그것으로 미루어 볼 때, 봉사적 비전이 자신으로부터가 아닌 신으로부터 나온다는 것을 알 수 있다.
- 봉사적 비전은 너무도 기상천외해서 다른 사람들은 당신에게 거기에 따르지 말라고 충고한다.
- 봉사적 비전은 고통, 개인적인 불행 또는 위기로부터 오는 경우가 많다.

필자의 친구 빌의 이야기를 다시 한 번 돌아보면, 봉사적 비전에 대한 완벽한 본보기를 볼 것이다. 잠시 동안 빌의 입장이 되었다고 가정해 보자. 빚은 100만 달러인데, 직업도 없고 어디에도 수입이 생길 만한 전망은 보이지 않는다. 게다가 집과 차와 명성과 심지어 가족까지 잃을 위험에 처해 있다. 한 푼도 없는 상황에서, 또 다른 빚 독촉인가 싶어 초인종 소리, 전화 벨 소리에도 깜짝 놀란다. 숨을 곳도 없다. 사방에서 조롱과 멸시의 소리가 쏟아진다. 친구들은 자신을 피하고 있다. 이제까지 살아오면서 이때만큼 자존심이 땅바닥에 내동댕이쳐진 적이 없다. 이 상황에서 돈을 빌려 사업을 벌인다고 생각한다. 게다가 그 사업이라는 것이 다른 사람들의 악성 채무를 사들여서 수익을 내겠다는 것이다. 그것은 악성 채무자가, 이젠 애초의 채권자도 아니고 제삼자인 자신에게 돈을 갚을 것이라는 희망에 근거를 두고 있다. 제정신이라면 이런 생각을 할 수 있을까?

이런 미친 짓에 가까운 일은 빌만이 이해할 수 있고, 다른 사람들은 빌이 일을 해내고 난 뒤에야 이해할 수 있다.

봉사적 비전이 이끄는 길은 흔히 따르기가 굉장히 어려운 길이다. 그 길은 극도로 거부감이 드는 길이며, 절대로 선택하고 싶지 않은 길이다. 사실 인간은 본능적으로 가장 거부감이 적은 길, 가장 편안하고 밝은 빛이 비치며 잘 닦인 '안전한' 인생의 길을 추구한다. 그러나 이런 길은 서번트 리더의 길이 아니며, 필자의 친구 빌에게도 도움이 되지 못했을 것이다. 누군가 빌이 자기 비전을 실현하기 위해 선택했던 길을 본다면, 그 결정이 아주 짧은 순간의 광기로 이루어졌다고 생각할 수도 있다. 빌에게 그것은 유일하고 분명한 선택이었다. 당시에는 깨닫지 못했지만, 그는 자신이 선택한 길을 평생 동안 걸어갈 준비를 하고 있었다. 신께서 주신 그의 독특한 재능과 처세술은 그 앞에 나타난 길을 걸어가도록 완벽하게 맞춰져 있었다.

어둠의 길 끝에서 기적이 일어나다

어떤 분야에서 일을 하더라도, 다른 사람들의 욕구를 파악하고 만족시키는 것은 자신의 욕구를 만족시키는 것보다 훨씬 어렵다. 자신의 관점을 버리거나 바꿔야 할 수도 있으며, 때로는 자신의 욕구보다 다른 사람의 욕구를 먼저 고려해야 할 경우도 있다. 새로운 기술을 배워야 하고, 지식 기반을 개발하고 확장해야 하며, 소비 습관을 바꿔야 하며, 피자·핫도그·맥주의 소비를 줄여야 한다. 심지어 자신이 경멸해 왔던 사람들에게 친절하게 대해 주어야 할 수도 있다. 이 모든 일을 하기로 한다면, 그리고 서번트 리더가 되기로 한다면, 틀림없이 자신의 생활 습관을 좀더 좋은 방향으로 바꾸게 될 것이다. 한 발 더 나아가, 자신의 본능적 욕구를 제쳐두고 다른 사람의 욕구에 봉사하는 자신만의 방법을 설계하기로 결심한다면, 그리고 속된 것이 아니라고 마음 깊이 알고 있는 비전을 받아들이기로 결심한다면, 인류의 역사를 바꿀 수도 있다. 하지만 앞으로 하게 될 투자는 그보다도 훨씬 더 의미가 있다.

서번트 리더와 수년 동안 함께 일해 온 필자는 그들의 인생 단계마다 특정한 형태의 사건이 일어나는 것을 보았다. 하나의 비전이 어디에서인지 모르게 그들에게 나타나고, 그들은 그 부름에 응하여 실행에 옮긴다. 아무런 공식적 계획도 없이 그것을 실행에 옮기는 경우도 많다. 그리고 그들의 세계는 혼란스러워지기 시작한다.

첫발을 내딛기만 하면, 이해할 수 없으면서도 예측 가능한 사건들이 연속적으로 일어나는 까닭을 나로서는 알 수 없다. 서번트 리더들의 세계는 위아래가 거꾸로 되어 있고 안팎이 바뀌었으며, 흔히 우군이라고 예상되었던 사람들이 오히려 방해하기 시작하며, 수많은 장애물이나 좌절이 마치 서번트 리더를 넘어뜨리겠다고 작정한 듯 그의 발밑에서 솟아오른다. 어떤 서번트 리더는 그에 대해 다음과 같이 언급했다. "그것은 마치 모든 악마들이 나를 만나려고 몰려나오는, 활짝 열린 지옥문 같았습니다."

서번트 리더이면서 수호 천사단의 단장인 커티스 슬리와는 봉사적 비전을 추구하는 과정에서 두 번이나 결혼에 실패했으며, 뉴욕의 택시 뒷좌석에서 다섯 번이나 충격을 받았을 때 '강도'에게 덤벼들어서 목숨을 잃을 뻔하기까지 했다. 그는 시 당국으로부터 어떤 지원도 받지 못했다. 보호해 주겠다는 언질을 받은 것도 아니다. 오히려 시장과 경찰은 그에게 미치광이 자경단(自警團)이라는 딱지를 붙였다. 그는 경찰에게도, 범죄자들에게도 똑같이 미움을 받았다.

어떤 새 아이디어가 나타났을 때 주로 가해지는 일반적인 비판이, 비전을 추구하는 서번트 리더에게 향해졌을 때는 훨씬 더 신랄한 말투를 띤다. 그 공격은 아주 집요하고 인신 공격적이다. 필자가 알고 있는 또 다른 서번트 리더는 그 공격을 '유원지 실내 사격장에 있는 오리 인형'에게 쏘아대는 것과 같다고 말할 정도이다.

어떤 사람이 자신의 봉사적 비전을 실현하기 위해 첫걸음을 디딜 때 예상되는 일이 또 한 가지 있다. 또 다른 서번트 리더의 말은 그것을 가장 잘 설명하고 있다. "나의 일생에서 한때 바위처럼 견고했던 모든 것이 하룻밤 사이에 흐르는 모래로 변해 버렸다."

그러나 설명할 수 없는 어떤 이유 때문에, 대부분의 서번트 리더들은 뜻한 바를 굳건하게 밀고 나간다. 계속 가겠다는, 바위처럼 단단한 결심 하나만으로 무장하고 그들은 방해, 문제점, 희생, 그리고 개인적 비극이라는 어둠을 뚫고 꾸준하게 걸어간다.

어둠이 최고로 깊어져서 사방이 전혀 보이지 않는 순간에도 그들은 역경이라는 방해물에 침을 뱉으며 포기하기를 거부한다. 그런데 바로 그 순간, 구름이 갈라지며 그 사이로 한 줄기 희망의 빛이 보인다고 한다. 그것은 마치 슬픔에서 즐거움을, 고통에서 기쁨을, 절망에서 희망을, 실패에서 성공을, 일상에서 기적을 구분해 놓는 보이지 않은 문지방을 막 넘은 듯하다는 것이다.

거의 한꺼번에 모든 빛이 녹색으로 바뀌고 앞에 뻗은 도로가 거칠 것 없이 평평해지며, '기적적인 사건'이라고밖에 할 수 없는 일이 일어나기 시작한다.

이때는 전혀 모르는 사람이 그들을 돕기 위해 나타나기도 한다. 어떤 사람은 길을 제시하고, 어떤 사람은 격려의 말을 해주고, 또 어떤 사람은 짐을 가볍게 해준다. 방해물은 사라지기 시작하고, 그 자리에 기회가 나타난다. 그리고 길을 안내하는 또 다른 사람이 떨어뜨리는 빵 조각 같은 작은 성과가 보이기 시작한다.

그리고 얼마 되지 않아, 그 서번트 리더의 길은 다른 서번트 리더들의 길과 만난다. 그들은 각자 자신의 비전을 추구하면서, '완벽'하다고 할 수밖에 없는 바로 그때에 정확히 맞추어 그들만의 독특한 재능·자원·경험들을 빌려준다.

필자가 알고 있는 어떤 서번트 리더는 가장 필요로 하는 바로 그 순간에 나타나는 이런 사람들을 '우리들 가운데에서 걸어 나오는 천사들'이라고 부른다. 필자는 그런 사람들을 '서번트 리더들의 네트워크'라고 부른다.

그들이 서번트 리더의 길을 걷는 사람의 생활에 나타나는 방법과 형태는 예측을 불허한다. 이를테면 "선생님은 오늘 뭔가 특별한 일을 할 것입니다."라고 소리치는 톨게이트 요금 징수원과 같은 경우이다. 그날 아침에 필자는 필자의 책을 출판하기로 만장일치로 결정했다는 출판사의 전화를 받았다.

필자는 그런 사람들이 어디에서 왔는지 알 수 있는 구체적인 증거를 갖고 있지 않다. 심지어 그들도 자신이 누군가를 돕기 위해 보내졌다는 사실을 알고 있는지 없는지 확인할 수 없다. 사실, 필자가 그 네트워크의 출현에 대해 확실하게 이야기할 수 있는 것은 하나도 없다. 다만 그들이 나타났을 때, 그들을 대하는 방법에 대한 지침 몇 가지는 수집할 수 있었다.

서번트 리더 네트워크 구성원의 등장

먼저, 봉사 네트워크는 당신이 예상하는 때에 나타나지 않는다는 것을 알아야 한다. 이 네트워크의 구성원들은 그들이 나타나야 할 때에 나타난다.

또한, 그들은 일상적이지 않은 형태로 나타날 수도 있다. 지금까지 필자에게 다가왔던 사람들은 전형적으로 낯선 사람들이었다. 필자의 개 드리퍼스와 드리퍼스가 보호해 주었던 개 코스모 (Cosmo)의 경우와 같이, 인간이 아닌 경우도 있다. 그러나 그들은 지금까지 필자가 알아왔던 어떤 (인간) 선생님보다 봉사 방법에 대해 훨씬 더 많은 것을 가르쳐 주었다.

필자가 다른 부류의 사람들과 좋은 관계를 가지라고 하는 이유 가운데 하나는, 당신을 도울 수 있는 서번트 리더는 흔히 절대로 친하게 지내지 않았을 사람, 그 사람이나 그의 사상에 대해 새삼 관용적인 태도를 취하지 않았다면 불쾌하다고 생각했을 신념과 시각을 갖고 있는 사람의 모습으로 나타나기 때문이다.

그러나 자신의 대의명분에 도움을 줄 사람을 일부러 찾아 나서지는 마라. 그런 식으로 찾은 사람들은 절대로 당신을 돕기 위해 거기에 있는 것이 아니다. 오히려 상처를 주기 위해 거기에 있을 수도 있다. 이런 측면에서, 서번트 리더의 관점에서 보는 네트워크는 전통적인 사업가가 갖고 있는 네트워크 개념―이를테면, 사촌형제의 결혼식 피로연 끝자리에서 줄지어 지나가는 손님들에게 명함을 나누어주는 식의 개념―과는 정반대이다. 당신이 필요로 하는 도움은 언젠가는 올 것이다. 그러나 도움의 손길이 도착하기를 기다리는 것 외에 아무것도 하지 않으면서 마냥 빈둥빈둥 지낼 수는 없다.

불길 속으로 뛰어드는 나방처럼

모 하워드에 대해 연구하면서 필자는, 모의 봉사적 비전 하나하나가 장애물을 이겨내고 계속 제자리를 찾아갔다는 것을 알 수 있었다. 코미디에 발을 들여놓은 뒤 처음 몇 년 동안, 모와 셈프는 테드 힐리(Ted Healy)와 함께 얼간이를 공연했다. 테드는 어렸을 적부터 모의 친구로서, 그들의 코미디의 양념인 진지한 역할을 했다. 언젠가 테드, 모, 그리고 셈프는 시카고로 가는 도중에 레인보우 가든스라는 나이트클럽에 들어갔다. 무대 위에는 턱시도 차림의 특이하게 보이는 남자가 있었다. 그는 바이올린을 연주하고, 우스갯

소리를 하고, 러시아 춤을 추었다. 모 일행은 그의 유머에 강한 인상을 받고 함께 공연하자고 제안했다. 그 남자는 래리 파인(Larry Fine)이라는 사람으로서, 바이올린 연주자에서 코미디언으로 전향한 사람이었다.

새로운 공연은 즉각 히트를 쳤고, 테드 대신에 래리가 세 번째 얼간이 역을 맡았다. 나중에 알게 된 일이지만, 래리는 시기를 딱 맞추어 합류했다. 래리가 합류한 후 얼마 안 되어 테드가 다쳤고, 그 상처 때문에 결국 세상을 떠난 것이다. 그 후 7년 동안 이들 세 명은 엄청난 성공을 거두었다. 그러나 그 7년의 중간쯤에 그들의 공연은 다시 한 번 갑작스럽게 종말을 맞이할 뻔했다. 셈프가 조금 '진지한' 역할을 제의받게 되자, 세 명은 머리를 맞대고 상의하여 셈프 자리에 모의 막냇동생 제롬(Jerome)을 채우기로 했다. 연기자로서 실제 훈련을 받지 않았으나 제롬은 사람을 웃기는 요령을 알고 있고, 무척 상냥했으며, 세 명이 알고 있는 사람들에게 친절했다.

제롬은 곧 공연에 합류했다. 그러나 한 가지 문제가 있었다. 그의 머리칼이었다. 래리 파인은 자신이 맡은 역할 때문에 거칠고 어깨까지 내려오는 머리 스타일을 과시할 필요가 있었고, 모는 이미 그의 전설적인 사발 머리를 하고 있었다. 제롬의 머리칼은 짙은 색의 곱슬머리여서 두 얼간이 동료들과 극단적으로 대조되었다. 첫 번째 기획 회의 직후 제롬은 새 머리 스타일, 즉 빡빡머리를 자랑하며 돌아왔다. 그때 이후 제롬은 '컬리'(Curly)로 알려졌다. 새로운 3인조 '얼간이 삼총사'의 활약은 눈부셨다. 1934년에 컬럼비아 영화사가 그들에게 영화 계약을 제시할 정도였다.

서번트 리더들이 이구동성으로 말하는 것이 한 가지 있다. 세상에 선행을 베푸는 그들의 일을 막기로 작심한 듯한 힘이 분명히 존재한다는 것이다. 서번트 리더들의 일이 범위나 규모의 측면에서 성장하고, 그에 따라 그들의 선행이 세상으로 좀더 많이 퍼져 나가면, 그들을 단념시키려는 힘도 더 격렬해지는 듯하다. 필자가 알고 있는 어떤 서번트 리더는 그에 대하여 다음과 같이 말했다. "마치 등산하는 기분이었습니다. 높이 올라갈수록 더 어려워지고 바위투성이 길이 됩니다. 그리고 정상이 눈에 들어왔을 때에는 정상이 마치 활짝 열려진 지옥문 같았습니다. 악마와 결탁한 어떤 힘이 나를 쓰러뜨리려는 것 같았습니다." 다른 서번트 리더들이 세상에 봉사하는 과정에서 맞닥뜨렸던 것과 같은 괴물들과의 씨름은 얼간이들에게도 예외는 아니었던 것 같다.

1946년에 얼간이들은 한 우물을 파면서 수많은 장편 영화를 찍는 등 성공을 구가하고 있었다. 그들은 웃음의 선물 보따리를 세상에 전해 주고 있었다. 그 다음에 상상할 수 없는 일이 일어났다.

1946년 5월 14일의 일이었다. 그들은 「바보들의 휴일」(Half-Wit's Holiday)을 끝낼 준비를 하고 있었다. 사운드 필름을 제작하는 방음 스튜디오 안은 몹시 더웠다. 컬리는 마지막 장면에서 호출되기를 기다리며, 감독인 줄스 화이트(Jules White)의 의자에 앉아 있었다. 감독이 그의 장면을 녹음하기 위해 컬리를 불렀으나, 컬리는 대답하지 못했다. 모가 그를 데려오려고 밖으로 걸어 나왔다가 의자에 파묻혀 있는 그의 모습을 보았다. 그의 머리가 푹 꺾여 있었다.

"아가야!" 모는 어렸을 적에 막내에게 붙였던 별명을 부르며 비명을 질렀다. 모는 동생 곁으로 달려갔다. 컬리가 올려다보았지만 말을 하지 못했다. 그의 입은 삐뚤어져 있었으며, 얼굴의 한쪽이 축 처져 있었다. 눈에서는 눈물이 한없이 흐르고 있었다.

나중에 모는 그때 느꼈던 심정을 이렇게 얘기했다. "가슴이 찢어지는 것 같았습니다. 나는 순간적으로 동생에게 뇌졸중이 왔다는 것을 알았습니다. 나는 팔로 동생을 감싸고 뺨과 이마에 키스를 했습니다."

미국에서 가장 사랑받는 얼간이 컬리 하워드가 쓰러졌다. 이것으로 얼간이 삼총사는 종말을 맞는 듯했다. 누가 컬리의 자리를 채울 수 있단 말인가? 그는 자기 분야에서 천재였을 뿐만 아니라 친절하고 사려 깊었으며, 화면을 통해서든 실제로든 만나는 모든 사람으로부터 사랑을 받았다. 대중들은 그를 사랑했으며, 그와 같이 일하는 동료들도 그를 사랑했으며, 그의 공연 파트너들도 그를 사랑했다. 그만한 사람을 구하기는 절대 불가능했다.

얼간이들을 이끌게 된 모는 생각할 시간이 필요했다. 컬리는 남은 인생 동안 값비싼 치료를 받아야 했다. 비록 얼간이들이 성공하기는 했지만, 스튜디오에 수백만 달러를 썼기 때문에 세 사람에게 돌아가는 몫도 아주 적었다.

한 서번트 리더의 특성·결단력·재능·임무가 총망라되는 것이 바로 위기의 시기이다. 어려운 사람을 돕는다는 그들의 내적 동력은 초인적인 용기를 발휘하게 하고, 다른 방법으로는 극복할 수 없는 문제에 대한 창조적인 해결책을 개발하도록 영감을 불어넣는다.

래리와 모는 얼간이 공연을 계속하기로 결정했다. 그래야 컬리가 필요한 의료 처치를 받을 수 있었다. 그런데 누가 컬리의 자리를 메울 수 있을까? 결국 대답이 나타났다. 셈프! 셈프라면 안 될 이유가 없지 않은가? 어쨌든 그는 원래 세 번째 얼간이였다. 어느 정도 협상이 필요했지만 결국 컬럼비아 영화사는 그 아이디어를 샀고, 원래 삼총사는 다시 공연을 시작했다.

컬리의 건강은 지속적으로 나빠져 갔다. 그는 그 후 6년이 넘는 기간 동안 심각한 발작을 몇 번 더 일으켰고, 마침내 49세의 나이에 평화롭게 눈을 감았다. 형제인 셈프와 모, 그리고 절친한 친구 래리는 엄청난 슬픔에 빠졌다. 그러나 세상에 웃음의 치료 효과를 가져다주겠다는, 처음의 목적의식으로 다시 뭉친 그들은 다시한 번 정상에 올라섰다.

1955년 11월 23일, 그날은 다른 날과 다름없이 시작되었다. 모와 그의 아내 헬렌은 오랫동안 고대하던 유럽행 유람선에 타고 있었다. 셈프는 그날 오후에 경마를 보면서 시간을 보내다가 저녁에 친구들과 함께 프로 권투 경기를 보러 가기로 했다. 그날 밤, 집으로 돌아오는 길에 셈프는 친구들과 웃고 떠들며 자동차 뒷좌석에 앉아 있었다. 갑자기 그가 조용해졌다. 눈가에 웃음을 띤 채, 입에는 시가를 물고, 그리고 마음속으로는 삶에 대한 사랑을 담고 셈프는 죽었다.

모는 그날 밤에 전신으로 그 소식을 받았다. 그는 망연자실했다. 또 다른 형제를 잃었다는 충격은 그가 견디기에는 너무도 컸다. 그는 모든 의욕을 잃었다. 모의 아내 헬렌과 동료 래리는 그의 임무가 그에게 얼마나 큰 의미인지 알고 있었기 때문에 그를 분발시켜 일을 계속할 수 있게 하려고 온갖 수단을 써보았지만, 모는 막다른 길에 다다른 듯했다. 모는 마지막으로 다시 시작할 수 있는 용기를 모아보았지만, 이번에는 만회하는 데 훨씬 더 많은 시간이 걸렸다.

1956년 1월 1일, 모와 래리는 다시 한 번 세 번째 얼간이를 영입했다. 그가 바로 조 베서(Joe Besser)였다. 새로 결성된 삼총사는 열여섯 편의 짧은 영화를 출시했으나 기적은 더 이상 일어나지 않았다. 컬럼비아 영화사가 얼간이 삼총사와의 계약 갱신을 거부한 것이다. 조 베서가 떠나고 또 다른 세 번째 얼간이가 들어왔다. 조 데리타(Joe DeRita)라는 이름으로, 코미디를 하던 사람이었다. 새로운 공연은 캘리포니아 베이커즈필드에 있는 홀리데이 인에서 열렸다. 대실패였다. 무대로 나와서 그들은…… 거의 호응이 없는 관객들을 향해 몇 번이고 공연을 했다. 습관적으로 얼굴에 나타나는 미소는 내면의 슬픔을 감추는 구실을 할 뿐 그 이상은 아니었다. 근래 수년 동안 떠나지 않던 웃음소리는 거의 사라져 버렸다.

여행의 끝에서 진정한 보상을 받다

컬럼비아 영화사는 모에게 알리지 않은 채 1930년대까지 한참 거슬러 올라가는, 오래 전의 얼간이 삼총사 단막극 시리즈를 재출시하기로 계획을 세웠다. 새로 설립된 컬럼비아의 텔레비전 자회사 스크린 젬스(Screen Gems)를 통해 출시한다는 계획이었다. 그 시리즈가 성공할 가능성은 거의 없었기 때문에, 아주 싼 값에 팔렸다.

그러나 그 시리즈는 텔레비전에서 히트를 쳤고, 일주일도 안되어 그 짧은 필름은 미국에서 제일 인기 있는 텔레비전 시리즈가 되었다. 얼간이들은 다시 한 번 세상에 웃음보따리를 선물했다. 그러나 이번에는 새로운 관객, 즉 어린이들을 대상으로 공연했다.

그들의 연예 경력에서 처음으로, 실제로 돈을 벌었다. 불과 일주일 사이를 두고 상황이 천양지차로 변했다. 전에는 엿새 일하고 2,500달러 벌었으나, 이제는 뉴욕의 어떤 쇼핑몰에서 단 하루 일하고 2,500달러를 벌었다. 그들은 전국을 돌아다니며 객석을 꽉 채운 관객들에게 공연했다.

1971년에, 얼간이들은 모세와 검은 래브라도 레트리버 개가 함께 출현하는 「미치광이 여행」(Kook's Tour)이라는 새로운 영화 작업을 시작했다. 제작 과정에서 마지막 필름 작업을 며칠 앞두고 잠시 쉬는 동안, 래리는 몸이 마비되는 발작을 일으켜 더 이상 일을 할 수 없게 되었다.

모는 래리를 캘리포니아 주 우드랜드 힐스에 있는 모션픽처 컨트리홈 병원으로 데려갔다. 거기에서 래리는 필요한 간호를 받게 될 것이며, 아무런 비용도 들 필요가 없었다.

모는 주말마다 성실하게 래리를 찾아갔다. 모는 래리가 다른 환자들과 원반 밀기 놀이를 하는 동안 그의 휠체어를 끌기도 했다. 모는 래리를 찾아갈 때마다 그가 다른 환자들의 기분을 끌어올리기 위해 우스갯소리를 하는 모습을 보았다.

래리가 내내 병원에서 지내던 기간 동안에, 모는 전국을 돌아다니느라 늘 바빴다. 그는 특별 게스트로 출연하기도 하고, 지방 순회 토크쇼에 출연하면서 얼간이들의 목적을 살려나갔다. 신께서는 인간의 고통을 덜어주고 어둠의 바다에 빛을 뿌리기 위해 웃음을 창조했다. 모는 그 점을 알고 있었다. 얼간이들이 일생을 통해 일한 대가로 받은 최고의 은혜로운 보상은 웃음이라는 달콤한 노래였다.

1975년 1월 24일 아침, 전화가 울렸다. 래리의 딸이 래리의 부음을 전했다. 모의 가슴은 다시 한 번 미어졌다. 오랫동안 사귀었던 두 친구는 아주 많은 것을 같이했다. 그들은 일생 동안 수백만의 사람들에게 웃음과 즐거움을 선사했고 많은 대가도 받았다. 그로부터 넉 달이 채 지나지 않은 5월 4일, 모는 2년 넘는 기간 동안 자신의 몸을 황폐하게 해왔던 폐암으로 쓰러졌다. 전설의 마지막 커튼이 내려진 것이다.

필자는 당신 앞에 봉사적 비전이 나타났을 때, 당신이 그것을 알아차릴 것이라고 확신한다. 봉사적 비전이 이끄는 대로 따라가는 데 필요한 단계를 밟을 준비를 하게 될 정도로 필자가 당신에게 영감을 불어넣을 수 있다면, 더 이상 바랄 게 없다. 우주의 힘에 의하여, 길을 끝까지 걸어갈 수 있는 불굴의 의지와 용기가 당신에게 주어지기를 기원한다.

우리가 서번트 리더로서 하는 일 과 방법 가운데 많은 것이 얼핏 이치에 맞지 않게 보일 수도 있다. 그런데 다른 사람에게는 그것이 치명적인 잘못으로 보일 수 있다. 정해진 계획에 따를 필요가 없는 것으로 보이기 때문이다. 우리는 어떤 형태로든 행동을 취하기 전에 계획을 세우는 습관이 있다. 좀 더 세속적인 일을 하는 데는 그런 습관이 필요하다. 그러나 그것은 서번트 리더가 자신의 비전을 꿰뚫어 보지 못하게 되는 가장 큰 원 인이 될 수 있다. 필자는 이것을 다음과 같이 분명하게 말할 수 있 으며, 당신도 이해할 것이라고 생각한다.

계획은 지도와 같다. 지도는 어디로 가야 할지, 그리고 앞에 놓 인 길이 언제부터 낯선 길이 될지 알려준다. 그러나 그 길을 앞서가 본 안내자와 함께 여행한다면, 지도는 필요 없다. 자신의 봉사적 비 전을 따라갈 때, 구체적인 행동 계획에 대한 관념이나 출발 전에 계 획을 세워야 한다는 생각은 버려라. **상상할 수 있는 것보다 더 큰 일 을 하기 위해 자신이 안내받고 있다고 믿어라.** 그것은 커다란 그림 맞추기 퍼즐에 있는 작은 그림 조각과도 같다. 우리가 제대로 자리를 잡고 있으면 다른 사람들도 우리와 결합할 수 있다. 그러면 우리는 어떤 한 개인이 볼 수 있는 것보다도 훨씬 큰 것을 이루게 된다.

자신의 봉사적 비전 따르기

자신의 봉사적 비전에 따른다고 해서 기존의 신념을 완전히 바꾸어야 하는 것은 아니다. 다만 다른 사람들보다 한 발 앞서서, 불확실하지만 한 걸음 한 걸음 대담하게 걸어가는 것뿐이다. 아래의 참고 사항들은 자신의 봉사적 비전을 따르는 데 도움을 줄 것이다.

계획이 없더라도 행동에 옮겨라

안내자와 함께 걷고 있을 때는 지도가 필요 없다. 자신의 비전에 초점을 맞추고, 필요한 모든 것은 때가 되면 저절로 나타난다는 믿음을 갖고 걷기 시작하면 된다. 시험도 있을 것이고, 장애물도 있을 것이고 후퇴도 있을 것이다. 어둡고 익숙하지 않은 곳을 더듬거리며 걸어가게 될 것이다. 그러므로 이 지점까지 자신을 이끌어 온 사람이 끝까지 도와준다는 점을 아는 것이 중요하다.

당신의 믿음·재능·능력·인간관계·자원 등이 시험받을 것이다. 악마는 선이 승리하는 것을 보고 싶어 하지 않는다. 하지만 믿음이 당신을 보호할 것이며, 장애물을 넘게 해줄 것이다.

서번트 리더 네트워크의 실현을 믿어라

성공하는 데 필요한 모든 것은 때가 되면 나타날 것이다. 보통 당신이 예상하거나 기대하는 때와 어긋나지만, 틀림없이 나타날 것이다.

시험에 들지 마라

도중에 시험이 있을 것이다. 뜻대로 되는 것은 아무것도 없고, 모든 지표들은 "그만둬, 바보야!"라고 말하는 것같이 보이는 때가 있을 것이다. 그럴 때 무슨 일이 있어도 그만두지 않겠다고 맹세해야 한다.

기억하라. 가장 믿었던 사람들이 가장 강력한 반대자가 될 수 있다. 오직 당신만이 당신 자신의 비전을 볼 수 있다. 그것이 당신에게만 주어졌기 때문이다.

신은 자신의 목적을 성취하기 위해 당신에게 독특한 자격을 부여하였다. 신과의 관계가 가장 중요하게 대두되는 곳이 바로 여기이다. 신과 손을 잡고 함께 걸어가는 한, 모든 일이 성사될 것이라고 믿어야 한다. 일을 진행하면서 가져야 할 정신 자세도 중요하다. 신을 기쁘게 하기 위해서가 아니라, 당신이 신의 계획의 일부가 되도록 선택해 주신 데 감사하기 위해 지금의 일을 해야 한다.

때때로 해야 할 투자가 당신 자신에게나 당신이 사랑하는 사람에게나 너무 벅찰 수도 있다. 필자는 봉사적 비전을 따르기 위해 생업을 제쳐두고 수만 달러의 돈을 써야 했다. 그것도 최소한의 여유밖에 없을 때 그런 경우가 많았다. 그 때문에 필자와 가족은 많은 어려움을 겪어야 했다. 그러나 명심하라. 더 이상 지속할 수 없을 것같이 보이는 바로 그때, 구름이 가시고 이제까지 보아왔던 가장 밝은 햇살이 당신의 얼굴을 어루만져 줄 것이다. 그때에야 당신은 자신에게 부여되었던 일을 제대로 해왔다는 것을 알게 될 것이다.

일이 아무런 분명한 까닭도 없이 갑자기 멈추는 것처럼 보이는 때가 올 것이다. 대부분의 경우에 그 까닭을 알 수는 없다. 필자는 아무런 진전이 없는 듯한 이런 기간을 '과도기'라고 부른다. 이런 시기가 오면, 필자는 끈기를 가지고 내가 지금 무엇인가 때문에 전진하지 못하고 있다는 사실을 이해한다. 그러나 필자가 과거에도 그런 이해심을 가졌던 것은 아니다.

과도기를 받아들여라

필자는 어느 해 가을에 메릴랜드 주 볼티모어에서 열린 한 집회에서 강연하고 있었다. 그 도시에 있는 호텔들은 모두 꽉 차 있어서 필자는 도심에서 20분쯤 떨어진 곳에 묵어야 했다. 운전과 주차 공간 때문에 싸움을 하느니, 한 친구의 조언에 따라 기차를 타고 그 도시로 갔다.

그 도시로 가는 동안에는 아무 문제가 없었다. 문제는 호텔로 돌아오는 길에 생겼다. 비록 그날은 계절에 맞지 않게 더웠지만 한랭전선이 세력을 뻗쳐오고 있었고, 그 꽁무니에는 사나운 천둥 폭풍우가 따라오고 있었다. 운수 사납게도, 필자는 전혀 준비가 되어 있지 않았다. 비옷도, 우산도 갖고 있지 않았다. 기차에 자리를 잡았을 즈음에는 완전히 젖어 있었다. 게다가 춥고 피곤했다. 새벽 5시에 깨워주는 모닝콜 따위는 기대하지도 않았다. 그저 호텔로 돌아가서 젖은 옷을 갈아입고 잠 좀 자고 싶을 뿐이었다. 열흘 일정의 여행 중에서 세 번째 날의 일정이 아직 끝나기도 전에 벌써 힘이 빠져나가는 것을 느꼈다. 필자는 입고 있는 옷을 내려다보았다. 여행 의상은 엉망이었다. 자괴감이 밀려들었다. 아끼는 옷은 구겨졌고, 군데군데 진흙이 묻었으며, 말 등에 덮는 오래 되고 축축한 담요에서 나는 것 같은 냄새가 났다. 필자는 앞으로 남은 일주일을 걱정하면서 의자 깊숙이 몸을 묻었다. 그리고 어두워진 시가 전차의 창문으로 보이는 자신의 모습을 연민 어린 시선으로 응시했다. 기분이 완전히 가라앉는 것을 느꼈다.

전차에 타고 나서 15분쯤 지나자, 최악의 상황이 발생했다. 경고도 없이 전차 안은 귀를 얼얼하게 하는 찢어지는 소리로 가득 찼다. 바퀴가 날카로운 소리를 냈고, 전차는 덜컹거리며 흔들리기 시작했다. 그러더니 쿵 하면서 갑자기 정지해 버렸다. 필자는 물 먹은 봉제 인형처럼 바닥에 던져졌다. 그리고 잠시 동안 기차 바닥에 깔린 주름진 양탄자 위에 누워서 귀를 기울였다. 기차는 죽은 듯이 서 있었다. 그리고 아무 소리도 들리지 않았다. 모터에서 나지막하게 나는 웅웅 소리뿐이었다. 필자는 바닥에서 몸을 일으킨 다음 다시 의자로 기어가서 잠시 동안 앉아 있었다. 그리고 무슨 일이 일어났는지 짐작해 보려고 애썼다.

예상하지 못한 좌절로 무릎을 꿇을 때 우리는 흔히 이런 느낌을 갖는다. 위기와 좌절은 아무런 예고도 없이 거의 우리에게만 쏟아지며, 어찌된 일인지 그것은 감당할 여유가 거의 없을 때만 들이닥치는 것 같다. 마치 우리를 쓰러뜨리고, 다른 데에 눈길조차 못돌리게 하여 꼼짝 못하게 만들기 위해 의도적으로 보내지거나 한것처럼, 위기와 절망의 일제 사격은 우리를 멍한 상태로 만든다. 그 멍한 상태는 곧 울화통으로 발전한다.

필자는 텅 빈 기차 안에 앉아 있었다. 어두워진 창밖으로는 아무것도 보이지 않았다. 컴컴한 밤이었기 때문에 무엇이 잘못되었는지 도저히 짐작조차 할 수 없었다. 화가 치밀었다. 무엇 때문에 기차가 여전히 철로 위에 서 있는지, 무엇 때문에 춥고 지치고, 이제 쑤시기까지 하는 필자의 몸을 유혹하는 따뜻한 침대가 있는 곳으로 가지 못하고 있는지 알고 싶었다. 그렇게 바지의 찢어진 부분을 응시하며 앉아 있었다. 시간이 지나자 점점 더 불안해졌다. 상황을 타개할 능력이 부족한데다 기차가 갑자기 서서 더 이상 가지 않는 까닭도 알 수 없었기 때문에 불안감이 아주 커졌다. 그것을 고통스럽게 견디고 있자니 점점 짜증이 났다.

부정적인 느낌 대처법

위기가 추악한 머리를 곧추 세우고, 장애물이 길을 막기 위해 일어설 때 우리는 흔히 위와 똑같은 불안감, 긴장, 공포감, 좌절감, 분노, 적개심, 그리고 부정적인 감정을 경험한다. 별 어려움 없이 길을 가고 있고, 목표 지점이 눈에 잘 보이는데, 갑자기 아무런 경고도 없이 문제점, 좌절, 그리고 극복할 수 없어 보이는 장애물에 기습을 당한다. 이와 같은 시기에 불안과 분노를 느끼는 것은 인간의 자연스러운 성향이다. 곤경에 대한 정보 부족과 이기적인 본성 때문에 이런 감정에 휘말리게 되는 것이다. 이러한 시기에 가장 하기 어려운 일은 이기적인 욕구와 욕망에서 한 발짝 벗어나 우리의 계획을 가로막고 나선 사건 속에서 의미를 찾으려고 노력하는 것이다. 그러나 힘든 일에 의미를 부여하고 어려운 상황이 닥쳤을 때 포기하고 싶은 유혹을 이기기 위해서는 바로 그것을 할 수 있어야 한다.

무척 길게 느껴진 시간이었지만, 사실 5분이 좀 지나자 차장이 열차 칸 앞으로 와서 어떤 일이 일어났는지 말해 주었다. 사나운 바람 때문에 나무가 쓰러져서 열차를 가로막았는데, 기관사가 재빨리 대처하여 참사를 막았다는 것이었다. 필자가 한탄하면서 느낀 불안과 불편은 기차가 시속 100킬로미터의 속도로 100년 묵은 떡갈나무와 부딪혔을 때 벌어졌을 일에 비하면 아무것도 아니었다. 새로운 지식은 전혀 새로운 감정, 즉 확실한 안도감을 가져다주었다.

필자는 한때 분노와 자기연민의 시각으로 과도기를 바라보았다. 이런 태도는 좋지 않은 사건이 일어났을 때 인간이 보이는 일반적인 반응이다. 덧붙이자면, 오래 된 습관은 아주 끈질기다. 필자는 아직도 필자 자신에게 던져지는 환경에 대하여, 순간적이나마 오해하기도 하고 과거와 똑같은 해묵은 감정에 못 이겨 자기연민이라는 함정에 맹목적으로 빠져든다. 아마 당신도 그럴 것이다.

좌절에서 벗어나기

당신은 100만 달러의 빚을 지고 있으면서도 악성 채무를 사들여 부자가 된 사업가인 필자의 친구 빌을 기억할 것이다. 그가 '상업 금융 서비스'(Commercial Financial Services, CFS)라는 회사를 세웠을 때, 그는 오로지 진실과 존경심으로 사람들을 대함으로써 채무 수집 사업을 혁신했다. 그가 얼마나 커다란 업적을 이루었는지는 수치가 잘 보여주고 있다. 1991년부터 1997년까지 6년 동안 그의 회사는, 직원이 20여 명이고 14만 1,000달러를 벌어들이는 햇병아리 회사에서 직원이 4,000여 명에 순수익이 1억 8,700만 달러가 넘는 업계의 거인—미국 채무 시장의 52퍼센트 이상을 지배—으로 성장했다. 이쯤 되면 '옳은 일에는 정말로 대가가 따른다.'라는 말이 나올 법하다. 1997년까지, 빌은 서비스에 대한 대가를 거둬들이며 정당한 명성을 누리고 있었다. 빌이 CFS의 회장으로 재직하는 동안에 사업과 사회 활동으로 받은 상은 일일이 열거하기 어려울 정도로 많다. 그러나 그에게 가장 소중한 보물은, 직원과 고객의 권익 향상에 대한 그의 헌신에 경의를 표하고 그의 정직성과 페어플레이 정신을 인정해 주는 사람들일 것이다.

서번트 리더의 행동은 많은 부와 인간적인 대가를 끌어온다. 이것은 진실이다. 그러나 서번트 리더의 행동은 질투와 증오를 불러오기도 한다. 선행을 베푸는 곳에는 그것을 중지시키려는 악마가 늘 존재하게 마련이다. 얼마 전에 필자는 CFS와 빌 개인에게 퍼부어졌던 무분별한 공격을 이해하기 바라는 마음으로 빌에게 그 이야기를 해주었다.

1998년, 미국 증권거래위원회에 CFS와 빌의 비행을 고발하는 익명의 편지가 배달되었다. 정부의 조사관들은 그 주장에 대하여 대대적인 조사에 들어갔다. 그들은 특별 검사관과 회계사들을 대거 고용하여 CFS의 은행가들, 투자자들과 비밀회의를 했다. 그 결과는 공포 그 자체였다.

그 편지는 뒤에 날조였음이 증명되었고, 빌과 그의 회사 역시 전반적으로 아무런 하자가 없다고 밝혀졌다. 그러나 그것은 문제가 아니었다. 그와 그의 회사는 피해를 입었으며, 한때 이익을 남기던 CFS는 난장판이 되었다.

우리가 대화를 하는 동안, 빌은 자신의 감정을 털어놓았다. 그리고 그의 말 속에서, 필자는 진정한 서번트 리더의 특징을 볼 수 있었다. "나는 1년 반 동안 금융산업계의 동네북이었습니다. 그러나 정작 나를 힘들게 한 것은 그것이 아니었습니다. 나를 가장 괴롭힌 것은 우리 회사의 직원들과 고객들이 피해를 입었다는 사실입니다. 나를 겨냥한 악마 때문에 우리 고객과 직원들은 형편이 아주 나빠지고 있습니다."

필자는 빌에게 서번트 리더의 역할을 상기시켰다. 악마의 얼굴에 침을 뱉어라. 자신의 개인적 고통을 기량 연마에 이용하고, 봉사 의지를 확고히 하는 것이다. "밖으로 나가서 당신만이 할 수 있는 것을 찾으십시오. 당신 말을 가져와서 타십시오."

과거의 자신의 문제를 교훈 삼아 다른 사람에게 봉사한다는 것은 어려운 일이다. 어려움과 슬픔에 빠져 있을 때는 더욱 그렇다.

그러나 빌과 같은 숙련된 서번트 리더들에게는 흔히 적절한 말 한 마디만으로도 충분하다.

몇 달 뒤에, 필자는 우편으로 소포를 하나 받았다. 빌이 보낸 것이었다. 소포 속에는 새로운 벤처사업 계획서와 쪽지가 들어 있었다. 쪽지에는 "그런데, 당신은 어떻게 생각합니까?"라고 씌어 있었다.

『무기여 잘 있거라』(*A Farewell to Arms*)에서 어니스트 헤밍웨이 (Ernest Hemingway)는 다음과 같이 썼다. "세계는 모든 사람들을 파괴하지만, 그 뒤에 남겨진 많은 사람들은 파괴된 장소에서 강하게 살아간다." 확신할 수는 없지만 필자는 헤밍웨이가 이 말을 쓸 때는 마음속으로 서번트 리더를 그리고 있었다고 생각한다. 빌은 금의 환향했다. 그의 새로운 벤처사업인 '이웃 금융 센터'(Neighborhood Financial Centers)는 전체 미국인의 45퍼센트를 차지하는, 1년 수입이 2만 5,000달러가 안 되는 미국인으로서 '합법적인' 금융 기관과 관계를 맺고 있지 않은 사람들에게 봉사할 준비가 되어 있었다.

'이웃 금융 센터'는 빌만큼이나 독특했다. 금융 거래를 필요로 하는 전국 저소득층에게 전적으로 봉사하도록 만들어진 쇼핑몰 형태의 건물—식당과 관리 교사가 딸린 어린이 놀이방을 완비—을 상상해 보라. 빌의 계획에 따르면, 그 독립적인 센터들은 '고리대금 업자 없이' 합리적인 이자에 무담보 대출, 신용 상담 서비스, 자산 관리 교육, 염가 법률 서비스, 건강과 사고 보험, 지출 점검과 절약, 세금 환급 준비, 효과적인 납세, 그리고 전화 서비스 복원 등과 같은 서비스를 제공할 것이다. 게다가 그 센터들은 현지 사회봉사 기관들을 위한 무료 임대 공간을 따로 떼어 확보해 둘 것이다. 금융 서비스에 대한 이러한 새로운 사회적 접근은, 서번트 리더의 전 인류적인 목표가 있었기 때문에 가능한 것이다. 다시 한 번 되새겨 보자. 서번트 리더의 전 인류적인 목표는 무엇인가? 그것은 봉사하려는 대상자들을 좀더 강하고, 좀더 독립적이고, 다른 사람들의 욕구에 좀더 잘 봉사할 수 있도록 돕는 것이다.

영원한 것은 없다

우리들 가운데 자신의 세계 전체가 무너지는 것을 지켜보면서 "정말 근사하군! 또 다른 과도기야!"라고 생각하는 사람은 아무도 없을 것이다. 아마도 흔히 이야기하는 완벽한 복지 사회가 구현될 준비가 되어 있다면 그런 말이 나올 수 있을지도 모르겠다.

그런 시기에 최소한 잠시 동안이라도 분노·좌절·근심을 느끼는 것은 정상이다. 중요한 것은 가능한 빨리 이런 감정에서 벗어나는 것이다. 우리는 자기연민이라는 기차에서 뛰어내려 삶의 지혜를 배울 필요가 있다. 새로운 지식과 통찰력으로 무장한다면, 우리는 단단한 땅에 내려서 목표를 향해 계속 걸어갈 수 있다.

자연은 우리에게 '영원히 계속되는 것은 없다'는 것을 보여주고 있다. 썰물이 밀려가듯이, 환경은 틀림없이 변한다. 그에 대하여 롱펠로(Longfellow)는 다음과 같이 썼다. "썰물이 가장 낮아졌을 때, 그때가 바로 조수가 변하는 때이다."

필자는 평생 동안 수많은 과도기를 경험해 왔다. 그것은 누구나 마찬가지일 것이다. 그런 과도기에 접어드는 것이 즐거운 일은 아니다. 그러나 필자는 그때 거대한 것이 다가오고 있음을 느낀다! 경험의 빛은 과도기의 시작을 나타내는 위기와 좌절을 다른 방식으로 볼 수 있게 해준다. 필자는 이제 그런 과도기들을, 필자를 둘러싼 우주가 작동하고 있으며 필자의 인생이 의미 있는 방식으로 변하려 한다는 신호로 본다. 여기에서 그 대상, 즉 필자의 인생은 이런 경험을 통과하여 '지나가는' 것이 아니라 그것을 통해 '성장'한다.

과도기 넘어서는 법

필자 자신의 삶과 다른 서번트 리더들의 삶을 살펴보아도, 이런 과도기가 얼마 동안 계속되는지 예측할 수는 없다. 어떤 경우에는 아주 짧은 기간 동안만—마치 볼티모어의 기차 지연 시간처럼—일어나고, 어떤 경우에는 수년씩 걸리기도 한다. 어떤 경우이든 그런 과도기를 통하여 '성장'한다는 것은 마찬가지다.

1. 분발하라! 그렇다. 최소한 시도는 해보라. 일단 이 경험을 마치고 나면, 처음에 이 시기에 들어섰을 때보다 훨씬 더 유능하고, 강한 사람이 된다는 점을 이해하라.
2. 늘 긍정적으로 생각하라. 일기 쓰기를 강화하라. 자신의 경험·생각·느낌을 아주 자세하게 서술하라. 필자의 친구 트레이시

클라크(Tracy Clark)는 과도기에 '감사의 일기'라는 것을 계속해서 썼다. 그녀는 그날그날 감사한 것들의 목록을 적었다. "나는 노래할 수 있는 재능을 타고난 것에 대해 감사하며, 건강한 것에 대해 감사하며, 오디션 받으러 가는 도중에 또 다른 타이어가 펑크 나지 않은 것에 대해 감사한다." 그녀는 이런 방법 덕분에 어려웠던 시기에도 긍정적인 태도를 유지하고, 가장 중요한 사안에 집중할 수 있었다고 말했다.

3. 우주와의 접촉을 가깝게 유지하라. 명상하고 기도하며 조용한 시간을 가져라. 안내의 목소리에 귀를 기울여라. 안내의 목소리를 듣는 것 외에 아무것도 하지 않고 혼자 보내는 시간을 늘려라.

4. 다른 통찰력 있는 리더가 메시지를 지니고 도우러 오는지 잘 살펴보라. 그런 사람들은 아는 사람의 모습으로 나타날 수도 있고, 만나본 적이 없는 사람의 모습으로 올 수도 있고, 문자의 형태, 심지어 녹음된 목소리의 형태로 올 수도 있다. 도움이 가까이 있다는 것을 알고 우주와 리듬을 맞춰라.

5. 계속 활동하라. 활동은 이러한 시기에 수반될 수 있는 부정적인 생각, 근심, 사기 저하 등을 몰아낸다. 과도기가 시작되기 전에 하던 일을 계속하라. 어떤 메시지가 다가와서 다른 방향으로 가라고 하거나, 앞에 뻗은 여정을 다시 시작하라고 말해 줄 때까지 계속하라. 만약 그 기간 동안의 사건 때문에 육체적으로 전에 하던 일을 못하게 되었으면 다른 일을 하라. 무엇이든 하라! 중요한 것은 아무것도 하지 않고 앉아서 낙담만 하는 일은 피해야 한다는 점이다. '생각'을 요하지 않는 일을 하면서 시간을 보내라. 골목길을 빗

질하는 것과 같은 육체적으로 움직이는 일이라도 하라. 하다못해 오랫동안 걷는 것도 괜찮다.

6. 계속 '왜'에 초점을 맞추라. 자신의 봉사적 비전을 상징할 만한 물건을 늘 앞에 두라. 그것을 늘 갖고 다니고, 일할 때는 책상에 두고, 밤에는 침대 옆에 두라.

7. 인간관계를 계속 유지하라. 당신이 속한 서번트 리더 네트워크가 당신의 길에 있는 장애물을 극복할 수 있도록 도와줄 것이다. 이런 리더들의 동맹은 여러 가지 방식으로 당신을 도울 수 있다. 그러나 그것은 당신의 마음이 열려 있어야 가능하다. 당신의 비전 실현에 보탬이 되는 사람들을 방문하여 그들에게 말하라. 그들은 다른 것은 몰라도 당신이 겪고 있는 좌절을 이해할 수는 있다.

8. 결과를 통제하려고 하지 마라. 자신을 도공의 손에 있는 진흙이라고 생각하면서 과도기를 보내라. 진흙은 도공에게 저항하지 않는다. 진흙은 유연성을 유지하면서 도공의 뜻에 복종한다. 방법이나 형태에 상관하지 말고 우주가 하는 대로 자신을 맡겨라. 우주의 계획을 믿어라.

9. 위기 자체에 관심을 집중하거나, 또는 위기의 결과로 막연하게 예상되는 부정적인 생각에 관심을 집중하는 본능적 성향을 경계하라. 모든 위기 속에 내재되어 있는 기회를 포착하고, 그것을 발견했을 때 그것을 움켜쥐고 달아나지 못하게 하라.

기적을 만들다

봉사적 비전을 받아들일 때, 당신은 자신이 어떤 계획의 일부가 될지 전혀 알 수 없다. 1936년 6월 말이었다. 태양은 하늘 높이 떠 있었고, 흰 뭉게구름은 한낮의 맑고 푸른 하늘을 수놓고 있었다. 잔잔한 산들바람이 불어와, 피츠버그 북동쪽에 있는 막다른 골목 끝의 작고 바랜 회색 집 옆에 서 있는 늙은 느릅나무의 잎사귀를 살랑살랑 흔들고 있었다.

완전히 그림 같은 한낮의 풍경이었다. 동네 어린이들은 마당을 가로질러 달리며 수풀 사이에 몸을 숨기는 숨바꼭질 놀이에 열중하고 있었다. 빨갛고 하얀 물방울 무늬 옷을 입고 하얀 앞치마를 두른 뚱뚱한 부인이 장미 정원을 가꾸고 있었다. 잔디 깎는 기계를 미는 규칙적인 소리는 멀리까지 퍼져 나갔다. 모든 사람들이 밖에서 이 아름다운 여름날을 즐기는 듯 보였다. 그런데 딱 한 사람 프레더릭 오시어스(Frederick Osius)는 예외였다.

프레더릭 오시어스는 음침한 지하 작업장의 창문 밖에 펼쳐진 이 아름다운 날을 전혀 보지 못하고, 자신의 최신 발명품을 주물럭거리며 앉아 있었다. '유동 물질 생성 분쇄 믹서'라고 이름을 붙인 그의 최신 발명품은 몇 가지 문제점을 안고 있었다. 유동 물질을 담아두어야 할 큰 유리통의 봉인이 제대로 설계되지 않은 것 같았다. 봉인 사이로 즙이 새어 나와 작업대 위로 흐르고 있었던 것이다. 이 답답한 물건은 5년 동안의 개인적 노력 외에도 자신과 친척, 그리고 친구들의 돈 2만 5,000달러를 잡아먹었음에도 불구하고 제대로 작동하지 않았다.

오시어스에게 닥친 문제는 그뿐이 아니었다. 돈이 떨어졌을 뿐만 아니라, 이제는 그가 길을 걸어 내려올 때마다 모든 사람들이 집 안으로 숨어버리는 것 같았다. 틀림없이 좀더 투자하라는 그의 부탁을 피하기 위해서일 것이다.

오시어스는 유명한 악단의 리더인 프레드 워링(Fred Waring)에 관한 이야기를 들었다. 워링은 대규모 악단인 '프레드 워링과 펜실베이니아 사람들'의 리더가 되기 전에, 펜실베이니아 대학 공학부에 들어가 공학을 공부한 적이 있다. 오시어스는 워링이 대규모 악단 사업에서 큰 성공을 거두었다는 것을 알고 있었다. 그래서 자금줄이 거의 말라버린 현재 상황에서, 유명하고 부자인 밴드 리더에게 약간의 돈을 융통해 달라고 부탁하기로 했다.

전해 오는 이야기에 의하면, 오시어스는 한 친구를 통해 그 악단이 어느 토요일 밤에 뉴욕에 있는 유명한 밴더빌트 극장에서 공연할 것이라는 것을 알았다고 한다. 그래서 우리의 영웅은 자신이 발명한 기계를 들고 그레이트 화이트웨이(Great White Way)로 가는 기차에 몸을 실었다.

오시어스는 용감할 뿐만 아니라 말솜씨도 꽤 유창했다고 한다. 일단 뉴욕에 도착한 그는 용케 무대 뒤편으로 가서 순조롭게 출연자들의 분장실로 들어갔다. 오시어스는 준비가 되어 있었다. 그는 많은 시간을 들여 그 유명한 밴드 리더에 대하여 시시콜콜한 것까지 자세하게 알아놓았다. 그는 워링이 바나나를 좋아한다는 것을 알고 있었다. 일단 워링의 분장실로 들어간 오시어스는 자신의 최신 발명품에 대해 설명하는 한편, 맛있는 열대 식물과 신선하고 찬 우유 한 컵을 꺼냈다. 재료가 준비되자 그는 즉석에서 부드러운 바나나 밀크셰이크를 만들어서 워링에게 주었다. 워링은 기쁘게 그것을 받았다.

줄무늬 바지에 밝은 주황색 타이를 매고 으깬 바나나 한 잔을 든 우리의 젊은 괴짜가 상대를 효과적으로 설득했던 모양이다. 워링이 산 것이다! 그 밴드 리더의 돈으로 두 사람은 특허를 얻고 최초의 '워링 분쇄 혼합기'를 생산했다.

워링의 기술자 친구들도 제품 개발을 도와주었다. 에드 리(Ed Lee)는 봉인이 새는 것을 고쳐주었고, 독일인 디자이너 페터 뮐러 뭉크(Peter Muller-Munk)는 혼합기에 그 유명한 광택, 즉 크롬과 유리처럼 보이는 아르 데코(Art Deco) 모양을 만들어 주었다. 당시 '기적의 믹서'라고 불렸던 이 혼합기는 1937년 시카고에서 열린 전국 요식업 쇼에 첫선을 보였다. 그것은 곧 히트를 쳤다.

혼합기는 불티나게 판매되었다. 그러나 1941년 12월 7일 일본이 최초의 폭탄을 진주만에 떨어뜨렸던 그때, 혼합기 판매도 폭탄을 맞았다. 전쟁은 혼합기 시장을 엉망으로 만들었다. 판매는 파산 수준까지 떨어졌다. 해저드 리브스(Hazard Reeves)라는 천사, 즉 또 다른 통찰력 있는 서번트 리더가 참여할 때까지는 이미 모든 것이 끝난 상태처럼 보였다.

끝이라고 생각하는 바로 그때······

전문 세일즈맨인 리브스는 그 혼합기의 장래성이 매우 크다는 것을 알았다. 그는 회사를 사들였다. 그 혼합기가 꼭 식당에서만 쓰여야 할 이유가 있을까? 리브스는 의문을 품었다. 그는 가정용 시장을 개척했고 판매는 급신장했다. 1954년에는 100만 대째 워링 혼합기가 팔렸다.

서번트 리더들의 길은 늘 서로 만난다

리브스는 창조적인 영감을 발휘했다. 그는 혼합기의 디자인을 바꾸어서 병원에서 사용할 수 있게 만들었다. '워링 무균 분산 혼합기'라고 새롭게 이름을 붙인 제품 한 대가 하버드 대학 병원에 판매되었다. 이 병원에서는 존 엘더스(John Elders)라는 사람이 이끄는 또 다른 서번트 리더 팀이 소아마비 바이러스를 배양하고 있었다.

각각 독특한 재능과 기술을 갖고 있지만, 서로 명확하게 다른 비전을 추구하는 두 집단이 여기에서 만났다. '신 무균 혼합기'는 배양기 생산 속도를 높였다. 또 다른 서번트 리더인 조나스 에드워드 소크(Jonas Edward Salk) 박사는 그것을 이용하여 백신을 개발했다. 그의 백신 덕분에, 어린이들에게 치명적인 해를 끼치는 폴리오(polio)라는 무시무시한 세균을 정복할 수 있는 길이 열렸다.

여기서 마지막 충고를 한마디 하고자 한다. 대가를 받을 것을 기대하라. 봉사적 비전의 성취를 위해 꾸준히 나아가면 많은 대가가 따라올 것이다. 그런데 그 대가에는 흥미로운 측면이 있다. 그 대가는 당신 스스로 만들어 낼 수 있는 대가와는 다른 방법과 형식으로 올 가능성이 많다. 예측하기 어려운 방법, 예측하기 어려운 규모로 찾아온다. 그래서 당신은 신이 주셨다고 생각할 수밖에 없을 것이다. 당신은 이런 대가에서 큰 즐거움과 기쁨을 발견할 수 있을 것이다. 그것을 생각하라. 이 여행을 하지 않기로 결심하거나, 그만두려는 욕망에 굴복한다면 절대로 그것들을 받지 못할 것이다.

서번트 리더의 임무는 영원하다

얼간이 삼총사는 수년 동안 무대와 텔레비전에서 활약했다. 그동안 비극적인 죽음 때문에 멤버도 몇 번 바뀌었다. 그리고 1975년 5월 4일, 최초이자 마지막 얼간이 모가 사망했다. 이제 얼간이 삼총사의 무용담은 완전히 끝나는 듯했다. 그러나 서번트 리더의 빛은 쉽게 꺼지지 않는다. 얼간이 삼총사의 임무도 거기서 끝나지 않았다.

아주 최근에 필자는 생물 의학 분야에서 일하는 소규모의 서번트 리더 집단에게 강연을 하고 나서, 차를 타러 병원 복도를 걸어가고 있었다. 그런데 소아 종양 병동을 지날 때 큰 웃음소리가 필자의 주의를 끌어서, 소리 나는 곳으로 머리를 돌렸다. 거기, 병실 한쪽 구석에 어린아이들이 있었다. 그들은 모두 고통스럽고 몸을 쇠약하게 하는 일련의 화학 치료를 받고 있는 환자들이 분명했다. 그들은 텔레비전 주위에 모여들어 거리낌 없이 웃고 있었다. 필자는 무엇이 그렇게 재미있는지 보려고 좀더 가까이 걸어갔다. 화면에는 오래 된 흑백 화면을 통해 얼간이들의 단막극이 방송되고 있었다. 서번트 리더들은 사라질지 모르지만 그들의 임무는 영원히 살아 있다.

당신의 운명은 어떤 기적을 이룰까? 기꺼이 참여하는 사람이 될 것인가, 아니면 놀란 얼굴로 바라보는 구경꾼이 될 것인가? 당신의 선택은 당신 자신의 운명을 가장 확실하게 결정할 것이다. 서번트 리더가 되는 길을 선택하라. 그러면 역사의 진로를 바꿀 수도 있다.

서번트 리더십을 갖추기 위해 해야 할 첫 번째 행동은 베푸는 것이다. 우리가 다른 사람에게 줄 수 있는 가장 큰 선물은 용기를 북돋아 주는 것과 깨우쳐 주는 것이다. 따라서 아주 간단한 것을 제안하고자 한다. 이 책을 또 한 권 사서 전혀 낯선 사람에게 주는 것이다. 만약 우리들 각자가 적어도 한 사람이라도 서번트 리더가 되도록 영감을 불어넣는다면, 어떤 종류의 세계를 창조할 수 있을지 상상해 보라.

필자는 당신의 개인적 이야기를 다른 사람들에게 선물하라고 권하고 싶다. 그 이야기가 누군가에게는 영감이 될 수도 있다. 당신이 시간이라는 얼굴에 자신만의 표징을 새기기 위해 일하고 있다면, 그 경험을 전자우편으로 보내주기 바란다. 다음에 발간되는 책에 당신의 이야기가 실릴 수도 있을 것이다.

알렉산더 버라디

전자우편: Mail@AlexanderBerardi.com

주석

1) Frankl, Viktor E., Preface to *Man's Search for Meaning*, New York: Washington Square Press, 1985, pp. 16~17.

2) 그루초 마르크스(Groucho Marx)는, 1930년대 미국 스크루볼 코미디의 대명사인 마르크스 형제(Marx Brothers)의 맏형이다. 당시 무대와 영화 양쪽에서 맹활약한 마르크스 형제는 모든 권위를 비웃는 무정부주의적이고 독설적인 개그로 불황기 미국인들의 마음을 달랬던 네 명의 형제 코미디언들이다. 특히, 영화감독 우디 앨런(Woody Allen)은 맏형인 그루초 마르크스를 가리켜 우리 시대의 가장 위대한 코미디언이라고 말한 바 있다. 주요 작품으로는 「코코넛」, 「나는 물오리다」, 「마르크스의 권총 두 자루」 등이 있다.

3) Rekha, Balu, "Listen up!" *Fast Company Magazine*(Boston), 34, May 2000, p. 304.

4) 루틴(routine)이란, 컴퓨터에 원하는 작업을 시킬 수 있도록 올바른 순서로 배열된 한 쌍의 명령계열을 말한다.

5) 스탠퍼드 대학 공학과 웹사이트.

6) Bundles, A'Lelia Perry, *On Her Own Ground: The Life and Times of Madame C. J. Walker*, New York: Scribner, 2001.

서번트 리더의 품격

초판 1쇄 인쇄 2022년 3월 18일
초판 1쇄 발행 2022년 3월 25일

지은이 알렉산더 버라디
옮긴이 이덕열
펴낸이 김형성
펴낸곳 (주)시아컨텐츠그룹
책임편집 강경수
디자인 공간42

주소 서울시 마포구 월드컵북로5길 65 (서교동), 주원빌딩 2F
전화 02-3141-9671
팩스 02-3141-9673
이메일 siaabook9671@naver.com
등록번호 제406-251002014000093호
등록일 2014년 5월 7일

ISBN 979-11-88519-35-4 [03190]